오늘의 신학적 주제에 대한

다각적 · 성서적 탐구

오늘의 신학적 주제에 대한
다각적 · 성서적 탐구

2015년 4월 17일 인쇄
2015년 4월 24일 발행

지은이 | 미하엘 벨커
옮긴이 | 강태영 김장섭 김재진 신준호 오성현 이상은 이정환 임 걸 전 철
펴낸이 | 김영호
펴낸곳 | 도서출판 동연

편   집 | 조영균 디자인 | 이선희 관 리 | 이영주
등   록 | 제1-1383호(1992. 6. 12.)
주   소 | 서울시 마포구 월드컵로 163-3
전   화 | (02) 335-2630
팩   스 | (02) 335-2640
이메일 | yh4321@gmail.com

Copyright © 동연, 2015

ISBN 978-89-6447-271-2 93200

Multi-perspektivische und biblisch orientierte Erforschung

heutiger theologischer Themen

오늘의 신학적 주제에 대한
다각적 · 성서적 탐구

미하엘 벨커 지음
강태영 외 8인 공역

5001ㄴ

한 국 어 판 서 문

오늘의 신학적 주제들을
다각적 · 성서적으로 접근한 연구

여러 면에서 이 논문집의 출판으로 나는 깊은 감사와 기쁨으로 충만합니다. 우선 나는 15국에서 온 나의 60여 명의 여 · 남 박사과정생 가운데 첫 번째 박사과정생이었던 김재진 교수가 이 논문집을 편집해 준 것에 대하여 진심으로 감사를 드립니다. 출판을 위해서 그가 붙인 논문집 제목은 나에게 뿐만 아니라 그에게 그리고 많은 나의 제자들에게 중요합니다. 즉 성서적으로 접근된 신학을 발전시킨다는 것은 기독교 신앙의 가장 핵심적인 내용들에 집중하는 것이고, 동시에 오늘날 제기되고 있는 문제들을 교회와 사회 속으로 받아들여 관심을 갖는다는 점에서 중요합니다. 이때에 성서적으로 접근한 신학은 성서적 정경의 다양성, 학문적 원리들의 다양성 그리고 분리와 상대주의로 상실되지 않으면서, 우리가 살고 있는 후기 현대주의 사회들과 문화들 속에 있는 다양성을 고려해야 할 것입니다.

이미 1992년 김재진 교수는 이러한 점을 그의 박사학위 논문에서 실현하였습니다. 그는 칼 바르트(Karl Barth) "교회 교의학"에 있는 "하나님의 계약"에 관한 서로 다른 성서적 개념들이 어떻게 서로 상이한 조직신학적 영향력을 가지고 각인되고 있는지를 제시하였습니다.1) 20세기 가장 주목할 만한 독일어권 신학자인 칼 바르트의 저작들은 그 이후 몇몇 나의 한국인 박사과정생들에 의해서 집중적으로 연구되었습니다.

신준호 박사는 1997년 칼 바르트의 성령론에 관한 논문2)으로, 오성현 박사는 2004년 바르트와 슐라이에르마허에 관한 논문3)으로 박사학위를 받았습니다. 김장섭 박사는 2009년 바르트의 죄론에 관한 박사학위 논문4)을 제출하였고, 이정환 박사는 2010/2011년에 바르트와 본회퍼에게 있어서의 윤리의 기초에 관한 자신의 박사 논문5)을, 이상은 박사는 2011년 바르트와 이삭 아우구스트 도르너(Isaak August Dorner)에 관한 박사학위 논문6)을 마쳤습니다.

계속해서 신학의 거장들에 대한 박사학위 논문들을—독일 박사과정

---

1) Jae Jin Kim, *Die Universalität der Versöhnung im Gottesbund. Zur biblischen Begründung der Bundestheologie in der Kirchlichen Dogmatik Karl Barths*, Münster und Hamburg: Lit Verlag, 1992.

2) Joon Ho Shin, *Der Heilige Geist in Karl Barths Kirchlicher Dogmatik. Zur Entdeckung des "Pluralismus des Geistes"*, Heidelberg, 1997.

3) Sung Hyun Oh, *Karl Barth und Friedrich Schleiermacher 1909-1930*, Neukirchen-Vluyn: Neukirchener Verlag, 2005.

4) Jahng Seob Kim, *Karl Barths Lehre von der Sünde in seinem dogmatischen Früh- und Spätwerk*, Heidelberg, 2008/2009.

5) Jung Hwan Lee, *Die Realität des christlichen Ethos. Untersuchung zur theologischen Ethik bei Karl Barth und Dietrich Bonhoeffer*, Heidelberg, 2010/2011.

6) Sang Eun Lee, *Karl Barth und Isaak August Dorner. Eine Untersuchung zu Barths Rezeption der Theologie Dorners*, Internationale Theologie Bd. 19, Frankfurt: Peter Lang, 2014.

생들 다음으로 가장 큰 그룹인—나의 한국인 박사과정생들이 1996년과 2007년 사이에 제출하였습니다. 1996년 임걸 박사가 바르트의 가장 중요한 동반자였던, 에두아르트 투르나이젠(Eduard Thurneysen)에 관한 박사학위 논문7)으로 학위를 취득하였고, 1999년 홍순원 박사가 헬무트 틸리케(Helmut Thielicke) 사상의 발전에 관한 논문8)으로 박사가 되었습니다. 2003년 강태영 박사가 몰트만(Jürgen Moltmann)의 창조론에 대한 박사학위 논문9)으로, 2007년 문명선 박사가 칼빈(Calvin)의 성령론에 관한 박사학위 논문10)으로 학위를 마쳤습니다. 제가 지도한 55명의 박사과정생 중 알프레드 노스 화이트헤드(Alfred North Whitehead)에 대하여 박사학위논문을 쓰기를 강력하게 표현하였던 유일한 제자는 한신대학교 전철 교수였습니다. 그는 신학과 과학에 관련한 논문11)을 썼는데, 제 독일인 박사과정생들 가운데에서도 단지 3명만이 신학과 과학 간의 대화와 관련한 주제로 2007년 박사논문을 쓰고 학위를 마쳤습니다.

대부분의 나의 이전의 한국인 박사과정생들이 이 논문집에 함께 관여

---

7) Gol Rim, *Gottes Wort, Verkündigung und Kirche. Die systematisch-theologischen Grundlagen der Theologie Eduard Thurneysens*, Münster, Hamburg und London: Lit Verlag, 2000.

8) Soon Won Hong, *Existenz, Geschichte und Geist. Zur Entwicklung von Helmut Thielickes Denken in geschichtstheologischer Hinsicht*, Heidelberg, 1999.

9) Tae-Young Kang, *Geist und Schöpfung. Eine Untersuchung zu Jürgen Moltmanns pneumatologischer Schöpfungslehre*, Heidelberg, 2003.

10) Myung-Sun Moon, *Das Wirken des Heiligen Geistes zur Stiftung der Gemeinschaft mit Jesus Christus. Eine Untersuchung zu Johannes Calvins Pneumatologie nach der Institutio von 1536 und der Institutio von 1559*, Heidelberg, 2007.

11) Chul Chun, *Kreativität und Relativität der Welt beim frühen Whitehead: Alfred North Whiteheads frühe Naturphilosophie (1915-1922) - eine Rekonstruktion*, Neukirchen-Vluyn: Neukirchener Verlag, 2010.

하였습니다. 이 점에 대하여 나는 매우 기쁘며, 그들에게 감사함을 느끼고 있습니다.

이 논문집에 게재된 논문들은 2005년에서 2013년 사이에 집필된 것들입니다. 첫 번째 부분에 있는 논문들은 기독론,[12] 성령론,[13] 창조론 그리고 특별히 인간론[14]의 주제들에 대한 나의 학문적 작업들을 반영하고 있습니다. 따라서 이 부분에 "삼위일체적 관점들"이란 소제목이 붙여진 것은 정당하다고 하겠습니다. 이것은 결국 일종에 "온 신학"(ganz-heitliche Theologie)과도 관계되는 것이고[15] 그리고 그런 점에서 또한 —세 개의 신앙고백 항목은 단지 사변적으로 용해될 수 있는 것이 아니라, 오히려 내용적으로 세 개 항목의 커다란 접근 가능성 속에서 전개될 수 있는—성서적으로 논증된 삼위일체 신학과도[16] 관계되는 것입니다.

---

12) Siehe dazu die gerade in Korea erschienene Übersetzung meines Buches 여기에 덧붙여서 최근에 나온 나의 책을 한국어로 번역한 것을 보라: *Gottes Offenbarung. Christologie*, Neukirchen-Vluyn: Neukirchener Verlag, 1. und 2. Aufl. 2012; 오성현, 『하나님의 계시: 그리스도론』, 서울: 대한기독교서회, 2015; 비교: 이미 출판된 나의 책: *Was geht vor beim Abendmahl?*, Gütersloh: Gütersloher Verlag, 4. Aufl. 2012; 임걸에 의해서 한국어로 번역됨: 한들, 2000.

13) M. Welker, *Gottes Geist. Theologie des Heiligen Geistes*, Neukirchen-Vluyn: Neukirchener Verlag, 6. Aufl. 2015; 신준호, 『하나님의 영』, 서울: 대한기독교서회, 1995; M. Welker (Hg.), *The Work of the Spirit: Pneumatology and Pentecostalism*, Grand Rapids: Eerdmans, 2006; 동일 저자. (Hg.), *The Spirit in Creation and New Creation: Science and Theology in Western and Orthodox Realms*, Grand Rapids u. Cambridge/UK: Eerdmans, 2012.

14) 여기에 덧붙여 석의학자, 철학자 및 자연과학자들과의 대화에 있어서의 국제적 및 학제 간 연구기획: M. Welker (Hg.), *The Depth of the Human Person: A Multidisciplinary Approach*, Grand Rapids: Eerdmans, 2014.

15) Myung Yong Kim, *Ohn Theology: Holistic Theology*, Seoul: Presbyterian University and Theological Seminary Press, 2014.

16) "Der erhaltende, rettende und erhebende Gott. Zu einer biblisch orientierten Trinitätslehre," in: M. Welker u. M. Volf (Hg.), *Der lebendige Gott als Trinität*, FS für Jürgen Moltmann, Gütersloh: Kaiser, 2006, 34-52.

이 논문집의 두 번째 부분은, 한편으로는 칼빈, 본회퍼, 바르트/바르 멘 그리고 몰트만의 신학에 한몫 거드는 논문들입니다. 이 논문들에서 나는—나의 예전 한국인 박사과정생들이 그들의 학위논문에서 행한 것 처럼—신학적 거장들을 새로운 빛으로 드러내는 일을 시도하고 있습니다.[17] 다른 한편 이 부분은 여러 해 동안의 국제적 및 간(間)-학문적 연 구 기획들에 대한 일차적인 통찰을 제공해 줍니다. 이 연구 기획들을 나 는 최근에 하이델베르크의 국제적 및 학제간 신학연구소(FIIT)에서 수 립하고 실행하였습니다. 이는 성서신학적으로 접근한 신학과 자연과학 의 대화[18], 신학과 경제학의 대화[19] 그리고 증대되고 있는 중요한 국제 적 및 학제간의 주제에 대한 법학과 대화를 위한 것입니다.[20] 이 논문들

---

17) M. Welker, *Theologische Profile. Schleiermacher – Barth – Bonhoeffer – Moltmann*, *Edition Chrismon*, Frankfurt: Hansisches Druck- und Verlagshaus, 2009; M. Welker u. a. (Hg.), *Calvin Today: Reformed Theology and the Future of the Church*, London u. New York: T&T Clark, 2011.

18) M. Welker, *The Theology and Science Dialogue: What Can Theology Contribute?*, Theologische Anstöße 3, Neukirchen-Vluyn: Neukirchener Verlag, 2012; M. Welker und G. Etzelmüller (Hg.), *Concepts of Law in the Sciences, Legal Studies, and Theology*, Religion in Philosophy and Theology 72, Tübingen: Mohr Sie-beck, 2013; 여기에 덧붙여 또한 종말론에 대한 우리들의 아주 성과 있는 논문집: J. Polkinghorne and M. Welker (Hg.), *The End of the World and the Ends of God: Science and Theology on Eschatology*, Harrisburg: Trinity, 2000; 신준호, 『종말론에 관한 과학과 신학의 대화』, 서울: 대한기독교서회, 2002.

19) 본의 거대-생태학자 Jürgen von Hagen와 내(M. Welker)가 편집 발행한, *Money as God? The Monetization of the Market and its Impact on Religion, Politics, Law, and Ethics*, Cambridge/UK: Cambridge University Press, 2014.

20) 여기에 덧붙여 가장 최근에 발표된 나의 몇 개의 논문들을 보라: "Juristische und Theologische Dogmatik", in: Aulis Aarnio u.a. (Hg.), *Positivität, Normativität und Institutionalität des Rechts*, FS Werner Krawietz, Berlin: Duncker & Humblot, 2013; "The Power of Mercy in Biblical Law", in: *Journal of Law and Religion* 29/2 (2014), 225-235; 나의 Heidelberg 대학 은퇴 강의: "Gottes Gere-chtigkeit", in: *Neue Zeitschrift für Systematische Theologie und Religionsphilosophie* 56/4 (2014), 409-421; 또한 여기에 독일에서 그 당시 특별히 논란이 되었던 주제:

은 사회학과 문화학과의 대화뿐만 아니라, 타종교와의 대화를 당연히 포함하고 있습니다.[21] 내가 이러한 학문적 다양성을 가지고 있는 논문들을 이 논문집에 편집하여, 더욱이 학문에 있어서나 교회에 있어서 거대한 공동체를 형성하고 있는 한국에서 토론을 위해서 제시할 수 있게 되어 참으로 매우 기쁩니다.

다가오는 해에, 나는 한국에 있는 동료 여·남 신학자들과의 집중적인 학술 교류가 있기를 열망합니다. 우리가 서로 다른 원리와 직업 전선에서 전문적으로 각인된 건전한 상식과 신학 및 신앙을 겸비하고 있으면서, 직업상 분할되어 있는 다른 분야의 사람들과 대화하고 그리고 그 대화를 유지한다는 것은 학문과 교회에 있어서 매우 중요한 일입니다. 그리고 우리가 서로에게서 배우고—일반적인 도덕적 호소와 고무적인 연설에 의해서 단지 지배당하지 않으면서—거대한 국가적 및 세계적 요구 앞에 공동으로 대처하는 것은 참으로 중요한 일입니다.

2015년 봄 하이델베르크에서

미하엘 벨커(Michael Welker)

"Kirche und Diakonie in säkularen Kontexten", in: *Zeitschrift für evangelisches Kirchenrecht* 60 (2015), 27-40.

21) 이에 더하여 수년간 국제적 및 학제간—단지 나의 입장에서만은 아니라—그리고 성서 신학적으로 접근한 연구기획들: M. Welker (Hg.), *Quests for Freedom: Biblical - Historical - Contemporary*, Neukirchen-Vluyn: Neukirchener Verlag, 2015; M. Welker und W. Schweiker (Hg.), *Images of the Divine and Cultural Orientations: Jewish, Christian, and Islamic Voices*, Leipzig: EVA, 2015.

차 례

제1부

삼위일체론적 전망

영-그리스도론*
: 삼중 직무에서 하나님 나라의 세 가지 양태로

번역: 김재진(케리그마신학연구원)

어떻게 창조 그리고 새창조하시는 성부 하나님과 성령의 능력이 예수 그리스도 안에서 그리고 그분을 통하여 파악될 수 있을까? 이에 대한 답변으로서, 칼빈의 두 가지 인식의 열쇠가 길잡이 역할을 하고 있다. 그 첫 번째 인식의 열쇠는 부활하시고, 승천하신 그리스도는 성령 없이는 결코 현존하지 않으신다는 것이다. 성령을 통하여 부활하고, 승천하신 그리스도는 자신의 남·여 증언자들을 자신의 부활 이후의 삶에 함께 관여하도록 한다. 자신의 남·여 증언자들을 통하여, 곧 부활절과 오순절 이후 그리스도의 몸의 지체를 구성하고 있는 교회 "구성원"들을 통하여, 부활하신 그리스도는 이 세상 안에서 자신의 부활절 이후의 실존을 실현해 가고 계신다.

---

* 이 글은 특강 원고이기에 구어체로 번역하였음. 역자

요한 칼빈은 자신의 방대한 개혁주의 교의학에서 이러한 인식을 아주 인상 깊게 강조하였다. 즉 예수 그리스도는 성령이시라는 것이다. 그런데 성령은 "단지 예수 그리스도만을 위해서 사적으로(privatim) 주어진 것이 아니라, 오히려 예수님께서 가난한 자와 목마른 자들에게 자신의 성령 충만함을 나누어주기 위한 것이다!"[1] 그래서 부활하시고 승천하신 그리스도는 성령 없이, 그리고 성령 받은 남·여 증언자들 없이, 현존하시지 않는다!

이것을 넘어서서 칼빈은 두 번째 인식의 열쇠를 제시하고 있는데, 그것은 우리가 부활하신 그리스도의 직무를 성령의 직무와 차별화하고 구체화하는 가운데서 파악하도록 한다. 이러한 두 번째 인식의 열쇠는 우리에게 예수 그리스도의 이러한 직무와 능력 그리고 그의 나라의 도래를, 그의 부활절 이전의 삶과 연관해서 볼 수 있는 능력을 제공해 준다. 그런데 예수의 부활 이전과 부활 이후의 삶의 연속성과 비연속성은 다음과 같은 사실에서 분명해질 것이다. 즉 단지 예수의 부활 이전의 삶에 대한 기본 체계만이 아니라, 십자가의 죽음 그리고 그것을 넘어서서 부활에 대한 체계가 인식될 수 있을 것이다. 뿐만 아니라 또한 구약성서적 전승의 폭넓은 기억 공간들과 기대 지평으로의 회귀도 확인될 수 있을 것이다. 끝으로 우리는 이러한 인식의 열쇠로, 기독론에서 훨씬 확장된 새로운 경륜적 일치를 당면하게 될 것이다.

칼빈의 두 번째 기독론적 인식의 열쇠는 다음과 같다. "우리가, 무엇을 위해서 그리스도가 하나님 아버지로부터 보냄을 받았는지, 그리고

---

1) Calvin, *Institutio*, 310 (II, 15,5, 비교. II, 15,2); 참조. 또한 Dumitru Staniloae, *Ortho-doxe Dogmatik II, Ökumenische Theologie* 15, Zürich u. Gütersloh: Benziger u. Gütersloher, 1990, 174ff.

무엇을 그가 우리에게 가져왔는지를 알고자 원한다면, 우리는 무엇보다도 먼저 그의 삼중의 직무, 곧 예언자적 직무, 왕적 직무 그리고 제사장적 직무를 주목해야만 한다."[2] 예수의 삼중 직무(munus triplex Christi)에 관한 교리는, 예수 그리스도의 공적이며 종말론적인 직무를 서로 차별화된 다양함(Reichtum) 속에서 파악하도록 허락하고 있다. 예수의 삼중 직무는 구약성서적 전승들에 대한 기본체계를 포함하고 있으며, 부활 이전과 부활 이후 예수 그리스도의 직무, 곧 왕적, 제사장적 그리고 예언자적 직무의 연속성을 제시하면서, 동시에 신약성경의 증언들을 항상 되풀이해서 넌지시 암시한다. 슐라이에르마허(Schleidermacher),[3] 바르트(K. Barth),[4] 와인라이트(Wainwright)[5] 그리고 개혁 신학과 감리교 신학 전통 속에 있는 또 다른 주목할 만한 신학자들은 이러한 교리들을 수용하고 전개하였다. 요한 케르하르트에(J. Gerhard)[6] 의해서 이러한 교리들은 루터교 신학 안에도 받아들여졌다. 로마 가톨릭 교의학[7]도 바로 이러한 교리를 정통주의 교회의 교리로 수용하였다.[8]

---

2) Calvin, *Institutio*, 307 (II, 15,1).

3) Friedrich Schleiermacher, *Der christliche Glaube nach den Grundsätzen der evangelischen Kirche im Zusammenhange dargestellt*, Bd. 2, hg. Martin Redeker, Berlin: de Gruyter, 7. Aufl. 1960, §§ 102-105.

4) Barth, *KD* IV/1 231ff; IV/2 173ff; IV/3 12ff, 52ff, 206ff.

5) Geoffrey Wainwright, *For Our Salvation: Two Approaches to the Work of Christ*, Grand Rapids: Eerdmans, 1997, 109ff, Winwright는 모든 세 가지 직무에서 "기독론적, 세례적, 구원론적, 선교적" 그리고 "교회론적 용법"을 구분한다.

6) Johann Gerhard, *Loci theologici*, 1610-22, Loc. IV, cap. 15.

7) Matthias Joseph Scheeben, *Handbuch der katholischen Dogmatik*, Bd. 5,2, Freiburg: 1954, 226-305; 또한 Thomas von Aquin, *Summa theologiae* III, 22 art. 1 ad 3의 각주를 보라.

8) Staniloae, *Orthodoxe Dogmatik* II, 89ff u. 178ff; P. Trempela, *Dogmatik der orthodoxen katholischen Kirche* (griechisch), Bd. II, Athen: Adelphotes Theologon "Zoe", 1959, 143-203; 또한 Eusebius von Caesarea, *Hist. Eccl.* I,3을 보라.

에드문트 슈링크(Edmund Schlink)는 자신의 교회 연합을 위한 교의학에서 다음과 같이 논평하고 있다:

"그리스도의 세 가지 직무에 관한 교리를 확장하는 것은 교회 연합을 위한 유일무이한 현상이다. 왜냐하면 이러한 교설은 교회 분열 이전이 아니라, 분열 이후에야 비로소 자신들의 교의학적 내용으로 취하였기 때문이며, 예수 그리스도의 구원 직무에 대한 교리적 진술들도 교회 분열의 전 과정 동안 공동의 교리로 자리매김되었기 때문이다."[9]

삼중의 직무의 순서, 중요성 그리고 형태는 개개의 신학적 대가들에 의해서 매우 다르게 구성되었다.

우선 먼저 칼빈은 예언자적 직무에 대하여 언급하고 있는데, 그에 의하면, 예언자적 직무를 통하여 하나님은 자기 백성을 "결코 구원의 교리(말씀) 없이 방치해두지 않으시고, 그 백성들로 하여금 '중재자가 오심'을 기다리도록 인도하셨다"는 것이다.[10] 그래서 예수 그리스도는 이제 우리에게 단지 "모든 지혜가 충만한 것으로 온전히 가득 찬" 교리(말씀)를 통해서가 아니라, 성령의 부어주심을 통하여 그리스도 몸의 지체들인, 아들들과 딸들에게(욜 3:1) 분깃(Anteil)을 나누어 주고 계시다는 것이다.[11] 왕적 직무를 통하여 하나님은 "당신 아들의 손을 통하여 언제나 그의 교회를 보호하시고 돕기를 원하신다." 동시에 칼빈은 그리스도

---

9) Edmund Schlink, *Ökumenische Dogmatik. Grundzüge*, Göttingen: Vandenhoeck, 1983, 414.
10) Calvin, *Institutio*, 307 (II, 15,1).
11) Calvin, *Institutio*, 308 (II, 15,2).

가 영원한 영적 나라의 "영원하신 왕"이심을 강조한다. 그리고 무엇보다도 그는 그리스도가 신앙인들을 영원한 생명에 이르도록 수호하고 계심을 특별히 강조한다. 그러나 여기서 또한 신앙인들에게는, 세례와 성령의 부어주심을 통하여, 통치권에 대한 분깃도 주어진다고 말한다.[12] 제사장적 직무를 칼빈은 히브리서 7-10장과 연결하여 해설하고 있다. 즉 예수 그리스도는 우리를 위한 대제사장으로 하나님 앞에 나타나시어, 자기 자신을 희생 제물로 드린다. 동시에 우리는 성령의 능력 안에서, 곧 "예수 그리스도 안에 … 곧 제사장" 안에 있는 것이고, 기도와 찬양으로 우리의 희생을 드리는 것이다. 그래서 우리는 "하늘의 가장 거룩한 곳에 이르는 자유로운 입구를 가지고 있는 것이다."[13]

슐라이에르마허는 먼저 "가르침과, 예언과 기적을 행하는" 가운데 계시는 그리스도의 예언자적 직무에 관하여 언급하고 있다. 그는 무엇보다도 먼저 부활 이전의 예수에 주목하고서, "모든 예언의 이러한 극치와 … 마지막"은 또한―예수 그리스도가 바로 제사장이시듯이―제사장적 직무의 극치와 끝으로 기술되어야 함을 강조하고 있다.[14] 그는 예수 그리스도의 제사장적 직무에서 "예수의 온전한 율법 성취 혹은 그의 적극적인 순종"과 예수의 "화해의 죽음 혹은 그의 고난의 순종" 그리고 끝으로 "아버지 곁에서 믿는 자들을 위하여 대언하는 일"을 구별한다(같은 책, 118). 그래서 그리스도의 왕적 직무는 자신이 "하나님이라는 자의식 속에서 행한 순수한 영적 주권"을 통하여 "신적 통치(Theokratien)와 같은 정치적 종교"로 끝난다고 그는 말한다. 이러한 해석은 다음과 같은 말

---

12) Calvin, *Institutio*, 309 (II, 15,3), vgl. 308-311 (II, 15,3-5).
13) Calvin, *Institutio*, 312 (II, 15,6).
14) Schleiermacher, *Der christliche Glaube*, Bd. 2, 108, 112, 135.

속에 있다. 즉 "신앙인들의 사귐이, 곧 그것이 온전하게 되는 데 필요한 모든 것은, 그리스도에게서 지속적으로 나온다"(같은 책, 144, 136).

칼 바르트는 우선 먼저 대제사장적, 그 다음은 왕적, 그리고 끝으로 예언자적 직무에 대하여 언급하고자 한다. 그러나 그는 제의적 사유체계를—그가 대제사장적 직무를 기술하는 데 있어서, "우리 대신 심판받으신 심판자"라는 형식 아래로 가져옴으로써—법적 사유 체계로 대치하고 있다.15) 이것을 넘어서서 그는 이 형식을 사람들이 신약성경과 연관해서 법적, 제의적 구상(構想)뿐만 아니라, 재정적 혹은 군사적으로도 또한 사용할 수도 있을 것이라고 주목하고 있다.16)

삼중의 직무에 관한 교리의 서로 다른 순서들, 강조점들 그리고 전개 내용들이 일차적으로 예수의 부활 이전의 삶으로 향하느냐, 아니면 일차적으로 승천하신 그리스도에게로 향하느냐에 달려 있다:

"그렇게 예수는 예언자 직무를 이 지상에 있는 자로서는 자신의 선포를 통하여, 승천한 자로서는 사도들을 보내심으로써 실행하셨다. 그리고 예수는 이러한 일들을 계속해서 복음을 통하여 실현하신다. 자신의 제사장적 직무를, 예수는 이 지상에 있는 자로서는 죽음에로 자신을 희생하심으로 실현하시고, 이를 또한 그는—하나님 앞에서 자신들의 백성들을 위하여 중보 기도하심으로써—고양(高揚)된 자로서 실현하신다. 예수의 왕적 직무는, 그가 고양된 자로서 보좌에 앉으심으로써 비로소 생긴 것이 아니라, 오히려 자연의 능력과 파멸의 권세들을 능가하는 지상적 예수의 주권 속에서 이미 몰트만의 것이다."17)

---

15) Barth, *KD* IV/1, 231; vgl. 231ff, 302ff.
16) 같은 곳, 301f; 이에 덧붙여 비교. die Kritik von Brandt, *Opfer als Gedächtnis*, 294ff.

신학적 대가(大家)들에게서 나타나는 서로 다른 강조점 그 자체는, 무엇보다도 먼저 이러한 교리들을 평가하는 데 문제가 있는 것으로 드러난다.[18] 사실상 이러한 교설들은 다양하게 그리고 교리적으로 조직화하고자 하는 관심의 여지를 제공하고 있다. 이러한 교설들에—그 교설들이 임의로 구성될 수 있고, 그리고 그것들이 모든 가능한 관심에 따라서 잘못 사용할 수도 있다면—무엇인가 의구심이 생기지 않겠는가?

프린스턴(Princeton)의 조직신학자 미글리오르(Daniel Migliore)는 그리스도의 삼중의 직무에 관한 교리를 예수의 부활 이전의 삶과 그의 선포에 그리고 그의 십자가와 부활에 접목할 것을 제안하였다.[19] 우리는 이러한 충언에 관심을 가지고서, 그러나 동시에 칼빈이 주장하는 각각의 직무에 있는 성령의 공명(Resonanz)과 영향력을 함께 주목해야 할 것이다!

— 예수의 부활 이전의 삶과 그의 직무에 주목하는 것은 그의 왕적 직무에 명백한 특성을 제공해 준다.

— 그리스도 십자가에 대하여 주목하는 것은 예언자적 직무의 과제의 다양성(Aufgabespektrum)을 밝혀 준다.

— 부활에 대한 증언들과 부활하신 분의 현현은 대예언자적 직무의 풍요로움을 인식하게 한다.

---

17) Schlink, *Ökumenische Dogmatik*, 414.
18) Vgl. Martin Kähler, *Die Wissenschaft der christlichen Lehre von dem evangelischen Grundartikel aus im Abrisse dargestellt*, Leipzig: A. Deichert'sche Verlagsbuchhandlung, 2. Aufl. 1893, 332f.
19) Siehe Daniel Migliore, *Faith*, 155.

I. 왕적 직무와 그리스도와
살아 있는 자들(der Seinen)의 나라

예수의 부활 이전의 삶의 빛에서 보면, 그리스도와 살아 있는 자들의 왕권은 분명한 윤곽을 가지고 있으며, 자유와 섬김의 사랑이라는 명백한 복음을 전개하고 있다. 성령의 부어주심이라는 빛 속에 있는 이러한 왕권은 상·하 계층적, 그리고 독단적이고 교회적인 그리고 간접적으로는 또한 정치적 형태 및 질서의 형식들에 반란을 일으킨다. 왜냐하면 이러한 왕은 시민들이고 동시에 형제들, 즉 가난한 자들이고 내쳐진 자들이기 때문이다. 이러한 사람들의 급진적이고 민주적인 질서 사상으로, 이러한 왕적 주권은 혹자에게는 사실상 불편하고 통찰력 없는 것으로 보이지만 반대로 혹자에게는 교회 공동체와 시민사회 공동체에서 자유를 인정하는 제도를 마련하기 위한 좋은 예로 보인다.

하나님 나라의 왕적 형태는 무엇보다도 사랑의 실천과 그 사랑으로 중재된 자유의 실천을 통하여 각인된다. 사랑하는 자를 받아주고, 고쳐주고 자유롭게 하는 가르침과 교육, 그리고 이러한 것들을 가능한 한 모든 사람에게 나누어 주고자 하는 노력은 이러한 실천을 규정하고 있다.

율법 전승들과의 연속성과 비연속성 속에서 사랑과 용서는 자유롭고, 창조적인 자기 제어(Selbstzurücknahme)를 위하여[20] 다르게 규정되었

---

20) Vgl. Huber, *Gerechtigkeit und Recht*, 316f u. ö.; Bedford-Strohm, *Vorrang für die Armen*; Michael Welker, *Routinisiertes Erbarmen und paradigmatische Öffentlichkeit.* "Generalisierung von Altruismus", in alttestamentlichen Gesetzesüberlieferungen, in: Hans May (Hg.), *Altruismus. Aus der Sicht von Evolutionsbiologie, Philosophie und Theologie*, Loccumer Protokolle 30/92, Loccum, 1996, 143-160.

다.21) 자유롭고 창조적인 자기 제어 그리고 또한 이웃을 위한 사랑 안에
서 기쁜 마음으로 자기를 제어하는 것은 훨씬 높은 차원에서 자유를 촉
진하고 있는 것이다. 에로스(Eros)와 아가페(Agape)와 필리아(Philia)로
부족하나마 규정되고 있는 사랑은22) 사랑하는 사람에게 "가장 좋은 모
든 것"으로 섬기고자 하는 것이다. 보다 '폭넓게', 사랑하는 사람들이 혹
은 그의 발들이 움직여야 한다. 이를 넘어서서 하나님—나라—인식을
위한 가장 중요한 것은, 자유롭게 요청되고 있는 행동과 처신에 대한 의
무가 최우선이 아니라, 오히려 우리 자신에 대한 호의와 우리에 대한 관
심 그리고 우리의 마음에 대한 자유로운 자기제어를 기꺼이 감사하는
마음으로 실행하는 것이다.23) 바로 이러한 점에서 어린아이들에게 하
나님 나라가 특별히 가깝다고 이야기된 것이다.24) 그렇지만 남을 자유
롭게 하는 기쁨과 감사의 윤리는 기본적으로는 또한 인간을 사랑하는

---

21) 예수의 선포와 직무 그리고 원시 기독교의 실천적 삶은 특히 구약성서의 하나님 나라
표상과 관련되어 있음이 밝혀졌다. Christian Grappe, *Le Royaume de Dieu. Avant,
avec et après Jésus*, Genf: Labor et Fides, 2001. 또한 "하나님의 나라와 토라: 유대
율법에 대한 예수의 입장"이란 주제에 관해서 비교. Gunther Wenz, *Christus, Studium
Systematische Theologie* 5, Göttingen: Vandenhoeck, 2011, 239ff; 이외에 Karl-
Heinrich Bieritz, *Grundwissen Theologie: Jesus Christus*, KT 148, Gütersloh:
Kaiser, 1997, 47ff.

22) Michael Welker, *Romantic Love, Covenantal Love, Kenotic Love*, in: John Pol-
kinghorne (Hg.), *The Work of Love: Creation as Kenosis*, Grand Rapids/London:
Eerdmans, 2001, 127-136.

23) Vgl. Wilfried Härle, *Dogmatik*, Berlin u. New York: de Gruyter, 3., überarb.
Aufl. 2007, 237ff; ders., *Ethik*, Berlin u. New York: de Gruyter, 2011, 328ff,
388ff.

24) Vgl. Mt 10,14; Marcia J. Bunge, *Children, the Image of God, and Christology:
Theological Anthropology in Solidarity with Children*, in: Schuele/Thomas, *Who is
Jesus Christ for Us Today?*, 167-181; dies. (Hg.), *The Child in Christian Thought*,
Grand Rapids u. Cambridge/U.K.: Eerdmans, 2001; dies. (Hg.), *The Child in the
Bible*, Grand Rapids u. Cambridge/U.K.: Eerdmans, 2008.

구제(Diakonie)의 윤리에 합당한 것이다.25) 우리의 다양한 주위 환경 속에서 자유롭게 창조적으로 자기를 제어하는 엄청난 잠재력에 감사할 수 있는 감수성은 사회적 습관들(Routinene)에 의해서 자주 억압당하고 있다.

가족, 친분관계, 교육, 의료적 보살핌, 시민 사회적 그리고 공공의 사회기관 속에서 자유롭게 창조적으로 자기를 제어하는 것에 대하여 감사할 수 있는 집중력은 직·간접적으로 그리스도의 삼중의 직무를 강하게 각인하는 능력에 민감해져야 할 것이다. 위험의 그림자 속에서뿐만 아니라, 감사의 빛 안에서도 우리는 폭력적, 구제의, 교육적, 정신요법적, 정의 국가적, 교회적 그리고 간문화적이고 세계적인 도전들을—곧 우리로 하여금, 그리스도 나라의 지속적인 '도래'를 위하여 기도하도록 고무하고, 우리를 그것에로 관여시키는 도전들을—주목해야 할 것이다. 그 자체 안에 가려 있기에 가끔은 눈에 띄지 않는 많은 사랑과 용서를 통하여 하나님의 나라와 그리스도의 나라는 그 형태를 획득한다.

가끔은 불분명하지만, 그러나 놀랄 만한 능력을 가진 이러한 왕적 주권에 단지 직접적인 남·여 증언자들만 참여하지는 않는다. 윌리엄 슈바이커(William Schweiker)는 니이버(Niebuhr)26) 형제와 제임스 구스타

---

25) 비교. J. H. Wichern는 교회의 사회사업적 공동생활의 기본 형식으로서의 "감사의 사랑"을 강조한다. (Johann Hinrich Wichern, *Schriften zur Sozialpädagogik* [Rauhes Haus und Johannesstift], Sämtliche Werke, Bd. IV,1, hg. Peter Meinhold, Berlin, 1958, 119 u. ö.); Theodor Strohm, *Diakonie und Sozialethik. Beiträge zur sozialen Verantwortung der Kirche*, hg. Gerhard K. Schäfer u. Klaus Müller, *Veröffentlichungen des Diakoniewissenschaftlichen Instituts* 6, Heidelberg: Heidelberger Verlagsanstalt, 1993, 138ff.

26) 보라. 예컨대 H. Richard Niebuhr, *Christ and Culture*, New York u. a.: Harper & Row, 1951; Reinhold Niebuhr, *The Self and the Dramas of History*, New York: Scribner's, 1955, 특히. 19장.

프슨(James Gustafsons)에게서[27] 많은 충격을 받았고, 그 충력을 계속해서 발전시켰다. 그는 "기독교적 인본주의"(christlicher Humanismus)[28]는 다른 종교 형태뿐만 아니라, 실천적 사랑이라는 세속적인 형태에 영향을 미쳤고, 또한 그들로부터 강한 영향을 받았다고 아주 분명히 말하였다.

자유를 추구하는 그리스도의 나라는 모든 시대의 모든 교회와 온 세상보다 더 넓다. "너희가 나의 가장 비천한 형제·자매들에게 행한 것은 바로 너희들이 나에게 행한 것이다." 너희가 너희 가운데 있는 나의 현존을 인식했건 안 했건 간에 말이다.[29] 이 점에 대하여 누군가 그리스도의 주권을 단지 '말씀과 성례전'에 제한한다면, 그러한 사람은 성령의 능력 안에 있는 자유케 하시는 그리스도의 현존의 이러한 넓이를 오해하는 것이다. 그러나 추상적이고, 우주적이며 도덕적인 연속성을 "단지 기독교적 윤리(Ethos)"로 덧입혀진 나라에서 그 단초를 삼는 것도 또한 잘못될 수 있다. 왜냐하면 그러한 가치중립적 도덕적인 나라는 단지 학문적 가설에 불과하기 때문이다.[30]

---

27) James M. Gustafson, *Christ and the Moral Life*, New York u. a.: Harper & Row, 1968.

28) 비교. William Schweiker u. David E. Klemm, *Religion and the Human Future: An Essay on Theological Humanism*, Oxford: Blackwell, 2008; William Schweiker, *Flesh and Folly: The Christ of Christian Humanism*, in: Schuele/Thomas, *Who is Jesus Christ for Us Today?*, 85-102; Liu Xiaofeng, *Sino-Christian Theology in the Modern Context*, 70ff.

29) 비교. 마 25:40 또는 25:34ff; John F. Hoffmeyer, *Christology and Diakonia*, in: Schuele/Thomas, *Who is Jesus Christ for Us Today?*, 150-166. 보라 또한. Alfeyev, *Christ the Conqueror of Hell*, 214.

30) 여기에 덧붙여 Judith Butler, Jürgen Habermas, Charles Taylor und Cornel West 가 벌린 유익한 토론을 보라. in: Eduardo Mendieta u. Jonathan VanAntwerpen (Hg.), *The Power of Religion in the Public Sphere*, New York: Columbia Univ.

II. 제사장적 직무와 그리스도와 살아 있는 자들의 나라

예수 그리스도의 제사장적 차원과 그의 나라는, 히브리서가 강조하는 음성에 근거해 볼 때, 아주 자주 "대제사장과 희생 제의"라는 어려운 주제로 집중되었다.31) 예수 그리스도는 하나님 자신에 의해서 선택된 영원한32) 대제사장이시고, 그리고 그는 희생을 이 지상의 성전에서가 아니라 하늘에서—곧 하나님 앞에서 긍휼이 풍성하고 신실하신 대제사장이 되기 위해서 그리고 백성들의 죄를 용서하기 위해서—드린다(히 2: 17).33) 따라서 히브리서는 한편으로는 하나님에 의해서 선택된 천상의 대제사장, 곧 하나님의 우편에 앉으신 분으로부터 시작하여 죽기까지 낮아져 "자기 양떼들의 목자"가 되신 분의 고통에 이르는 커다란 긴장 곡선을 제시하고 있다(히 2:5-18; 13:20).34) 이렇게 히브리서는 실제로 높아지신 그리스도가 가져다주는 효과의 핵심적인 영역을 거론하고 있다. 히브리서는 그러나 예수 영의 능력으로 말미암아 예수의 생명에 참

Press, 2011.

31) 히 2:17; 3:1; 4:14f; 5:1ff; 6:20; 7:26ff; 8:1ff; 9:7ff,24ff; 10:1ff,10ff; 13:11ff.

32) 시 110:4과 창 14:1-24의 왕적 직무와 제사장적 직무가 연결되어 하나의 애매한 형태를 따라서 히 5:6,10; 6:20; 7:1,10,11,15,17은 "… 멜기세덱의 반차를 따라"라고 적고 있다. 비교. Erich Gräßer, *An die Hebräer* (Hebr 1-6), EKK XVII/1 und (Hebr 7,1-10,18), EKK XVII/2, Zürich/Braunschweig u. Neukirchen-Vluyn: Benziger u. Neukirchener, 1990 u. 1993, Bd. 1: 288ff; Bd. 2: 9f. 그래서 Gräßer는 궁켈(Gunkel)을 따라서 멜기세덱을 역사적으로 "종교적 기능을 가진 가나안 도시 국가 왕과 여부스의 제사장적 왕의 원형"으로 적고 있다. 같은 곳. Bd. 2, 13.

33) 히브리서의 '희생신학'에 관하여: Brandt, *Opfer als Gedächtnis*, 174-204.

34) 비교 John Macquarrie, *Jesus Christ in Modern Thought*, London: SCM Press, 1990, 128ff; Samuel Vollenweider, "Christozentrisch oder theozentrisch? Christologie im Neuen Testament," in: *Marburger Jahrbuch Theologie* XXIII: Christologie, 28f.

여하게 된 사람들을 전체 영역(모든 사람)으로 이해하지는 않는다. 그리고 히브리서는 예수의 제사장적 사역이 미치는 영역을, 또한 단지 그 어떤 부분적 영역으로도 이해하지 않는다.

제사장적 직무(munus sacerdotale)35)에 대한 이러한 협의의 설명에 비하여 예수 그리스도의 제사장적 사역은 예배 사건이라는 좀 더 폭넓은 범위와 다차원의 영역에서 감지되어야만 한다. 프란시스 피오렌자(Francis Fiorenza)가 예리하게 주목한 것은, 부활하신 그리스도의 현현 사건들이, 그가 평화의 인사를 나누시고, 빵을 떼시며, 성경을 풀어주시고, 세례를 주도록 명령하시고, 제자들을 선교사로 파송하시는 것으로 (초대)교회의 예배적인 삶과 그의 영향력 있는 기본 형태들을 무너뜨리고 있다는 점이다.36) 평화의 인사, 성만찬, 세례, 성경 해설, 제자 파송 등과 같은 예배의 실존 속에 있는 그 어떤 다양한 음성들이 제사장적 직무와 결합되어 있다. 그리고 그 제사장적 직무에는 "모든 신앙인의 만인 제사장적 직무"가 한몫을 차지하고 있고, 그 제사장적 직무는 하나님 나라의 제사장적 형태 속에서 구체화된다.

"루터의 유명한 토르가우어(Torgauer) 양식에 따르면, 예배는 결코 다른 것이 아니다. '왜냐하면 우리의 사랑하는 주님 스스로 우리와 당신의 거룩하신 말씀을 통하여 말씀하시고, 그래서 우리도 다시금 기도와 찬양으로 그분과 말하기 때문이다.'"37) 크리스토프 슈뵈벨(Christoph

---

35) 이와 결합된 어려운 문제점들을 바르트는, 그리스도의 삼중의 직무에 관한 교리를 다루는 데 있어서, 대제사장 그리스도에 관한 설명을 "우리 대신 심판받은 심판자" 그리스도로 대치할 것을 권장하였다(KD IV/2, 231ff.).

36) 비교. Fiorenza, *The Resurrection of Jesus*, 213-248, 238ff; 또한 비교. Welker, *Die Wirklichkeit der Auferstehung*, bes. 318ff.

37) Christoph Schwöbel, "Wer sagt denn ihr, dass ich sei?"(Mt 16,15). Eine sys-tematisch-theologische Skizze zur Lehre von der Person Christi, in: *Marbur-*

Schwöbel)은 그리스도와 교회 공동체 사이의 이러한 예배를 통한 대화를 자신의 긴 문장 속에서 아주 모범적으로 다음과 같이 특징짓고 있다:

예배 중 다양한 방식으로 그리스도에 관하여 선포되는 것은, 예컨대 복음서 낭독들, 설교의 증언들, 교리적 해설들, 전례의 형식들 그리고 서간문들에 대한 토론식 논구들은, 복음에 관한 것이고, 이러한 것들은—또한 율법으로서는—그 말씀의 결론(Pointe)을 복음 안에 가지고 있는, 즉 우리와 함께 계시는 그리스도의 말씀 속에 있는, 하나님의 선포에 관한 것이다. 따라서 복음은 하나님의 자애로우신 사랑에 대한 약속, 곧 하나님에게서 떨어져 나온 피조물인 우리에게 하나님과의 사귐을 나누어주시고자 하는 약속이다. 바꾸어 말하면, 그것은 그리스도에 대한 우리의 선포 속에서는, 혹은 그리스도를 통한 하나님 아버지에게 대한 감사와 기원과 탄원과 찬양과 같은 기도의 언어들 속에서는, 하나님과의 보장된 사귐에 대한 우리의 궁핍함에 관한 것이고, 그리고 정통적인 선포에서는 그리스도 안에 있는 하나님의 주권에 성령의 도움으로 참여하는 것에 관한 것이다.38)

슈뵈벨이 강조하고 있는 것은 다양한 소통의 사건 속에서 그리스도의 "인격적 현존"이 발생한다는 것이고, 바로 이러한 소통 사건을 통하여 높아지신 그리스도가 우리에게 마음을 향하시고, 당신을 인식하도록 내어 주실 뿐만 아니라, 우리에게 또한 창조주 하나님과 성령 하나님에게

---

ger Jahrbuch Theologie XXIII: Christologie, 47; 루터의 인용은 보라. WA 49, 588, 16-18.

38) Schwöbel, "Wer sagt denn ihr, dass ich sei?," 47.

이르는 적합한 통로를 열어 주실 것이라는 것이다.[39]

바르게 이해되고, 바르게 드려진 예배는 하나님 인식을 해명하고, 확정하고 깊이를 더해 주는 데 도움을 준다. 그리고 이러한 예배는 또한 항상 구원에 대한 인식이다. 바르게 드려지는 예배는 이렇듯 단순히 최선을 다한 예배 혹은 정성을 다한 종교적 감정이 아니다. 참된 예배는 관계의 사건, 곧 높아지신 그리스도가 하나님의 아들로서 삼위일체 하나님의 주권을 계시하고, 하나님의 창조적 직무의 넓은 폭을 계시하는 사건을 그 안에 포함하고 있다.

예수 그리스도와의 연합(통일)을 통하여, 창조주는 선하신 하나님 아버지로 인식될 것이다. 예수 그리스도와의 연합을 통하여 성령은, 영(Geist), 곧 인간을 충만한 사랑으로 구원하시고, 고양시키시고, 부활하시고, 높아지신 분(예수 그리스도)의 삶에 참여하도록 하는 영으로 경험될 것이다. 전통적으로 이러한 점을 루터는 사도신경의 세 번째 항목을 해설하는 데서 다음과 같이 기술하고 있다. "왜냐하면 우리는 … 주님이신 그리스도를 통하지 않고는, 더 이상 하나님의 자비와 은총을 인식하는 데 이를 수 없기 때문이다. 다시 말해서 주님이신 그리스도는 곧 아버지 마음의 거울이시며, 그분을 떠나서는 우리가 진노하시는 무서운 심판자 이외에 아무것도 볼 수 없는 그런 주님이시기 때문이다. 그러나 그리스도에 관하여 우리는 성령을 통하여 계시될 수 있는 곳을 떠나서는 아무 곳에서도 알 수 없다."[40]

---

39) 비교. Schwöbel, "Wer sagt denn ihr, dass ich sei?," 50ff.
40) 대교리 문답서 in: BSLK, 660; 현대 정서법에 따라서 필자가 고침.

III. 예언자적 직무와 그리스도와 살아 있는 자들의 나라

그의 직무들 가운데서 예수 그리스도의 예언자적 직무는 많은 사람에게 가장 거침돌이 되는 직무이다.[41] 예수 그리스도는 자신의 예언자적 선포 속에서 구원에 대한 선포와 심판 선언 그리고 도래할, 그러면서도 현재적이며 영원과 관계된 종말을 하나로 묶는다.[42] 계속해서 그는 자신의 고난에 관하여 예고하고,[43] 자신의 부활을 예견하며, 다시 말하면 자기의 주위에 있었던 제자들과 사람들이 무엇을 이해하지 못하고 있는지를 예고한다. 또한 그는 베드로가 자신을 부인할 것을 예견한다.[44] 예수 그리스도는 신적인 의지가 실현될 것을 선포한다. 이와 같이 그의 인간적 실족 속에서 선포된 예언은, 예수 그리스도를—겟세마네 동산에서의 기도에서 분명히 드러내고 있는 바와 같이—[45] 공포와 슬픔에

---

41) 이것이 그리스도를 명시적으로 예언자의 칭호와 연결시키는 신약성서의 텍스트에서는 아직 분명하지 않다. Dies wird aber noch nicht in den neutestamentlichen Texte deutlich, die ihn ausdrücklich mit dem Titel Prophet in Verbindung bringen (예컨대 마 6:4,15; 8:28; 눅 7:16; 13,31ff; 요 6:14; 행 3:22; 7:37); 십자가에 못 박힐 때 붙인 왕의 칭호와 히브리서에서의 제사장 칭호는 더욱 강한 영향력을 가진다.

42) 보라 Theißen/Merz, *Der historische Jesus*, 248, 221ff.

43) 마 16:21-23; 17:22f; 20:17-19; 막 8:31-33; 9:30-32; 10:32-34; 눅 9:22,43b-45; 18:31-34—그의 숙명이 구체적으로 어떠한 것인지에 대한 관심의 증가와 명백성이 증대되는 것과 함께: 인자는 예루살렘에서 종교적 엘리트가 된다는 것, 그는 "인간"이 된다는 것, 또한 그는 "이방인들의 조롱거리"가 되었다는 것, 성서의 예언자들에게 "강요된 숙명"과 고난에 관하여 다음을 보라: Odil Hannes Steck, *Israel und das gewalt-same Geschick der Propheten. Untersuchungen zur Überlieferung des deuteronomistischen Geschichtsbildes im Alten Testament, Spätjudentum und Urchristentum*, WMANT 23, Neukirchen-Vluyn: Neukirchener, 1967, bes. 317ff; Norbert Lohfink, Charisma. Von der Last der Propheten, in: ders., Unsere großen Wörter. *Das Alte Testament zu Themen dieser Jahre*, Freiburg/Basel/Wien: Herder, 2. Aufl. 1979, 241ff.

44) 마 26:57f,69-75; 막 14:53f,66-72; 눅 22:31-34,54-62; 요 18:12-18,25-27.

빠지게 한다. "… 당신이 원하시면, 내게서 이 잔을 거두어 주옵소서! 그러나 당신(아버지)의 뜻대로 하옵소서!"

예수 그리스도의 예언자적 현존에 적극적으로 참여하고자 했던 사람들이 어떠한 갈등에 빠졌는가? 물론 그러한 사람들에게는 도덕적, 사회적, 문화적, 사회제도적 그리고 정치적 위기와 갈등, 곧 그들의 구체적인 주변에서 생기는 위기와 갈등이 언제고 또한 닥쳐온다. 여기에 더하여, 사람들이 경제, 의학, 학문 그리고 정치에 대한 범세계적 관계들 속에서 대개 수동적으로 참여하게 되는 분쟁들이 도래한다. 수많은 연관 관계들, 곧 예언자적 인식과 예언자적 쓴 소리가 필요한 연관 관계들, 그리고 또한 우리가 우리의 경고와 훈계, 저항과 고무, 긍정과 부정을 효과적으로 행사해야 하는 연관 관계들이 생긴다. 그러나 우리가 단지 이러한 문제들의 방대함만을 주목한다면, 이러한 문제들의 위력과 체념 그리고 냉소주의 앞에서 주눅이 들 것이다. 그래서 이러한 문제들을 처리하기 위해서, 곧바로 성령의 새로운 부어주심과 남·여 예언자들의 총체적 회집이(공조가) 필요하다. 그렇지만 이러한 견해로 예수 그리스도를 따르는 예언자적 위임이 좀 더 자세히 파악되지는 않을 것이다.

예수 그리스도를 따르는 예언적 언설(言說)은 우선 일차적으로 하나님을 섬기는 언설, 곧 하나님 자신이 말씀하시고, 일하시고자 하는 것에 관한 언설이다: "여러 부분과 여러 모양으로 하나님이 옛적에 우리 조상들에게 예언자들을 통하여 말씀하셨다. 그 하나님이 이 모든 날 마지막에는 우리에게 … 자기 영광의 광채이시요, 그 현실의 형상이신 … 아들을 통하여 말씀하셨다"(히 1:1-3). 그리스도의 현존 속에 있는 예언적 언

---

45) 마 26:36-46; 막 14:32-42; 눅 22:39-46.

설은 오늘날의 갈등 속에서 그리스도의 약속과 하나님의 의지에 관하여 묻는 것이다. 따라서 그 언설은 자기 비판적 점검이라는 시험대 위에 놓여 있다.[46] 성경의 전승에 따르면, 가짜 예언자들 곧 "거짓 예언자들"은 아주 기꺼이 그리고 재빠르게 정치적으로 지원된 도덕적 다수들과 최대한으로 동조하면서 증언한다.[47] 그러나 참된 예언은 구체적인 상황들 속에서—하나님 말씀의 빛 속에서—진리에 관한 인식과 정의의 실행에 관하여 질문한다. 참된 예언은 그 예언이 단지 자기만의 혹은 실질적이고 객관적인 생각을 진술하고 있는지, 아니면 하나님의 말씀으로 안내된 복음을 중재하고 있는지 아주 세심하게 중재한다. 그러므로 예언자적인 섬김과 하나님의 말씀을 선포하고 있는 제사장적 섬김은 예수를 따르는 일에 있어서 서로 밀접히 결합되어 있으며, 가끔 엄격한 자기 점검과 두려움과 연결되어 있기도 한다.[48]

---

46) 비교. Karl Barth, Das Wort Gottes als Aufgabe der Theologie, in: *Anfänge der dialektischen Theologie*, 197ff; 이것과 결합된 "문화신학"에 대한 높은 요구사항에 관하여는, 보라. Oh, *Karl Barth und Friedrich Schleiermacher 1909-1930*, 특히 220ff 그리고 285ff.

47) 거짓말하는 영과 거짓 예언자들의 문제에 관하여는 보라. Welker, *Gottes Geist*, 87ff.

48) 불확실한 증언을 중재하고 있는 것에 관하여: David J. Garrow, *Bearing the Cross: Martin Luther King, Jr. and the Southern Christian Leadership Conference*, New York: Viking Penguin, 1986, 58(Thomas G. Long, *Hebrews, Interpretation*, Louisville: John Knox, 1997, 9에서 재인용): 몽고메리의 버스 파업 중에 마르틴 루터 킹 목사의 가족은 그들 삶의 최악의 상태에서 박해와 증오, 위협과 고난을 경험했다. 무려 40번이 넘는 전화는 그와 그의 가족에게 육신적으로나 정신적으로 고통을 주었다. "어느 늦은 밤, 킹은 회의를 마치고 집에 돌아왔을 때 전화를 한 통 받았는데, '죽고 싶지 않으면, 당장 이 지역을 떠나라'는 경고성 전화였다. 이런 협박 전화를 받은 마르틴 루터 킹 목사는 잠을 이룰 수가 없었고, 주방 식탁에 앉아 걱정에 휩싸이게 되었다. 그의 불안이 극에 달했을 때, 누군가가 그에게 다음과 같이 말했다. '어떤 이의 도움을 구할 것이 아니라, 하나님께 도움을 청하라.' 마침내 그는 기도했고, 그의 연약함과 용기 없음을 고백했다. 후에 그가 '그 당시'를 회상하며, '나는 내게 말하는 어떤 내적 음성을 들을 수 있었다. 마르틴 루터야, 의를 위해서 일어서라. 정의를 위해 일어서라. 진리를 위해 일어서라.

예언자적 말씀은 또한 왕적 직무인 구제의 섬김으로부터도 분리될 수 없다. 그리스도를 따르는 예언은 수미일관하게 약자들을 사랑하고 보호하는 일에 봉사한다. 예언은 미워하고 폭력을 행하는 일을 펼치지 않는다. 그리스도를 따르는 예언은 수미일관하게 자신의 방식으로 "살아 있는 자들"을 보호한다. 예컨대 "예언자들의 공동의 직무는 … 기다림 속에 있는 교회를 보호하는 것이었고, 동시에 교회를 중재자(예수 그리스도)가 오실 때까지 강건케 하는 것이었다. 그래서 믿는 자들은, 그들 자신들에게서 하나님에 의해서 명령된 이러한 선행이 박탈되는 파탄의 순간까지 기도하였던 것이다."[49] 따라서 참된 예언은, 한편으로는 사랑과 구제라는 구체적인 섬김과(곧 왕적 직무와) 구분되면서, 다른 한편으로는 참되시고 의로우신 하나님에 대한 인식 속에서 행한 하나님 섬김의 거대한 노선을 따르고자(제사장적 직무를 행하고자) 한다. 예수 그리스도를 따르는 예언은 직무들의 결합 속에서 종말론적 희망, 곧 "나의 뜻이 아니라 하나님의 뜻을 이루소서!" 하고, 긴 호흡을 들이마시는 것이다.

이와 아주 상응하게 하나님 나라의 두 가지 다른 직무와 형태는 예언적 영향력을 사실상 뚜렷하게 드러내고 있다. 예수 그리스도의 왕적 현존에 참여하는 것은, 실천되고 경험되고 있는 이웃사랑 안에 있는 만족스럽고 평온한 삶으로 아마도 여러 번 만끽하고자 할 것이다. 약자와 가난한 자와 억압받는 자와 차별대우를 받는 자들을 위하여 적극적으로 관여하는 것은—비록 그 관여가 가난한 자와 차별대우를 받는 자들이

내가 이 세상 끝까지 너와 함께 할 것이다.' 이것은 분명 마르틴 루터 킹 목사에게는 약속의 말씀을 하시고, 안심시키며, 때마다 위로와 힘을 주시는 예수님의 목소리였음이 분명하였다."

49) Calvin, *Institutio*, 307(II, 15,1).

야기(惹起)하고 있는 정황에 대한 객관적인 비판과 분명히 결합되어 있지 않다면—분명 또한 예언자적인 영향력을 획득한다. 교회 안팎에서 행하여지는 조용한 구제의 섬김은, 경우에 따라서는, 그 끈질긴 모형을 통해서 많고 요란한 도덕·정치적 입장보다 더 깊이 양심을 일깨우고, 더 강하게 감동을 줄 수 있다. 그럼에도 불구하고 구제의 섬김은 예언자적 사역과 구별되어 있다. 구제의 섬김은 고난을 구체적으로 경감시키는 것과 "하나님-나라-일(Arbeit)"을 창발적으로 전개하는 것에 정착하는 것이다.

이에 반(反)하여 예언자적 증언은 비판과 자기비판을 공공연하게 선포한다.[50] 이러한 증언은 공동체와 교회들 및 사회 공동체 안에서의 긴장과 충돌은 야기(惹起)한다. 이러한 긴장과 충돌은, 제사장적 사역과 예언자적 사역이 서로 대립되어 있을 때 특별히 격해진다. 우리는 종교적·정치적 간교함이 아니라! 교화적 예배를 원하고 있다. 우리는 사회 비판적 선동 대신에 교회의 신앙과 가르침을 원하고 있다. 조용하고 친

---

50) Siehe dazu Walter Rauschenbusch, *A Theology for the Social Gospel* (1917), Library of Theological Ethics, Louisville: Westminster John Knox, 2010, bes. 118ff, 131ff; Reinhold Niebuhr, *The Nature and Destiny of Man*, Vol. II: *Human Destiny* (1943), *Gifford Lectures*, New York: Charles Scribner's, 1964, bes. 23-34 u. 244ff; dazu Milenko Andjelic, Christlicher Glaube als prophetische Religion. Walter Rauschenbusch und Reinhold Niebuhr, *Internationale Theologie* 3, Frankfurt u. a.: Peter Lang, 1998, 55ff, 136ff u. 183ff; Johann Baptist Metz, Jenseits bürgerlicher Religion. Reden über die Zukunft des Christentums, *Forum Politische Theologie* 1, München u. Mainz: Kaiser u. Matthias-Grünewald, 2. Aufl. 1980, bes. 70ff; Bedford-Strohm, *Vorrang für die Armen*, bes. 150ff; Moltmann, *Politische Theologie in ökumenischen Kontexten*, 1ff; 구체적인 교회사회봉사적 요구와의 결합에 관하여: Rudolf Weth, *Diakonie in der Wende vom Sozialstaat zum Sozialmarkt*, in: ders. (Hg.), *Totaler Markt und Menschenwürde. Herausforderungen und Aufgaben christlicher Anthropologie heute*, Neukirchen-Vluyn: Neukirchener, 1996, 111-118.

절로 가득 찬 그리고 교화적인 예배를 축복하는 것을 문제로 삼지 않으면서, 이 땅에 있는 대부분의 교회는 초창기부터 제사장적 섬김과 예언자적 섬김의 긴밀한 결합을 분명히 원했고, 긍정하였다.[51] 설교와 교육에 있어서 생동감 있고, 시대에 적합한 예배적인 선포로, 그리고 설교와 교육을 담당하는 남·여 직무 맡은 자들의 학문적이고 비판적인 교육으로, 하나님의 나라를 추구하는 사람들의 두 가지 양태는 법제화된 형식 속에 함께 결합되었다. 동시에 교회가 주목하고 있는 바는, 예언은 신학으로부터 자유롭게 독립되어 있지도 않고, 사회적, 사회공동체적, 정치적 그리고 경제적 관계들을 하나님의 말씀에 근거하여 도덕적으로 비판하는 것에서도 결코 독립되어 있지 않다는 것이다. 이때에 어쨌든 종교적 습성 앞에 서 있는 그들의 근심—단지 기분 좋게 들리는 소리들에 목청을 높이고, 혹은 진실성 없이 황홀경 속에서 기분 좋게 들리는 소리들을 외쳐야 하는 근심—은 종교적으로 불러일으킨 "만인에 대한 만인의 도덕적 투쟁" 앞에서 가지는 공포보다 결코 작게 표현되지 않았다.

예언자적 직무는, 곧 하나님 나라의 예언자적 양태는, 특별히 그리스도의 십자가를 고려해 볼 때 분명한 윤곽을 그리고 있다. 이를 인식하고자 원하는 사람은 누구든지, 십자가의 복음을 살아 계시고 함께 고난당하시는 하나님을 계시의 양식으로, 그리고 죽음과 그에 상응하는 고난을 당하고 있는 표상들과 논쟁하시는 하나님으로 축소시켜서는 안 된다. 하나님께서 십자가에 달리신 예수 그리스도의 가난함과 나약한 무기력함에 가까이 하시는 것, 그리고 하나님께서 세상 죄를 짊어지신 고난이 십자가와 부활 속에서 이 세상의 능력 및 폭력과 논쟁하시는 하나

---

51) 선포와 영광의 차원을 강조한 책은 Gillespie, *The First Theologians hervor*.

님을 모호하게 해서는 안 된다. 이러한 논쟁을 인식하기 위해서 예수님이 겪은 실질적인 갈등의 윤곽은, 그가 십자가에 달리신 역사 속에서 파악 되어야만 한다. 인간을 도래하는 하나님 나라에 관한 복음으로 인도하신 예수 그리스도는 그들에게 구원의 능력을—곧 어린아이들에게, 약자들에게, 소외된 자들에게, 병자들에게, 위기 속에서 고난 받는 자들에게 구원의 능력을—돌리는 중재 역할을 하신다. 그러나 이러한 예수 그리스도는 종교, 법, 정치, 객관적인 도덕과 의도들에 의해서 심판받으셨고, 더욱이 복잡한 만장일치의 결의에 따라서 심판을 받으셨다!

개개의 사악한 형태들이 아니라, 오히려 '질서라는 힘', 곧 자주 '선한 힘'으로 표현되며, 때론 우리를 '놀랄 만한 정도로 보호하는' 이러한 모든 것들이, 나사렛 예수와 예수 그리스도 안에 있는 하나님의 현존에 대항하는 십자가에서 함께 작용하고 있다. 그래서 십자가는 '죄의 능력 아래 있는' 세상을 계시하고 있으며, 그 십자가는 '하나님이 떠나신 황량한 밤'을 단지 예수 자신에게뿐만이 아니라, 동시에 또한 이 세상에게 지속적으로 위협하는 그 어떤 위험으로 계시하고 있다. 그 십자가는, 모든 공적이고 힘 있는 보호 체계(메커니즘)—예컨대 법, 정치, 종교, 도덕 그리고 공공의 생각들과 같은—는 우리 인간들과 우리의 사회공동체에서 제 기능을 발휘하지 못하는, 즉 멸망에 이르는 것들을 계시해 준다.

이러한 배경 앞에서 커다란 요구와 예언자적 직무가 가지는 최고의 의미가 가장 첨예화된 방식으로 명백해진다. 더 자세히 말하면, 기독교적 선포와 신학적 교리와 진리와 정의를 추구하는 공동체라는 결코 포기할 수 없는 과제들의 높은 의미는—구체적으로 구제하는 참여뿐만 아니라 그것을 넘어서서 그리고 이러한 모든 것은—예언자적 직무의 차원에서 명백해질 것이다.

세 가지 직무는 서로 침투해 있다. 즉 세 직무는 순환적(perichoritisch)으로 서로 결합되어 있다.52) 그러므로 '삼중의(dreifachen) 직무'에 대한 언설은, 좀 더 정확히 말하면 '세 가지 직무'에 관한 언설이다. 따라서 이와 마찬가지로 분리할 수 없는—세 가지 직무의 성령론적 영향력에 근거해서—'세 가지 직무'에 관한 언설은 '그리스도 나라의 세 가지 형태'에 관한 언설과 또한 '하나님 나라의 세 가지 형태'에 관한 언설과 아주 긴밀하게 결합될 수 있다.53)

부활하신 그리스도는 삼위일체 하나님을 계시하실 것이고, 따라서 자기 자신을 신적인 말씀으로, 영원한 로고스(logos)로, 또한 성령으로 그리고 살아 계신 창조주이며 새 창조주로 계시하실 것이다. 이러한 계시 안에서 예수 그리스도는 "존재자들(Seinen) 없이는 결코" 존재하지 않으실 것이다. 이때에 '존재자들'은—우리가 보게 될 것이지만—단지 편성된 교회로 축소되어서는 안 된다. 그리스도의 나라는 아주 특별하고 명백하게 하나님 나라의 예언자적이고 왕적 형태에서 드러날 수 있으며, 그리고 교회의 직무 영역보다 더 폭넓게 그리고 포괄적으로 드러날 수 있다.

단지 하나의 직무에 너무 강하게 모든 무게를 두는 것은 그 자체로 위험을 가져온다. 신학과 교회에서 왕적 직무 내지는 하나님 나라의 이와 상응하는 형태를 강하게 강조하는 것은, 능동적으로 구제하고자 하는 제자들의 개성(Profile)을 발전시킬 수 있다. 그러나 이때에 경건과 교회

---

52) 보라. Staniloae, *Orthodoxe Dogmatik* II, 90ff; zum Begriff der Perichorese Eberhard Jüngel, *Art.*: Perichorese, RGG4, Bd. VI, 1109-1111.
53) Paul Tillich, *Systematische Theologie*, Bd. III, 25ff는 삶의 과정을 묘사함에 있어서 "층"이나 "평면"의 일반적인 메타포는 "차원"의 메타포를 통해 대치될 수 있으며, 차원들은 구체적인 위계질서를 확정할 필요가 없다고 제안한다.

가 인문주의적으로 자기 세속화되는 것을 전문적으로 도와줄 수도 있다. 예언자적 직무와 하나님 나라의 예언자적 형태를 지나치게 강조하여 고양시키는 것은 전투적이고 정치적인 그리고 아주 예리하게 학문적이고 분석적인 신학들과 경건의 모양들을 상실하게 할 수도 있다. 그러나 이러한 고양은 또한 도적적인 긴장(Atemlosigkeit)과 영적 고갈에 이를 수 있다. 그리고 제사장적 직무와 이에 상응하는 하나님 나라의 형태를 매우 강하게 특권화하는 것은 보다 강한 영적·교회적 개성을 발전시키는 데 기여할 수 있다. 그러나 그러한 특권화는 또한 교회 중심적인 자기 소외라는 예전으로 경직화되는 것을 예비적으로 도울 수도 있다.

그리스도의 세 가지 직무에 관한, 혹은 하나님 나라의 세 가지 형태에 관한 교리는—세 가지 형태의 순환적 결합이 주목될 수 있을 때—좀 더 확장된 이러한 중량 미달의 사항들에 반작용하기 위한, 그 어떤 중요한 신학적 예방조치(Hilfestellung)를 제공할 수 있다. 이러한 교리들은 포괄적이고 기독론적인 그리고 성령론적 안내에 공헌할 수 있다. 이러한 안내는 성령의 능력 안에 있는 창조적이고 새창조적인 하나님의 사역들과 하나님 나라의 '도래'를 다른 인상 깊은 창조 표상들과 영-개념들과 영적 운동으로부터 아주 명백하게 구별하는 일을 가능하게 해준다.

단순한 소생 그 이상의 것
: 부활의 현실성

번역: 강태영(장로회신학대학교)

성서의 부활 증언들은 복잡하다. 그것들은 부활하신 이가 부활 이전의 예수와의 연속성 가운데 있다는 것을 그리고 양자는 불연속성 가운데 있다는 것을 명확히 한다. 부활은 신체적인 소생이 아니다. 부활의 증언들은 한편으로는 부활하신 그리스도의 현존(Gegenwart)의 구체성(Sinnfälligkeit)을 보여줌으로써—다시 말해서 그는 다른 사람들이 그를 감각적으로 인지하게 허용함으로써—다른 한편으로 그러나 그와 동시에 현현(Erscheinung)이 문제시됨을 강조함으로써 이 복잡한 정체성을 반영하고 있다. 누가복음 24장에 따른 엠마오 이야기가 그것에 대한 가장 감동적인 예이다.

엠마오로 가는 길에 부활하신 이를 만난 제자들의 눈이 가려져서(*ekratounto*), "그래서 그들은 그를 알아보지 못하였다"(눅 24:16). 그가 그들과 이야기하고 그리고 그들에게 "성서에 근거해서" 메시아의 비밀을 설명하여 주셨음에도 불구하고 그러했다. 그 후에 누가복음 24장 30-31절에 이르기를 "그가 그들과 함께 식탁에 앉으신 후에, 그가 빵을 들어서 축복하시고, 그것을 떼어서, 그들에게 주셨다. 그런데 그들의 눈이 열려서, 그들은 그를 알아보았다." 그럼에도 불구하고 뜻밖에 당혹스런 전환이 뒤따른다. "그리고 그는 그들 앞에서 보이지 않게 되었다."

이것을 한탄하거나 혹은 이전 사건을 유령 출몰의 현상 같은 것으로 회의적으로 평가하는 대신 제자들은 식탁 교제에서 빵을 떼는 의식적인 (rituell) 행위를 통해서 그들의 눈이 떠지기 전에 이미 그들이 부활하신 이의 현존에 대한 감정(Gefühl)을 가졌던 것을 회상 가운데서 인식한다. "그리고 그들은 서로 말하였다: 우리의 마음이 우리 속에서 뜨겁지 않았던가? 그가 (엠마오로) 가는 길에서 우리에게 말씀하실 때, 그가 우리에게 성서를 풀어 주실 때에…"(눅 24:32). 그 후에 그들은 예수 그리스도의 부활을 다른 사람들 앞에서 증언한다.

만일 우리가 부활 현현들의 특별한 현실성(Wirklichkeit)에 다가가기를 원한다면, 부활하신 예수 그리스도와의 만남 가운데 있는 구체성 (Sinnfälligkeit)과 현현(Erscheinung) 사이의 이 진기한 긴장들에 주목 해야만 한다. 부활하신 이의 현존(Präsenz)에 대한 감정(Gefühl)(눅 24:32; 적어도 만남에 대한 회상 가운데서), 그것은 그러나 아직 그렇게 강렬하게 마음속에 품은 것은 아니어서 인식(Erkenntnis)으로 되지는 못한다. 인식, 그것은 부활하신 이의 사라짐과 더불어 환상(Vision)으로서 입증되지만, 환상으로서, 그러나 그것은 그의 현존에 대한 이전의 감정을 타당한 인식으로 되게 한다. 인식으로 변화하는 부활하신 이의 현존에 대한 감정 가운데서뿐만 아니라, 환상에 근거하는 인식 가운데서도 또한 부활하신 이는 자신을 새로운 형상(Gestalt) 가운데서 생생하게 표현하신다. 그것은 한편으로 명백한 것의 특성을 제시하고, 다른 한편 그것은 현현이 문제시된다는 것을 인식하게 하는 형상이다. 왜냐하면 부활하신 이는 보이지 않게 되고 경우에 따라서는 시야에서 사라지기 때문이다.

이런 상황은 더 많은 성서 본문들에서 발견된다. 만일 우리가 그것들을 그들의 미세한 차이 가운데서 이해하기 원한다면, 그 경우 우리는 결정을 강요하는 이중성(Dual)을 가지고 즉각적으로 그 긴장에 접근해서는 안 된다. 명백한 재인식, 감각적인 지각에 근거하는 인식이 있거나, 혹은 경험에 있어서 순전한 환영(reine Phantasmagorie)이 관건이 된다.

성서적 증언들에 근거한 부활의 현실성에 다가가기 위해서 우리는 부활 이야기들의 세 종류로부터 시작한다: 빛의 현현들(Lichterscheinungen), 빈 무덤에 관한 증언들 그리고 만남의 현현들(Begegnungserscheinungen)로부터. 다시 말해서 부활하신 이와 만나는 사람들에게서 적어도 일시적으로 그가 명백히 부활의 방식(in wiederbelebter Weise)으로 현존한다는 자각을 불러일으키는 현현들로부터 시작한다.

I. 빛의 현현들(Lichterscheinungen)

부활의 증언들에 따르면 부활 이전의 예수의 육체적 · 생물학적인 몸이 다시 나타나는가? 그 증언들은 다음의 주장을 위한 근거를 제공하는가? 부활에서 부활 이전의 예수가 그의 육체적인 부활 이전 존재의 지속을 위해서 회복되는가─간략히 말해서, 그는 소생하였는가? 전승들의 첫 번째 종류, 판넨베르크의 해석에서 중심적인 빛의 현현들은 분명히 그것에 모순된다. 빛의 현현으로서의 부활은 명확하게 바울에게서 입증되어 나타난다. 그는 그것에 관해서 그의 "다마스커스 체험"을 다시금 지시한다(행 9:3-9; 22:6-11; 26:12-18).

바울은 그가 스스로 빛의 현현을 감각적으로 인지하였다는 것에 관해서 말한다.[1] 바울이 그의 인지에 대한 반응으로써 엎어지고 그리고 일시적으로 눈이 멀었다는 것을 통해서 이 현현의 압도적인 위력이 매우 명백하게 된다.[2]

바울은 그의 편지들에서 이 계시 체험과 그의 생에 미친 그 결과들에 대해서 반복해서 넌지시 언급한다:

- 고린도전서 9:1, "내가 예수, 우리 주를 뵙지 못하였습니까?"
- 갈라디아서 1:15-16, 바울은 "그의 어머니의 모태로부터의 택정"에 관해서 그리고 하나님의 은총을 통한 그의 소명 "그의 아들을 내 안에 계시하신 것, 내가 그의 아들을 복음으로서 민족들 가운데 선포하기 위해서"에 관해서 말한다.
- 빌립보서 3:8, 바울은 예수를 아는 지식이 그의 생의 철저한 무가치함과 지금까지의 삶의 평가절하를 필연적으로 따르게 했음을 언급한다.
- 마침내 고린도후서 4:6, "왜냐하면 '어둠 속에 빛이 있으라' 하고 말씀하신 하나님께서, 우리 마음속에 빛을 비추서서 예수 그리스도의 얼굴에 나타난 하나님의 영광을 아는 지식의 빛을 우리에게 주셨습니다."

게르트 뤼데만(Gerd Lüdemann)은 이것에 세심하게 주석을 달았다.

---

1) Vgl. Lüdemann, *Zwischen Karfreitag und Ostern*, 28f.
2) Apg 9,4.9; 22,7.11; 행 26:14에 따르면 심지어 그 자리에 있던 모든 사람이 땅에 엎드려졌다.

"이 경우 아마도 바울은 그의 회심에서 그리스도를 하늘에 속한 사람(고전 15:49)에 관한 상론에 적합한 빛의 형상(Lichtgestalt) 안에서 보았을 것이다. 게다가 바울은 다마스커스에서 그에게 일어난 일을 표현하기 위해서 그의 그리스도를 봄(Schau Christi)을 창조의 아침에 빛의 생김과 대비시킨다."[3]

빛의 형상(Lichtgestalt), 그것은 혼돈으로부터의 두 번째 새창조를 가리키고 그리고 그와 더불어 부활 이전의 예수를 새로운 형상 가운데서 생생하게 표현한다. 그리고 인간의 인지(Wahrnehmung), 그것은 그를 빛의 형상 가운데서 재인식한다—양자는 부활현현들의 다성(Polyphonie)에 속하는데, 이것들은 개인적이고 공동의, 심지어 확산되는 확실성을 불러일으킨다. 예수 그리스도는 부활하셨다. 그는 살아 계시다!

볼프하르트 판넨베르크(Wolfhart Pannenberg)는 이 빛의 현현들을 "환상들"(Visionen)이라고 부르는데 이 환상들을 단지 주관적인 것 혹은 심지어 정신병리학적인 것에 자리매김하는 것은 원치 않는다. 그와는 달리 요아힘 링레벤(Joachim Ringleben)은 이와 관련하여 환상의 개념을 전적으로 폐기하고 그리고 시종일관되게 '현현들'에 관해서 말하는 데 성공한다: "'환상'(Vision)은 인식의 근거를 불가피하게 환상을 보는 주체(visionäre Subjekt) 안으로 옮겨 놓는다. '현현'(Erscheinung)은 그에 반해서 (인식의 근거를) 자기 고지(Selbskundgebung) 안으로 옮겨 놓는다. 그 자기 고지 또한—좀 더 정확히 말하면 예외 없이 또한(eodem actu)—그것에 이르는 통로를 열어 준다."[4] 링레벤은 칼 바르트(Karl

---

3) Lüdemann, *Zwischen Karfreitag und Ostern*, 29. 그것에 대한 주석에서 그는 행 9: 3-4 을 참조하도록 지시한다.
4) Joachim Ringleben, *Wahrhaft auferstanden. Zur Begründung der Theologie des le-*

단순한 소생 그 이상의 것 _강태영 43

Barth)를 인용한다. "단지 그가 오심으로써 그는 그들에게 지각될 수 있게 된다."[5] 무엇보다도 바울에게 그리고 바울로부터 판넨베르크에 이르기까지 부활 현현들의 사실성(Faktizität)과 역사성의 그렇게 중요한 특징을 확고히 하기 위해서는 환상 개념(Visionsbegriff)이—설령 사용된다고 하더라도—주의 깊게 그리고 상응하는 상세한 설명들과 함께 사용되어야 할 것이다.

빛의 현현들은 부활과 육체적 소생 사이의 모든 혼동의 문제점을 드러낸다. 그러나 그것들은 부활 이전의 그리고 부활 이후의 예수의 생 사이의 연속성에 관한 질문을 제기한다. 어떤 방법으로 빈 무덤과 부활하신 이의 인격적인 현현들에 관한 소식들이 빛의 현현들을 넘어서 부활의 특별한 현실성의 인식을 촉진할 것인가?

II. 빈 무덤

게르트 뤼데만(Gerd Lüdemann)은 소란스럽게(skandalträchtig) "가득 찬 무덤(vollen Grab)에 관한 양식을 논쟁의 양식(Kampfesformel)의 한 종류로" 사용하기를 원한다고 알렸다. "예수의 실제적인 인간성(Menschsein)의 사실(Tatsache)과 그의 죽음의 야만적인 사실성을 확실히 반복하여 주입하기 위해서, 이것은 또한 신학과 교회에 있어서 현실

bendigen Gottes, Tübingen: Mohr-Siebeck, 1998, 95, vgl. 93ff.

5) KD IV/2, 161; siehe dazu Bertold Klappert, Die Auferweckung des Gekreuzigten. Der Ansatz der Christologie Karl Barths im Zusammenhang der Christologie der Gegenwart, Neukirchen-Vluyn: Neukirchener, 3. Aufl. 1981, 287ff.

성의 원리(Realitätsprinzip)에 효력을 강화해 주기 위해서이다."6) 모든 진지한 예수 부활 연구는 예수의 소멸(Jesu Verwesung)로부터 시작해야만 한다. "예수의 소멸의 사실 진술들(Tatsachenaussage)이 내게는 그의 '부활'을 둘러싼 질문들에 몰두하는 모든 계속적인 연구의 출발점이다."7) 이러한 논쟁적인 태도로 어떤 사람은 자신을 회의적이고 종교비판적인 상식에 머무르게 하는 것을 시도할 수 있다. 역사적 연구는 그러나 그와 동시에 단지 겉보기로만 역사적으로 근거된 억측들(Spekulationen)에 의해 유린당한다. 성서 전승들과의 관계를 잃지 않기 위해서 뤼데만은 비판적 사실주의(kritischen Realismus)를 위한 그의 의지로 차라리 예수의 시신이 도난당했었는지에 대해서 결정해야 했었다. 그는 그것으로 빈 무덤에 관한 전승들에 연결될 수 있었을 것이다. 그 전승들은 그리스도교 진영 그리고 유대교 진영에 의해서—서로 다른 근거들에 의해서—지지받고 있고 그리고 원칙적으로 상이한 해석들을 가능하게 한다:

a) 무덤은 비어 있었다. 왜냐하면 부활 이전의 예수는 육체적으로 소생되었고 그리고 처음에 알려지지 않은 어떤 장소에 있었다. 이것은 부활의 비판자들이 그렇게 강력하게 집중하는 해석이다. 빈 무덤은, 단지 그것만을 떼어 놓고 보면, 이런 해석을 가능하게 한다. 그 경우에

---

6) Lüdemann, *Zwischen Karfreitag und Ostern*, 26. Siehe dazu Bernd Oberdorfer, "Was sucht ihr den Lebendigen bei den Toten?" Überlegungen zur Realität der Auferstehung in Auseinandersetzung mit Gerd Lüdemann, in: Eckstein/Welker, *Die Wirklichkeit der Auferstehung*, 165ff; und Ingolf U. Dalferth, Volles Grab, leerer Glaube? Zum Streit um die Auferweckung des Gekreuzigten, in: Eckstein/Welker, *Die Wirklichkeit der Auferstehung*, 277ff.

7) Lüdemann, *Zwischen Karfreitag und Ostern*, 27.

마땅히 어떻게 되살아난(wiederhergestellte) 예수의 생이 세속적으로 계속되었는가 하는 질문이 남아 있다.

b) 무덤은 비어 있었다. 왜냐하면 시체를 도난당했기 때문이다. 어떤 사람은 그 경우 뤼데만과 같이 시체가 알려지지 어떤 않은 장소에서 썩어 없어졌을 것이라는 것에 관해서 사변할 수 있을 것이다. 그러나 이러한 추론은 "가득 찬 무덤"(vollen Grab)에 관한 뤼데만의 말—그는 그것을 학문적 정직성에 대한 관심 가운데 "논쟁의 양식"(Kampfes-formel)로 사용하기를 원한다—과 마찬가지로 보호받을 수 없을 것이다.

c) 무덤은 비어 있었다. 왜냐하면 옮겨감(eine Entrückung)이 상상할 수도 없는 방식으로 일어났기 때문이다.

d) 무덤은 비어 있었다. 왜냐하면 빈 묘지가 실제적인 묘지와 혼동되었었기 때문이다—물론 단지 소수의 주석가들에 의해 이따금 검토된 가능성이다.

빈 무덤에 대한 모든 해석은 이 증언들에 따르면 부활 이전의 경험적 · 사회적으로 인지 가능한 예수의 몸이 (적어도 일시적으로) **사라졌었다**는 사실을 인정해야만 한다. 빈 무덤에 관한 모든 가능한 해석—무미건조한 사실주의적인 b와 d로부터 초자연주의적인 c에 이르기까지—은 공통적이다. 부활 이야기는 결코 시체에 대한 병리학적인 검사를 위한 소재를 제공하지 않는다. 빈 무덤에 관한 전승들과 그것에 관한 모든 가능한 해석은—어떤 성질의 그리고 어떤 근거에서건 간에—부활 이전의 몸의 사라짐에 관해서 말한다.

사라짐의 이 경험은 물론 부활의 신앙에 이르는 충분한 조건일 수는 없다. 빈 무덤 **홀로서는**─그리고 그것에 관해서는 전체 해석의 역사가 거의 일치한다─아직 부활에 대한 신앙을 일깨우지는 못한다. 또한 성서 전승들에 의해서도 아니다! 빈 무덤에서 "주님이 부활하셨다!"고 선포하는 천사 그리고 젊은이의 현현들 자체도 아직 결코 부활 인식의 확산으로 이끌지는 못한다.

성서 전승들에서는 무덤에서 여성 증인들과 남성 증인들의 동일성(Identität)과 숫자와 관련하여 개별적인 텍스트들 사이의 **불확실성**과 **부조화**가 분명히 드러난다. 또한 사자들의 현현(Botenerscheinungen)에 관해서도 그러하다.

- 마태복음 28:1-8에서 우리는 (거기에서 다음의 것을) 읽는다. 한 "주의 천사"가 내려왔고, 무덤 앞의 돌을 굴려 내고, 그 돌 위에 앉았고 그리고 그는 단지 "막달라 마리아와 그리고 다른 마리아"뿐만 아니라, 또한 경비병들─두려움 가운데─에 의해서도 인지된다는 것을 읽는다. 물론 대제사장과 장로들의 경비병들은 제자들이 시체를 훔쳐갔다는 해석을 유포하기 위해서 매수된다(마 28:11-15).
- 마가복음 16:1-8에 기록되기를, "세 여인이" 무덤으로 갔다. 그 여인들은 무덤에서 "흰 옷을 입은 젊은 남자"를 발견한다. 그는 그들에게 부활의 소식을 전한다. 여인들은 갈릴리로 가서 이 소식을 제자들에게 전달할 것을 위임받는다. 이야기는 여인들이 오직 두려움을 피해 도망하고 침묵하는 것으로 끝이 난다. "그때 그들은 무덤에서 뛰쳐나와서 도망쳤습니다. 왜냐하면 그들은 두려움과 놀라움에 둘러싸였기 때문입니다. 그리고 그들은 아무에게도 그것에 관해 아무 말도 하지 못했습니다. 왜냐하면 그들은 무서웠기 때문입니다."

- 누가복음 24:1-12은 예수와 함께 갈릴리에서 왔던 '여인들'과 그리고 빛이 나는 옷을 입고 부활의 소식과 그것의 선포의 사명을 전해주는 '두 남자'에 관해서 말하는데, 또한 여인들의 보도가 제자들에게 믿음을 불러일으키지 못했다는 것에 관해서도 말한다. "사도들은 그 모든 것을 어처구니없는 것으로 간주하고 그리고 그 말을 믿지 않았다.

- 요한복음 20:1-10에 따르면 막달라 마리아는 무덤이 열려 있는 것을 보았을 때, 베드로와 (예수께서) '사랑하는 제자'를 데려왔다. 마리아는 시체 도난 때문에 울음보를 터뜨렸다. "그들이 내 주님을 가져갔습니다. 그리고 나는 그들이 그를 어디에 두었는지 모르겠습니다"(요 20:2b). 제자들은 빈 무덤을 확인했다. 그리고 이야기는 그들이 아직 "그가 죽은 사람들 가운데서 반드시 살아나야 한다"는 성서의 말씀을 알지 못했다고 해설한다(요 20:9). 다만 '다른 제자'의 비밀에 싸인 모습에 관해서, 이름 없는 '예수께서 그를 사랑하신 제자'(요 20:2)에 관해서 말한다: 그가 무덤 안으로 들어가서 "보았고 그리고 믿었다"(요 20:8b).[8]

빈 무덤에 관한 이 이야기들은 무엇을 반영하고—사건 경과의 상세한 내용에 관한 불확실성을 제외하고, 막달라 마리아가 중심적인 역할을 한다는 사실을 별도로 하고, 그리고 무덤이 비어 있었고 사자의 현현들이 있었다는 끝까지 고수되는 정보들을 제쳐 놓고서—있는가? 빈 무덤에 관한 전승들은 개연성이 높은(mit hoher Wahrscheinlichkeit) 역사적인 것으로 간주된다. 왜냐하면 그것들은 예수의 제자들에 의해서뿐만

---

8) Vgl. 요 13:23; 19:26f; 20:2; 21:7,20. Siehe auch Jörg Frey, *Art.*: Lieblingsjünger, RGG4, Bd. V, 366f.

아니라 또한―다른 근거로, 즉 시체 도난의 주장의 근거로―제자들에게 적의를 품은 무리들에 의해서도 주장되기 때문이다. 그것들은 틀림없이 또한 역사적인 것으로 간주된다. 왜냐하면 성서의 증인들이 당시에는 공적으로 받아들여지지 않던 여인들의 증언을 참조하기 때문이다. 그리고 그들을 중요시하기 때문이다.[9]

빈 무덤에 관한 이야기들은 그러나 공증된 부활의 승리의 이야기와는 전혀 다른 것을 반영하고 있다. 그 반대로:

- 그것들은 제자들이 시체를 훔치고 기만한다는 적대자들의 선전을 참조하도록 지시한다.
- 여인들이 두려움을 가지고 무덤으로부터 달아나고 그리고 침묵했다.
- 여인들의 보도는 제자들에게서 불신앙 그 자체와 마주친다(헛소문!).
- 베드로는 매우 흥분되었고 일어난 사건을 마음속으로 놀라서 본다.
- 마리아는 추정된 시체 도난에 절망적인 반응을 보인다.

빈 무덤에 관한 다분히(wahrscheinlich) 역사적인 전승들은 부활의 인식과 선포가 우선은 성공하지 못했다는 것을 증언한다. 끝까지 관철되는 소식은 불변한다. 부활 이전의 예수의 몸은 보이지 않게 되었다. 시야에서 사라졌다. 몸은―소멸되었든 혹은 그렇지 않든―붙들 수 없다.

---

9) So Wolfhart Pannenberg, *Die Auferstehung Jesu. Historie und Theologie*, ZThK 91/3 (1994) im Anschluss an Hans von Campenhausen, *Der Ablauf der Ostere- reignisse und das leere Grab*, in: ders., *Tradition und Leben*. Kräfte der Kirchengeschichte, Tübingen, 1960, 48-113.

III. 만남의 현현들(Die Begegnungserscheinungen)

부활의 현현들은 그것을 경험했던 이들의 생의 현실성(Lebenswirk-lichkeit)을 변화시킨다. 그것들부터 존재 그리고 현실성의 변화는 시작된다.10) 단지 일시적인 느낌들이 문제시되는 것이 아니다. 부활의 현현들은 그것을 넘어서 현실에 근거되어 있다. 왜냐하면 그것들은 부활 이전의 예수, 그의 삶 그리고 활동에 거슬러서 관련되기(rückbezogen) 때문이다. 그와 더불어 그는 단순히 소생한 것이 아니라, 그는 새로운 형상 가운데서 그를 경험할 수 있게 내어주기 때문이다. 결국 두려움들, 불확실함들 그리고 심지어 의심들이 그것들을 뒤따르는데, 성서 본문들은 그것을 재삼재사 강조한다.

- 마가에 따르면 "상이한 형상 가운데서" 부활하신 이의 현현에 관해서 언급되고(막 16:12), 아울러 부활에 관한 보도가 신앙을 얻지 못했음에 관하여 언급된다. 심지어 마가복음 16장 14절에 기록된 바로는 부활하신 이가 열한 제자에게 현현하고, 그들의 불신앙과 완고함을 꾸짖는다.
- 여인들 앞에서의 부활하신 이의 현현은 마태에 따르면 경배와 연결되어 있다("그 여인들은 그의 앞에 넙죽 엎드려서 그의 발을 붙잡았다", 마 28:9). 또한 제자들 앞에서의 현현은 신현(Theophanie), 하나님의

---

10) Lüdemann, *Zwischen Karfreitag und Ostern*, 33ff. 그는 적확하게 이미 바울과 베드로에게서 부활하신 이와의 만남을 통하여 그들의 삶에 전환이 일어났다는 것을 분명히 밝힌다: 바울에게서는 아주 철저하게 그리스도인의 박해자에서 믿는 자로, 베드로에게서는 부인과 배신으로부터 부활하신 이에 대한 신앙으로.

계시(Gottesoffenbarung)의 형태를 갖춘다("그리고 그들이 예수를 뵈었을 때, 그들은 그 분께 절을 하였다", 마 28:17a). 부활하신 이는 자신이 신적인 주님(der göttliche Herr)임을 나타내고, 그리고 여인들과 제자들의 경배(Niederfallen)는 그것에 대한 적절한 응답이다. 그러나 바로 직후에 이르기를 "그러나 의심하는 이들도 있었다"(마 28:17b).

- 누가는 구체성과 현현(Sinnfälligkeit und Erscheinung) 사이의 긴장을 가장 높은 강도로 긴박하게 하는데, (그것은) 단지 엠마오 이야기에서뿐만이 아니다. 그는 사도들이 빈 무덤에 관한 소식을 헛소문(Geschwätz)으로 간주하고 믿지 않았다는 것을 단호하게 강조한다. 누가는 열한 제자가 이미 부활의 증언들을 듣고서도 부활하신 이의 현현에 두려움으로 반응하고 (그것을) '유령'(눅 24:38)의 문제라고 여겼다는 것을 강조한다. 그 후에 이르기를, 부활하신 이는 제자들에게 자신의 손과 발을 보여준다(눅 24:39-40). 그리고 그는 마침내 그들의 눈앞에서 무엇을 먹었다(눅 24:41-42). 이 과정을 고립시키고 부활의 증언들의 척도로 삼는 사람은 육체적 소생이라고 선언해야만 할 것이다. 물론 그 후에 누가에서는 이미 엠마오 이야기에서와 같이 예수께서는 시야에서 사라진다. 제자들의 눈앞에서 그는 그들을 축복하는 가운데 "하늘로 올라가셨다"(눅 24:51; 또한 그와 같이 막 16:19).
- 요한 또한 부활하신 이가 현현할 때 독자들에게 낯선 현현의 특성과 명백함에 대해서 동시에 강조한다. 그는 잠긴 문들을 통과하여 제자들에게 들어서고, 그러나 그들에게 또한 그의 손과 그의 옆구리와 그와 더불어 흉터를 보여준다(요 20:19-20). 두 번째 만남에서, 다시금 "문들은 잠겨 있었고", 의심하는 도마는 부활하신 이로부터 그의 상처

를 만져 보라는 요청을 받게 되고, 이어서 도마는 자신의 완고한 의심에 대해 용서를 빌지 않고, 오히려 신앙을 고백한다. "나의 주, 나의 하나님!"(요 20:28).

구체성 **그리고** 사라짐(Sinnfälligkeit *und* Entzogenheit), 오랫동안 두려움과 의심이 수반되는 가운데—양자는 부활의 현현들과 결합되어 있다. 경배와 의심, 의심과 주 하나님께 대한 고백—부활의 보도들은 일상적인 경험에 근거한 현실 인식들(alltägliche empirische Erfahrungen)을 지시하지 않는다. 그것들은 현현의 특성, 현현의 다양성, 부활하신 이의 사라짐, 인식의 순간에 부활하신 이의 사라짐까지를 강조함으로써 또한 그것들은 보통 의심을 지적함으로써 이 본문들은 부활에서 부활 이전의 예수의 순전한 육체적 소생을 문제시하는 인상에 격렬하게 반대하고 있다. 사건들의 모호성(Anstößigkeit)과 논쟁의 여지가 있음에도 불구하고, 그것들로부터 남녀 증인들이 환상(Illusion)의 지배를 받고 있고 그들의 상상력(Phantasien)에 빠져 있다고 미루어 짐작할 수는 없다.

다양하고 상이한 증언들은 복합적이고 역사적인 사건과 새로운 현실성(neue Wirklichkeit)에 주의를 환기시킨다. 예수의 죽음에 대한 그리고 그의 파송과 그의 인격의 좌절에 대한 확신은 그가 살아 현존한다는 근거 있는 확신에 의해서 서로 교체된다. 더욱이 부활 이전의 예수가 생물학적인 자연적 · 경험적인 "사건"으로서 다시금 등장하지 않는다. 그러나 부활하신 이, 부활 이후의 예수는—훨씬 더 큰 권능(Macht)을 가지고—그의 영의 능력(Kraft) 가운데 현존한다. 처음에는 눈에 볼 수 없는, 다음에는 그러나 널리 광범위하게 영향을 미치는 문화적 · 역사적인 영향력을 가지고 있다(현존한다).

이 사건(Ereignis)은 수학의 발견, 음악의 발견 혹은 정의의 발견과 마찬가지로 환상이 아니다. 거기다가 단지 하나의 새로운 질서, 새로운 인식, 혹은 체험의 영역의 발견이 문제시되는 것이 아니라, 오히려 여기에서는 예수의 인격과 삶이 새로운 방식으로 관철된다. 바울은 "신령한 몸"(geistlichen Leib)에 관해서 말할 줄 안다(고전 15:44).11) 어떻게 우리는 부활의 이 특별한 현실성을 더 심오하게 밝힐 수 있을까?

부활하신 이의 신령한 몸

하버드의 신학자 프란시스 피오렌자는 부활하신 그리스도의 현현들이 평화의 인사, 떡을 뗌, 성서의 의미를 밝힘, 세례를 베풀라는 명령, 제자들의 선교적 파송 등으로 교회의 예배적 삶(Leben)과 그의 영향력들의 기본적인 형태들을 개괄적으로 그리고 있다는 것을 섬세하게 주시한다.12) 평화의 인사, 성만찬, 성서 해석, 세례, 파송―예배적 삶(Exis-tenz)의 다성(Polyphonie)은 그의 영 가운데 있는 부활하신 이의 자기현재화(Selbstvergegenwärtigung)와, 더 정확히 말해서, 그의 신령한 몸과 결합되어 있다.

예수 그리스도의 부활에서 영은 "신체적인"(leibhaftig) 형태(Gestalt)로 존재한다(begegnet). 영은 부활 이전의 예수의 삶에 대해 더 이상 육체적이 아닌 연속성(nicht mehr fleischlichen Kontinuität) 가운데 있는

---

11) 종종 정말 오도하는 "초자연적인 몸"(überirdischer Leib)으로 번역되어 vgl. 1Kor 15,44ff; zu Joh 20 vgl. Gregory Riley, *Resurrection Reconsidered: Thomas and John in Controversy*, Minneapolis: Fortress, 1995, 69ff.

12) Francis Fiorenza, *The Resurrection of Jesus and Roman Catholic Fundamental Theology*, in: S. T. Davis/D. Kendall/G. O'Collins (Hg.), *The Resurrection. An Interdisciplinary Symposim on the Resurrection of Jesus*, Oxford, 1997, 213-248, 238ff.

"그리스도의 영"으로서 존재한다. 만일 누군가가 영에게 형태를 부여하는 부활하신 이의 정체성과 인격 그리고 그의 권능을 파악하기를 원한다면, 이 삶에 익숙해지는 것은 필수불가결하다. 부활하신 이는 교회의 삶의 기본 행동 원칙들(Grundvollzüge)을 구성한다. 동시에 그는 그의 삶의 차원들의 전 영역이 창조적으로 작용하게 한다. 그는 구원하고 고양시키는 "새 창조"의 힘들을 전달한다.

부활하신 이의 자기현재화는 그의 부활 이전의 삶에 대해 연속성과 불연속성 가운데 있다. 그것은 또한 성서 전승들이 증언하는 성령의 활동에 대해서도 연속성과 불연속성 가운데 있다. 초기의 성서적 증언들에 의하면 하나님의 영은 예기치 못한 구원의 능력으로 경험된다. 혹독한 곤경과 위기의 상황들에서 하나님의 영은 이스라엘 민족의 구원자가 될 한 사람을 사로잡는다. 무력하고 절망적이고 자포자기한, 그러나 하나님을 저버린—그 백성은 그렇게 묘사되는데—그 백성 가운데서 하나님은 그의 영을 통하여 한 "구원자"(Retter)를 일으킨다. 사도신조에는 (다음과 같이) 되어 있다: "나는 성령을 믿습니다. 성도의 교제와, 죄의 용서와 죽은 자들로부터의 부활과 영원한 삶을 믿습니다." 성도의 교제 · 죄 · 부활 · 영원한 삶: 영의 활동에 관한 초기의 성서 증언들은 유사하게 들린다. 그러나 그것들은 더욱 긴밀한 경험의 환경들 가운데 있다. 하나님의 영은 한 능력 받은 자(Charismatiker)를 통해서, 한 영에 사로잡힌 사람을 통해서 그의 백성 가운데서 그리고 그의 백성에게서 활동한다. 그는 그의 백성의 죄 된 하나님 저버림을 끝장내고 위기로부터 해방시킨다. 하나님은 그의 백성을 일으켜 세운다. "그리고 이스라엘은 사십년 동안 평온하였다"(삿 3:11; 8:28).[13]

영의 활동과 역할은 신약성서가 예수 그리스도에게 적용하는 구약성서의 예언자들의 약속들에서 더욱 명료하게 된다. 하나님에 의해서 선택된 "하나님의 종"(Gottesknecht)이(사 11:1-3; 42:1-3; 61:1-3) 이스라엘과 민족들에게 정의와 가난한 자들과 약한 자들에 대한 자비와 보편적인 하나님 인식 그리고 진리 인식—다시 말해서 법(Recht)과 자비 그리고 참된 예배—을 가져 온다.14) 그럼에도 불구하고 어떻게 그러한 공동체(Gemeinschaft)가 실제로 실현되고 보존될 수 있을까? 구약성서의 전승들은 이 능력을 토라에서, 율법(Gesetz) 안에서 본다. 신약성서의 전승들은 부활하신 예수 그리스도의 자기현재화와 그의 교회의 형태 가운데 있는 부활 이후의 그리스도의 몸의 구조(Konstitution)와 고양되신 그리스도와 신적 창조자를 통해서 사람들 위에 "하나님의 영의 부어짐"과 "하나님의 나라의 도래"에 관하여 말한다.

이 나라의 도래로 하나님은 그의 창조를 애지중지(liebevoll) 구원하시고 고양시키신다. 이 나라의 도래로 하나님은 세상의 죄와 예수를 십자가로 이끌고 간 세상의 권세와 십자가가 그렇게 심히 두렵게 드러내는 죄의 권세와 대결하신다. 이 나라의 도래로 하나님은 그의 피조물들을 구원하고 고양시키려 하시는데, 그는 그들을 하나님의 삶에, 부활하신 이의 능력에, 그리스도의 몸에, 그리고 새로운 창조에 참여시키려 하신다. 그 때문에 또한 순전한 소생에 대한 희망보다는 보편적인 부활에 대한 위대한 희망이 훨씬 더 크다: "왜냐하면 이 무상한 것(Vergängliche)이 불멸의 것을 입어야만 하고 죽을 것이 죽지 않을 것을 입어야만

---

13) Vgl. Welker, *Gottes Geist*, 58ff, zum Folgenden ebd., 109ff, 215ff.
14) 그것으로 구약성서 율법의 토대가 명백해진다. 하나님의 영은 하나님에 의해 선택된, 그에게 영이 '깃들인' 사람을 통하여 율법의 성취를 이룬다. 하나님의 영에 의해 성취된 공동체와 세상에서는 정의와 진리 인식을 향한 그리고 약자의 보호와 애정 어린 상호간의 수용을 향한 열망이 지배적이다.

합니다." 바울에 의하면 비로소 그 후에 성서의 말씀이 성취된다: "죽음을 삼키고서, 승리를 얻었다. 죽음아, 너의 승리가 어디 있느냐? 죽음아, 너의 독침이 어디 있느냐?"(고전 15:53-55 그리고 호 13:14).

왜 십자가는 고난당하신 하나님만을 계시하지 않는가?: 십자가 신학의 서신

번역: 이정환(한세대학교)

I. 오직 고난당하신 하나님만이 우리를 도울 수 있다
: 디트리히 본회퍼의 유산

디트리히 본회퍼는 자신이 처형되기 일 년 전 옥중 편지에서 "나를 끊임없이 뒤흔드는 질문은 '기독교란 무엇인가' 혹은 '오늘 우리에게 그리스도는 본질적으로 누구이신가'이다"[1]라고 썼다.

여기서 그는 "예수 그리스도는 세계 안에서 무기력하고 고난당하시는 하나님을 계시하신다"고 대답했다. "하나님은 세상으로부터 십자가에

---

[1] Dietrich Bonhoeffer, *Widerstand und Ergebung. Briefe und Aufzeichnungen aus der Haft*, hg. Christian Gremmels, Eberhard Bethge u. Rente Bethge in Zusammenhang mit Ilse Tödt, Diertich Bonhoeffer Werke 8 (DBW), Gütersloh: Kaiser, 1998, 402 (1944. 4. 30일 편지).

자신을 내몰았다. 하나님은 세계 안에서 무기력하고 약하며, 또한 그렇기 때문에 그분은 우리 곁에 계시며 우리를 도우신다."[2]

본회퍼는 "세상 안에서 자신의 무기력함을 통해 능력과 영향력을 얻으신 성서의 하나님을" 깊게 신뢰하고 있다고 말했다. 연약하고 고난당하시는 하나님에 대한 이러한 신뢰는 많은 사람에게 큰 반향을 일으켰다. 늘 다시 한번 본회퍼의 말들이 (거의 대부분 기억되어) 반복되었다. 곧 "오직 고난당하신 하나님만이 도울 수 있다."[3] 그러나 정말 그러한 말들이 계속 우리에게 납득될 수 있는가?

본회퍼는 베를린 소재의 감옥에서 연합군 폭격에 내던져졌다. "맹렬한 공습 속에서 갇힌 수감자들의 울부짖음과 소란은… 이를 경험한 자에게는 결코 잊힐 수 없다."[4] 본회퍼는 계속되는 자신의 생명에 대한 위협뿐만 아니라 그와 함께 수감된 사람들과의 생명의 위협을 함께 느꼈다. 그는 하루하루 위험 가운데에도 화염에 휩싸인 도시에 거주한 자신의 가족들과 전선에 나가 있는 친구들, 친척들에 대해서 크게 걱정하기도 했다. 왜냐하면 그들은 히틀러에 저항한 사람들이었기 때문이다.

그는 나치의 테러가 도처에 만연되어 있던 2차 세계대전과 부패된 교회가 어떻게 인간의 생명을 해치며 황폐케 하는지를 직시했다. 미래는 어두웠다. 전쟁에서 패망하고 독일이 세계로부터 배척을 당하거나 혹은

---

2) DBW 8, 534 (1944. 7. 16일 편지).

3) DBW 8, 535 그리고 534 (1944. 7. 16일 편지).

4) DBW 8, 385 (테겔 수용소에서 일 년 뒤에 적은 메모로 정확한 날짜를 알 수 없음). 본회퍼는 1943년 4월 5일 체포되었다. 편지들은 항상 반복하여 폭격기 공습과 소이탄, 고성능 폭탄, 황린 소이탄에 대해서 알려주었다. 본회퍼는 1944년 6월 21일에 에버하르트 베트게에게 이렇게 썼다: "오늘 아침 우리는 지금까지 겪어 보지 못했던 가장 두려운 폭격 공습을 받았다. 내 방안은 두 시간 동안이나 도시에 자욱한 연기 구름들로 인해 전등을 켰어야 했을 정도로 어두웠다"(DBW 8, 491f).

생각할 수 없는 일이지만, 세계가 나치의 독재 아래 놓일 수 있었다. 어떻게 이러한 체념적이며 암울한 상황 속에서 본회퍼는 고난당하신 하나님을 신뢰할 수 있었는가?

하나님은 십자가에서 그리고 고난 가운데 자신을 계시하신다! 이 듣기 거북한 주장은 본회퍼의 옥중서신들에서 처음으로 발견된 것만은 아니다. 이미 터툴리안이 주후 200년경에, 죽으시고 십자가에 못 박히신 하나님에 대해서 언급했다.5) 종교개혁 시대 초기와 근대 철학의 절정기에는 그들의 사상적인 중심 동력으로 이 생소한 진술들이 필요했다. 우리는 루터의 '십자가 신학' 그리고 헤겔의 철학적 진술인 '하나님의 죽음'과 본회퍼가 서로 일치할 수 있다는 사실을 알 수 있다. 마르틴 하이데거와 위르겐 몰트만은 20세기 중반에 "십자가에 달리신 하나님"에 관한 진술이 가진 이러한 사상적 유산을 수용하기도 했다.6)

그럼에도 "하나님은 이 세계에서 자신의 무기력함을 통해 권세와 영광를 얻는다"는 주장은 대단히 회의적이었다. 왜 우리는(우리가 그럼에도 "전능하신 분"으로 일컫는) 고난과 죽음이라는 주제를 통해서 하나님께 질문해야만 하는가? 왜 하나님의 현존은 고난과 죽음 안에서만 인식되어야 하는가? 왜 그리고 어떠한 방식으로 하필이면 십자가에서 고난당하시고 죽으신 예수님이 하나님으로 계시될 수 있는가? 만일 고난당하신 하나님만이 도울 수 있다는 본회퍼의 주장이 그의 암울했던 당시 상황

---

5) 참조. Tertullian, Adv. *Marc.* II, 16 또한 27, *CSEL* 47, 356 또한 374; 재인용. Eberhard Jüngel, *Gott als Geheimnis der Welt. Zur Begründung der Theologie des Gekreuzigten im Streit zwischen Theismus und Atheismus*, Tübingen: Mohr Siebeck, 1977, 85, 각주 26.

6) Martin Heidegger, *Phänomenologie und Theologie* (1927), Frankfurt: Klostermann, 1970, 18; Jürgen Moltmann, *Der gekreuzigte Gott, Das Kreuz Christi als Grund und Kritik christlicher Theologie*, München: Kaiser, 1972.

에서부터 설명될 수 있다면, 어떻게 "십자가에 달리신 하나님"에 관한 우울한 진술이 우리에게 그보다 덜 곤궁하지 않는, 혹은 평화적이거나 활기찬 일상의 시간들 속에서 거론될 수 있으며 확증될 수 있는가라고 질문할 수 있다.[7]

어떻게 우리는 실제로 이러한 모든 상이한 시대적 정황들 속에서 다음과 같은 주장을 할 수 있는가? 곧 " 하나님은 우리에게 하나님 없이 삶을 살아가야만 한다는 사실을 깨닫게 해주셨다. 우리와 함께하신 하나님은 우리 곁을 떠나신 하나님이다. … 하나님 앞에 그리고 하나님과 함께 우리는 하나님 없이 산다."[8]

II. 위르겐 몰트만의 십자가 신학의 동인들

위르겐 몰트만은 이미 그의『희망의 신학』[9] 부설에서, 그리고 무엇보다 자신의 첫 번째 기독론 저서인『십자가에 달리신 하나님』[10]에서 루터와 헤겔 그리고 본회퍼의 십자가에 대한 신학적 인식들을 받아들였다. 여기서 그는 그들의 정황에서 취약한 부분들과 문제점들을 언급했

---

7) 참조. Andreas Schuele, *Introduction*, XIV, in: ders. U. Günter Thomas (Hg.), *Who is Jesus Christ for Us Today? Pathways to Contemporary Christology*, Louisville/Kentucky: Westminster/John Knox, 2009.

8) DBW 8, 533, 534 (1944. 7. 16일 편지).

9) "하나님의 죽음"과 그리스도의 부활, in: *Theologie und Hoffnung*, 150-155.

10) *Der gekreuzigte Gott*, 본문에서 인용하는 이후의 쪽수(괄호 안의)는 이 책의 쪽수를 가리킨다. 몰트만의 기독론에서 중요한 다른 참고 저서로는 다음의 책들을 보라. *Der Weg Jesu Christi. Christologie in messianischen Dimensionen*, München: Kaiser, 1989; *Wer ist Christus für uns heute?*, Gütersloh: Kaiser, 2001.

고, 그러한 문제점들을 해소하고자 노력했다. 몰트만은 루터에게서 하나님 자신이 십자가에 달리셨던 자로 인식되기를 원하셨다는 중요한 사실을 받아들였다:

"비하와 약함 그리고 그리스도의 죽음 속에서 하나님을 인식하는 자는 하나님을 찾고자 한 인간들로부터 꿈꿨던 숭고함과 신성에서가 아니라 그(즉 인간에게) 자신으로부터 떠나버리신, 버림받으시고 멸시 받은 인성을 통해 그분을 인식한다. 또한 이것은 그를 비인간적으로 만드는 그가 꿈꿨던 하나님과의 유사성을 제거한다. 그리고 참된 하나님으로 되게 하는 자신의 인성에게로 자신을 돌이키게 한다"(198).

몰트만은 다음과 같이 추론한다: "만일 우리가 루터와 더불어 하나님을 십자가에 달리신 분 안에서 인식하길 원한다면, 십자가는 어떤 하나의 특정한 역사의 영역에서뿐만 아니라 또한 신학과 경건성의 부분적인 영역 안에서도 중요성을 가진다. 그러한 의미에서 우리는 '총체적인 인간의 현실성'에 대해서도 인식해야만 한다."[11] 비록 우리는 루터의 혁명적인 통찰을 헤겔의 사상적 결과에 따른 인식들을 가지고 보충해야 하겠지만, 그렇다고 우리는 몰트만에 따라서 헤겔의 주장, 곧 우리는 예수 그리스도 안에서 본질적으로 하나님의 성육신을 인간의 자의식 속에서 만난다거나 혹은 십자가는 무엇보다 "자아의 밤 = 자아"라는 인식적인

---

11) 이는 또한 자신의 윤리적인 영향에 기인한다. 참조: 몰트만의 루터에 대한 미약한 발전적인 비판, 그는 (루터는) 아리스토텔레스의 직업적 철학과 함께 철학적 십자가(philo-sophia crucis) 안에서 논쟁하지 않으려고 했다. 그리고 그는 "사회비판적인 십자가 신학"을 "교회 개혁적인" 것으로 연결시키려 하지 않았다(74f).

도식 안에 있는 인간적인 자의식으로 작용한다는 주장에 대해서는 단순하게 동의할 수 없다.

헤겔에 반하여 몰트만은 십자가의 유일회성을 강조하였는데, 그는 나사렛 예수의 유일회성과 하나님의 계시가 단 한 번 일어난 사건 가운데 있다고 말한다. 골고다의 예수 그리스도의 십자가에 대한 유일회성은 포기되어서는 안 되며, 헤겔이 올바르게 직시한 바대로 이 사건은 세계사적으로 영향력을 준 사건이다. 여기서 헤겔이 주장한 바대로, 나사렛 예수와 우연적으로 맺어진 인간의 자의식 속에 존재하는 절대적 실체의 계시에 관한 것이 아니라, 살아 계신 하나님이 십자가에 달리신 이 인간 안에서 자신을 계시하셨다는 것과 연관되는 것이며, 그분 안에서 그리고 그분을 통해서 창조적 역사가 작용하고 있다는 것이다.[12]

유일회성과 보편적 의미 사이에서의 연관은 신약성서 안에서 증언된 **십자가 사건의 다차원성**과 그로부터 연관된 영향력이 파악될 때에야 인식될 수 있다. 이러한 관점에서 몰트만은 적어도 간접적으로 본회퍼의 신학적 동기들을 받아들였다. 나사렛 예수가 골고다의 십자가에서 죽었다고 한다면 이 의미는 하나님이 예수를 떠난 그 날 밤 시간에, 예수가 인간적 자의식에 있어서만 죽었다는 것을 말하는 것이 아니다. 몰트만은 그와는 다르게 구분했다. 즉 예수는

- "하나님을 훼방한자"[13]로서 유대 종교와 논쟁을 한,

---

12) Moltmann, *Theologie der Hoffnung*, 155: "… 하나님이 떠나신 십자가에서부터 헤겔과는 달리 하나님의 내재적인 과정의 계기가 만들어졌다. 절대정신의 변증법적 자기운동의 신학은 … 오직 주체인 영원한 자의 변증법적 현시의 변형일 뿐일 것이다."
13) 121ff, 121f; 레 24:16 참조. W. Schrage, *Das Verständnis des Todes Jesu Christi im Neuen Testament*, in: Ernst Bizer u. A., *Das Kreuz Jesu Christi als Grund des Heils*,

- "반란자"[14)로서 로마의 권력과 논쟁한,
- 하나님에게 버리신 바 되어 죽은 자로 창조자이자 아버지인 하나님과 긴장가운데 있는 분이시다(133ff).

복종의 신학은 십자가를 본질적으로 종교적 가르침으로 이해함으로써 할 수 있는 한 고난과 곤궁 그리고 죽음으로 만족하게 하는 것을 억제한다. 십자가의 관점에서 '십자가의 신학'은 '십자가를 따름의 신학'으로 발전하는데(참조. 55-66, 76f), 이는 하나님의 구원하시고 해방시키시는 현재가 고난의 시간 속에서, 그리고 기독교적인 생활의 실천 속에서 증언됨을 의미한다.

III. 십자가는 고난당하신 자를 계시할 뿐만 아니라 심판하시고 구원하시는 하나님을 계시한다

예수 그리스도의 십자가에서의 죽음은 하나의 계시적 사건이다. 그분의 죽음은 이미 자기 자신 안에 머무르지 않고 타인을 위해서 죽음을 받아들였기 때문이다. 십자가의 죽음은 사색하는 자로 하여금 말문을 닫게 만들었다. 부활과 예수의 부활 이전 사역의 측면에서 바라볼 때 십자

Gütersloh: Gütersloher, 1967, 51-89.
14) 129ff; 130. 이에 연관하여 O. Cullmann, *Jesus und die Revolutionären seiner Zeit. Gottesdienst, Gesellschaft, Politik*, 2. Aufl, Tübingen: Mohr Siebeck, 1970, 47; M. Hengel, *War Jesus Revolutinär?*, Stuttgart: Calwer, 1970, 14, 131은 동 저자의 책인 *Die Zeloten, Untersuchungen zur jüdischen Freiheitsbewegung in der Zeit von Herodes I. Bis 70 n. Chr*, Leiden: Brill, 1961에 근거했다.

가는 복합적인 계시 사건이다.

예루살렘에 있던 종교적 권력층 사람들과 세계 권력인 로마의 정부 대표자들은 예수를 십자가에 못 박기 위해 그들의 공동적인 탄압 활동들을 통해서 혁명적이고 조직적인 공개적 의견15)에 합의했다. 바울은 "이 세상의 지배자들"이 "영광의 주님"을 십자가에 못 박았다(고전 2:8)고 말했다. 그들은 그분을 알지 못했다. 이 영광의 주님은 방랑하는 설교자의 빈곤함 속에서 도래할 하나님의 나라를 예고하셨다. 그분은 가르침과 병 고침, 관용과 식탁 공동체 안에서 인간에 대한 자신의 애정을 통해 이 하나님 나라를 표징적으로 실현하였다. 자신의 부활을 통해 그는 신적인 주님으로 계시하셨다.

그를 처형하기 위해 함께 공모했던 정치적 권력들의 어두운 그늘 속에서 그리고 예수의 부활과 그의 부활 이전적인 삶에 관한 측면에서 십자가는 무엇을 드러낸 것인가? 적어도 우리는 일곱 가지의 중심적인 계시 사건을 깨달을 수 있다.

1. 십자가는 인간들이 그렇게 알지는 못했지만 하나님으로부터 버림받은 참혹한 상황을 드러낸다

정치권력을 대변하는 세상은 근심과 공격적 성향이 눈에 띄게 뒤섞인 가운데 예수의 생애와 사역 속에서 나타난 하나님의 현존을 적대적으로 거부했다. 십자가는 한 가지 상황을 인지하게 만든다: 세상이 십자가를 인식할 때에는 그에 대해서 의심을 가질 수밖에 없었을 것이며, 정신을 차리지 못할 만큼 의식을 잃거나, 너무나 어색해 하여 당황하거나 혹은

---

15) 참조. 막 15:11,13f; 마 27:20,22f; 눅 23:18,21,23; 요 19:12,15.

순간적으로 기뻐하면서 무심코 지나쳐버릴 것이다.

그리스도의 십자가는 스스로 그 길에 들어서고 베일에 가려지길 원하는, 하나님이 버리셨던 한 인간을 표현한 것이다. 십자가 사건 안에서 친구들과 원수들, 소유자들과 피소유자들, 내국인과 외국인들, 유대인과 이방인들이 함께 어우러진다. 또한 서로 간에 갈등 가운데 서 있던 "이 세상의 지배자들"은 여기서 하나가 된다.

2. 십자가는 하나님과 인류, 하나님과 세계 사이의 상이성을 드러낸다

세상은 "영광의 주님"을 죽이는 데 성공했고 스스로를 하나님으로부터 단절했다. 하나님과 세상 사이에 있는 서로 상반된 상이성은 하나의 이론적인 가능성만은 아니다. 여기서 그 상이성이 실재 일어났다. 하나님과 세계, 하나님과 인간 사이의 철저한 차이는—초기 변증법적 신학에서 그렇게 대단하게 강조했던, "이 둘이 서로가 떨어져 나감과 같이, 이 둘이 추상적으로 대립하여 마주 서 있는 것과 같이!"—16) 십자가를 통해서 드러났다. 단순히 인간적인 면에서부터 하나님과 인간 사이의 긴장 관계를 극복할 수 없는 진술들과 하나님과 인간 사이의 분명한 차이에 관한 모든 기독교적 진술 그리고 하나님의 숨어 있음과 멀리 있음에 관한 모든 진술은 종교적인 천박함을 피하기 원한다면 늘 다시 한번 십자가를 통해서 자신의 탈출구를 찾아야만 한다.

십자가는 "사랑의 하나님"을 가지고 그들 사이의 평화를 맺고자 하는 모든 천박한 신학들의 종언, 곧 하나님과 인간 사이에 놓인 평화적이고 영구적인 소통관계를 선동하는 신학과 하나님과 인간 사이에 문제시되

---

16) Karl Barth, *Der Christ in der Gesellschaft*, in: Jürgen Moltmann, *Anfänge der dialektischen Theologie*, Teil 1 (ThB 17), München: Kaiser, 1966, 5.

지 않는 영원한 관계를 만들고자 하는 신학을 고발한 것이다.

3. 십자가는 그 타락한 형태에 있는 세상의 죄를 드러낸다. 이는 세계의 정치 권력층을 향한 하나님의 현존과 계시의 승리이다

십자가는 죄의 현상이 다만 개인의 자기관련성(이기심)과 자기우월 (교만)로 이해되는 것에 대해서 매우 보잘것없다는 사실을 보여준다.[17] 왜냐하면 십자가에서 종교들과, 법률, 정치적 질서 및 공적인 도덕과 여론이 하나님의 현존을 반대하기 위해 그리고 또한 이를 숨기기 위해 세상 권력들이 자행하는 폭력들이 드러나기 때문이다.[18] 예수 그리스도의 십자가 빛 아래에서는 "하나님의 선한 율법"이 죄의 권세 아래에서 기만적 체제가 될 수 있다는 사실이 드러난다.[19]

예수 그리스도는 유대와 로마의 이원적인 법 아래에서, 종교와 세계 정치권력의 이름 아래에서 그리고 동의하에 혹은 공적인 여론의 압박 아래에서 십자가에 못 박혔다.[20] 정의를 추구해야 한다는 요구를 그들

---

17) 참조. Sigrid Brandt, *Sünde. Ein Definitionsversuch*, in: dies., Marjorie H. Suchocki u. Michael Welker (Hg), *Sünde. Ein unverständlich gewordenes Thema*, 2. Aufl, Neukirchen-Vluyn: Neukirchener, 2005, 13-34.

18) 참조. Barth, *KD* IV/3, "Des Menschen Lüge und Verdammnis," 특히 499ff.

19) 이에 대해서는 Michael Welker, *Warum Moral und Medien der Sünde gegenüber hilflos sind. Gedanken im Anschluß an 1 Kor 2, 1-10*, in: Brandt/Suchocki/Welker, *Sünde*, 189ff; ders., Ist Barths Sündenlehre in gesellschaftlichen und kulturellen Kontexten relevant?, in : *Zeitschrift für Dialektische Theologie* 27 (2011), 60-76. 참조하라.

20) Hengel u. Schwemer, *Jesus und das Judentum*, 591ff u. 601ff, 대제사장인 한나스 가문의 다섯 아들 모두와 그의 손자인 가이샤, 또한 유대의 법적인 우두머리인 지배자 로마의 황제로부터 위임받은 권력자인 관할 총독이었던 빌라도 그리고 모든 복음서에서부터 전승된 "바라바에피소드"라고 말한(막 15:6-15; 마 27:15-26; 눅 23:13-25: 요 18:39f) "예루살렘 민중 그룹"을 통한 여론조작 사이에서의 복잡한 권력투쟁들을 보여주고 있다. 이러한 재구성은 상세하게 Ratzinger - Benedikt XVI., *Jesus von*

의 과제로 삼아야 하는 정치인들과 종교인들 사이의 차이 그리고 합법적인 규범들과 가르침들 사이에서의 차이는 감추어져 있다. 또한 군중들과 전통들 사이의 차이, 점령한 자와 피지배자들 사이의 차이, 친구들과 적들 사이의 차이는 십자가 아래에서 무력화된다. 모든 정치적 권력세계는 예수의 선포 속에서 또 사랑으로 충만한 사역을 통해서, 하나님의 계시에 반대하는 그리고 "하나님으로부터 멀리 떨어져 있기를 원하는 의지"21)에 대한 승리 속에서 하나로 결속된다.

십자가는 어떻게 인간이 개인적이며 공동체적으로 하나님의 사랑이 충만한 현존으로부터 거리를 두게 되었는지를 보여주며, 어떻게 세상의 폭력에 반하여 서 있는지를 그리고 여기서 어떻게 정의, 하나님의 기쁨, 정치적 불가피성과 공적인 승인들에 관한 모습이 확산될 수 있는지를 보여준다.

4. 십자가는 하나님이 인간에게서 멀리 떨어지시고 그분의 계시가 인간에게 오지 않을 수 있다는 위험을 드러낸다

우리는 하나님의 절대적 부재라는 근대의 사상과 하나님의 "영이 뒤로 움츠러드는", "그분의 얼굴이 돌려버린" 상대적인 부재의 성서적 사상과의 차이를 주장한 에버하르트 윙엘의 도움으로 "하나님의 죽음"과 "십자가에 달리신 하나님"에 대한 진술을 세밀하게 파악할 수 있다. 하나님의 상대적 부재에 대한 성서적 인식은 하나님의 절대적인 죽음의

Nazareth, Bd. 2, 191-224에 의해 수용되었다.

21) Hans-Georg Geyer는 이 관용구를 만들어냈다. 참조. *Andenken. Theologische Aufsätze*, hg. H. T. Goebel, D. Korsch u. a., Tübingen: Mohr Siebeck, 2003, 107ff u. 218ff.

사상을 용납한다. 이 절대적인 하나님의 죽음에 관한 사상은 모든 하나님에 대한 사유를 폐기할 수 있는 상대적인 하나님의 죽음에 대한 실제적 위험으로부터 구분짓는다. 하나님과 세계, 하나님과 인류가 전적으로 불경건한 의미로 "서로를 위해 죽었다"는 커다란 위험이 여기서 보여진다. 이는 거꾸로 하나님의 죽음을 위협한다: "이 사람은 나를 위해 죽었다—나는 그와 더 이상 어떠한 관계도 결코 갖고 있지 않으며 그와 더 이상 관계하려 하지 않는다." 인간을 위해서 하나님이 죽으셨다는 것은 그분이 인간에게 있어서 무능력하며 무의미하다는 것을 뜻한다. 그럼에도 그 의미는 십자가에서 또한 세계에 대한 하나님의 심판이 이루어졌다는 것을 뜻한다. 즉 하나님을 위해서 인간이 죽었다는 사실은 인간들 자신이 갖고 있는 존재하지 않음(Nichtigkeit)의 위험에 내어 던져졌다는 것이다.

십자가는 한 치의 틈도 없이 하나님에 대해서 세상이 스스로 자신을 고립시킬 수 있다는 위험을 보여줄 뿐만 아니라, 세상이 하나님으로부터 완전히 결별했다는 것과 하나님에 반하여 대립하여 서 있을 수 있다는 위험을 보여준다. 이로부터 다음과 같은 위험이 도사린다. 즉 하나님은 또한 자신을 더 이상 세상 사이에 놓일 통로를 찾거나 그러한 길을 발견하길 원치 않다는 사실이다.

5. 십자가에서 또한 하나님의 고난이 드러난다. 여기서 예수 그리스도의
고난뿐만 아니라, 예수를 보내신 파송 속에서 인간에게 가까이
다가서고자 하시는 삼위일체 하나님의 고난이 드러난다

예수 그리스도가 인간으로 죽으심과 범죄자로서의 죽음을 당함으로써 그의 존귀한 수식어들과 그분의 고귀한 전권과 약속들 모두가 대단히 깊게 의구심을 갖게 되었고 불신되기에 이르렀다. 그리고 그분의 고난은 창조자와 하나님의 영, 그분과 관계된 예수 공동체에 대한 모든 생각될 만한 관점들을 파괴한다. 우리는 이 상황을 하나님의 모순(Zerrissenheit) 혹은 하나님 안에 있는 모순으로 표현할 수 있다. 십자가를 통해서 하나님은 죽음과 세계의 죄악들과 대면하게 되었는데, 이는 예수의 인간적 삶에서뿐만 아니라 신적인 삶 자체에서도 의문을 가지게 되었다. 하나님의 계시의 뜻이 좌절된 하나님이란 어떤 의미를 가지고 있는가? 그렇게 대단히 인간에게 가까이 다가서고자 하신 그분이 오히려 그렇게 대단히 인간으로부터 멀리 떨어져 있음으로 후퇴하신 하나님이 뜻하는 바는 도대체 무엇을 말하는 것인가?

6. 십자가는 하나님의 신성에 대한 가장 심각한 고발의 심연을 드러낸다

거룩하신 하나님은 죄와 죽음을 직접적으로 대면함으로써 거룩함을 상쇄한다. 창조적인 하나님은 혼돈과 직면한다. 예수 그리스도 안에서 나타난 하나님의 사랑의 계시는 조직화된 증오와 체제적인 폭력에 의해 좌절되었다. 하나님이 율법을 통해 세상을 지배하는, 율법의 선한 규범적 영향력들은 훼손되었고 부패되었다.

십자가는 하나님의 고난과 무능력을 드러낸다. 또한 십자가는 예수 그리스도의 고난과 죽음을 드러낼 뿐만 아니라 하나님 신성의 심연 안에 있는 고난과 무능력도 드러낸다.[22]

---

22) 참조. 이에 대해서는, Kitamori, *Theologie des Schmerzes Gottes*. Paul Gavrilyuk, *The Suffering of the Impassible God: The Dialectics of Patristic Thought*, New York: Oxford Univ. Press, 2006, 특히 135ff. 그는 올바르게 하나님 안에서의 이 심연이 하나님의 본질에 속한 것으로 보아야 함을 경고했다: 그의 사상은 분명히 하나님의 고난 불가성에 대한 형이상학적인 사유를 재생산하지 않을 것이다.

7. 십자가는 이러한 고통, 이러한 하나님의 무기력함을 드러냄으로써 우리에게 하나님을 향해 스스로 고립된 세상과 대면해 있는 창조자, 성령 그리고 십자가에 달리신 예수 그리스도의 내적인 신적 사귐을 인식하게 만든다

인간의 곤궁과 비탄의 심연 가운데로 들어간 하나님의 신성을 인식하는 데 있어서 우리에게 알려진 사실은 다음과 같다. 곧 우리의 자연적인 죽음뿐만 아니라 많은 성서적 전승에서 '지옥'이라고 불리는 하나님으로부터 멀리 떨어진 심연에 하나님이 내맡겨졌다는 것이다. 십자가를 통해서 지옥까지 내려오신 하나님의 비하가 드러난다.

여기서 하나님은 자신이 지옥이라는 곳으로부터 낯선 분이 아니라는 사실과 지옥에서 그분은 고난당하시고, 이러한 고난을 통해 하나님이 십자가에 달리셨다 부활하신 자가 되시어 신적인 삶을 사시는 분으로 우리에게 각인되어 알려졌다는 것이다.

인간은 다가오는 하나님 나라를 선포하신 그리고 자신의 인격과 삶의 실천 속에서 하나님 나라를 현실화하신 예수를 거부했을 뿐만 아니라, 창조적이며 살아 계신 하나님에 대립하여 하나님의 영을 거스르고 그분과의 인격적 관계를 스스로 끊었다. 바로 그로부터 하나님으로부터 버리신바 된 십자가는 예수 자신이 아버지라고 호칭했던 분과의 사귐을 드러내었을 뿐만 아니라 성령의 능력과 사귐 가운데 있는 하나님과의 깊은 교제를 드러낸다. 이러한 상황에서 하나님의 내적인 모순 가운데 하나의 역설적인 사귐이 들어 있다. 이 역설적인 사귐은 또한 십자가에 달리신 분의 말씀에 대한 신뢰와 의심의 긴장 가운데 다음과 같이 표현되었다: "나의 하나님 나의 하나님, 왜 저를 버리시나이까?"(마 27:46; 막 15:34; 시 22:2에서 받아들인).[23)]

십자가에서 드러난 하나님의 깊은 차원의 계시에 관한 인식에서부터 다시 한번 부활의 선명한 빛이 드러난다. 부활 안에서 창조의 하나님은 하나님과 멀리 떨어져 있는 인간 실존의 한복판에 계시다는 사실이 드러난다. 죄인 된 인간의 자기폐쇄성 한가운데에서 하나님은 부활하신 예수 그리스도를 우리에게 인식시켜 준다. 부활은 인간적인 조건과 결코 연관될 수 없다. 부활은 오직 창조적이고 새창조적인 하나님의 행위이다. 하나님은 곤궁한 자들, 의심하는 자들, 불행한 자들을 받아들였을 뿐만 아니라 또한 냉소적인 자들과 그분과 동등한 사람들을 위해서 봉사하며 자신의 현존을 증명하신다. 하나님은 잃어버린 사람들의 운명을 돌이키신다. 하나님은 자신이 구원하고 고양시킨, 존귀하게 여기시고 죄의 권세 아래에 묶여 있던 인류와 피조물을 긍휼히 여기신다.

창조적인 영의 능력과 십자가에 달리셨다 부활하신 자의 현존을 통해 희망 없는 즐거움, 의심하는 믿음, 시험 가운데 있는 양심, 방향을 잃은 방황에서부터 새로운 신앙의 뒤따름이 나온다. 인간은 이 사건과 연관됨으로써 분명하게 성령, 하나님의 영의 활동에 관해서 언급할 수 있고 그 활동의 역사가 드러난다. "예수 그리스도의 십자가 사건 안에서 아들과 아버지의 신성에 대한 물음이 제기되고 또한 아들과 하나님 이 두 분은 모든 생명의 창조자로서 죽은 자들로부터 예수를 부활시킨 영의 활동에 근거한다."[24] 하나님은 부활을 통해서 신적인 생명을 우리에게 열어 놓으셨다. 곧 인류는 대단히 상상할 수 없는 방법으로 이 하나님의

---

23) 아직도 설명되지 못한 그 가능적인 삼위일체 신학적인 영향들에 대해서는 십자가에 달리신 분을 통한 "영의 내어 줌"에 대한 진술이다. 참조. 막 15:37; 눅 23:46; 요 19:30b.

24) Wolfhart Pannenberg, *Systematische Theologie*, Bd. 1, Göttingen: Vandenhoeck, 1988, 342. 이에 대해서는 또한 Sergius Bulgakov의 깊이 있는 사상도 참조하라. *The Lamb of God*, 326ff, 382ff 그리고 402f. 참조. 고전 15:44ff; 롬 1:4, 8:11; 딤전 3:16b.

생명 안으로 들어가게 되었다.[25]

부활을 증언한 남녀 목격자들은 부활하신 그리스도의 현존을 육체적으로 증언한 담지자들이며 그래서 이 땅에 창조적인 하나님의 현존을 담지한 자들이다. 십자가에서 상실된 상태로부터, 신적인 생명의 모순으로부터 창조적인 하나님의 신성과 부활하진 자의 생명 가운데 있는 영의 능력이 증명된다. 이 부활하신 자 안에 있는 영의 능력은 신앙인들로 하여금 하나님의 현존 안에서 연합되고 성장시킨다.

여러 다양한 관점에서 바라볼 때 십자가는 또한 하나의 계시 사건이다. 부활의 빛과 예수의 부활 이전의 삶으로부터 시작하여 십자가에 이르는 삶의 길의 빛을 통해 계시의 사건인 십자가는 죄와 심판, 세계의 갱신과 인류의 구원을 드러낸다. 이 인류는 그들이 잃어버렸던 상실에서부터 하나님의 현존을 담지한 남성들과 여성들로 구성된 선택된 자들이다. 교회의 중심에는 예수 그리스도의 십자가가 서 있어야 하며 기독교 신앙의 중심에 서 있는 십자가는 믿음의 근거가 되어야만 한다. 만일 신앙이 끊임없이 새롭게 십자가와 그 십자가에 달리신 그리스도로부터 나오지 않는다면 기독교의 경건과 교회는 그 진실성과 중요성 그리고 그의 방향성을 잃게 될 것이다.

---

25) 이 사건은 윙엘이 제안한 대로, 하나님의 이중적인 자기관계의 "개방성"을 가지고서는 충분하게 파악되지 않는다. 또한 Hilarion Alfeyev, *Christ the conqueror of Hell: The Descent into Hades from an Orthodox Perspective*, Crestwood: St. Vladimir's Seminary Press, 2009, 17ff, 203ff; 동 저자, *Geheimnis des Glaubens. Einführung in die orthodeoxe dogmatische Theologie*, Ökumenische Beihefte 43, Freiburg/Schweiz: Universitätsverlag, 2003, 247ff u. 251ff. 또한 Hans Urs von Balthasar, Theologische Besinnung auf das Mysterium des Höllenabstiegs, in: 동 저자 (Hg.), "Hinabgestiegen in das Reich des Todes," *Der Sinn dieses Satzes in Bekenntinis und Lehre, Dichtung und Kunst*, München u. Zürich: Schnell & Steiner, 1982, 84ff을 보라.

바울의 천재성과
학제간 인간론에의 공헌

번역: 신준호(인천제일교회)

　　나의 논문 제목은 최소한 약한 방식으로라도 반감을 일으킬지도 모르겠다. 조직신학을 하는 사람이 신약학의 연구 영역 안에 들어와서 바울의 인간론을 조직신학적인 토론 가치가 있는 이론으로 해석하려고 하기 때문이다. 이러한 시도 자체가 이미 바울 문서들의 특성을 처음부터 경솔하게 오해하는 것은 아닌가? 내 논문은 이러한 우려를 넘어 바울의 사고가 이 시대의 어려운 질문들 안에서 특히 학제간 이해에 대하여 통찰력을 주는 추진력을 제공할 수 있다고 주장한다. 이로써 이미 육체와 영의 바울적 이원론의 관점에서 이미 고통스럽게 알려졌던 순진무구하고도 시대착오적인 견해가 다시 주장되는 것은 아닌가? 나의 논문을 주도하는 관심사를 분명하게 밝히기 위하여 나는 바울의 인간론에 대한 나의 선행 연구사를 짧게 설명하고자 한다.

수년간의 한 국제적 및 학제간 연구 프로젝트에서 우리는 세 가지를 목표로 하였다.

첫째, 우리는 질문하고자 한다. 예를 들어 '몸과 영혼', '영과 육체', 또 '자의식과 의식' 혹은 '두뇌와 정신' 등의 현상 구조들과 사고 구조들로써 야기되는 (과거 역사와 현재 안에서의) 이원론화시키는 인간론들에 찬성하는 것은 무엇이며 또 반대하는 것은 무엇인가?

둘째, 우리는 검증하고자 한다. '영혼과 영'에 관한 신학적 진술이 현상들과 기능들을 파악하였으며, 오늘날에도 학문적으로 주장될 수 있다고 이해되는지, 그리고 자의식의 영역들을 세속화시키거나 혹은 추방시키는 것으로 보이는 바로 자의식 이론과 같은 것들이 이미 추월되었고 또 지양될 수 있는 것은 아닌지를 검증하고자 한다.

셋째, 우리는 인간의 신체적인 상태를, 자연주의적 환원주의에 빠지지 않고서 숙고하기를 추구하고자 한다.

우리는 이 프로젝트를 몇 년 전에 "몸-영혼-영: 인간적 인격의 복잡한 개념의 재획득"(Regaining a Complex Notion of Human Person)이라는 제목 아래서 시작했다. 그때에 신약학적 동기들, 학제간의 이해를 위하여 제공된 자연과학적 사고들 그리고 대단히 강력한 철학적 경고 등이 복잡한 문제 제기의 관심을 드러내었으며, 나와 그들은 오늘까지 그 문제에 몰두하고 있다.

신약학적 동기는 바울에 있어서 육체(sarx)와 몸(soma)의 구분에 대한 게르하르트 타이센(Gerd Theißen)의 연구 그리고 조직신학적으로도 많은 통찰을 열어 주는 그이 분석적 잠재력을 통하여 도입되었다. 영미 자연과학자들 편에서의 도전은 그들을 담론에 참여시켰던 주변-이론적인 제안들 안에 놓여 있었다. 그들은 '환원적이지 않은 자연주의'(non-reductive naturalism) 혹은 '이중 측면의 일원론'(dual-aspect monism) 등을 실험하였는데, 그것들은 우리와 같은 정신과학자들에게는 환원주의적인 현상맹목성을 지닌, 결함이 있는 것으로 보였다.[1] 그러나 우리의 프로그램 이념인 "인간적 인격의 복잡한 개념의 재획득"(Regaining a Complex Notion of Human Person)도 마찬가지의 결함이 있는 것으로 예시되었다.

하이델베르크의 철학자 안드레아스 켐머링(Andreas Kemmerling)은 강하게 우려를 표명하였다. "인격 개념에 있어서 너무도 깊이 놓인 혼동은 그것은 무궁무진한 개념적 풍요성이다. 인격에 대한 진부하고 조야한, 소위 존재론적인 개념조차도 소진될 수 없이 다채롭다. 그것의 특성 중 어떤 것이 핵심적 부분이며—그리고 어떤 것이 주변적 개념에 속하는지 혹은 아마도 다만 다른 것으로부터 유도된다고 관찰되는지 하는 것은 완전히 불분명하다."[2] 인간적 인격성에 대한 숙고 안에서 이원론적 환원주의를 통하여 어떤 현상맹목성을 도출한다는, 그리고 중요한 앎의 영역들을 구조적으로 배제한다는 두려움에 대하여 안드레아스 켐머링은 "(인격 개념의) 풍요로움에 대한 지나친 숙고에 빠지는 위험" 그래서 "바닥없는 통 안으로 가라앉는 위험"을 환기시켰다. 그는 또 이 개념에 대한 토론과 연관되어야 하는 내용적·이론적 관심사를 (이러한 길 위에서 "개념적 혼란 안에 약간의 질서를 불어넣기 위하여")[3] 분명하게 제시할

---

1) Vgl. z.B. die verzweifelten Bemühungen, den Dualismus von "physicalism and mentalism" durch einen "non-reductive physicalism" zu überwinden, in W. S. Brown et al, *Whatever Happened to the Soul? Scientific and Theological Portraits of Human Nature*, Minneapolis: Fortress Press, 1998.
2) Andreas Kemmerling, Was macht den Begriff der Person so besonders schwierig?, in Gegenwart des lebendigen Christus, hg. G. Thomas u. A. Schüle, Leipzig: EVA, 2007, 541-565, 544f.

것을 제안했다. 바울의 인간론의 재건의 도움을 받아 나는 이 과제를 다섯 단계로 뒤따르고자 한다.

첫째 단락에서 나는 바울에게서 육체와 영의 이원론을 조명할 것인데, 그것은 바로 인간론 안에서의 수많은 환원주의적 해악의 뿌리라고 간주될 수 있다. 둘째 단락에서 나는 인간적 몸의 다차원성에 대한 바울의 관찰들을 말할 것이다. 셋째 단락에서 우리는 세속적 규모들로서의 영과 영혼에 몰두하게 될 것이다. 넷째 단락에서는 복잡한 인간론적 주제 영역들의 척도들로서의 마음과 양심에 대한 바울의 진술이 우리의 주목의 중심으로 옮겨질 것이다. 다섯째 단락에서는 인간론적 전망으로부터 인간적 영과 하나님의 영 사이의 관계가 짧게 관찰될 것이다.

I. 육체와 영의 이원론

갈라디아서에서 바울은 육체와 영이 원수라고 말한다. 왜냐하면 양자는 서로 대립하는 각각의 '갈망(소욕)'을 표출하기 때문이다. 이러한 적대적 상관관계를 통하여 양자는 인간 안에 부자유의 제약을 생성하며, 이 부자유는 오직 육체가 영에 의하여 인도함을 받을 때에만 지양될 수 있다: "(그렇기 때문에) 내가 이르노니 너희는 성령을 따라 행하라(인도하심을 받으라). 그리하면 육체의 욕심을 이루지 아니하리라. 육체의 소욕은 성령을 거스르고, 성령은 육체를 거스르나니, 이 둘은 서로 대적함으로 너희가 원하는 것을 하지 못하게 하려 함이니라"(갈 5:16f.). 육체의

---

3) Kemmerling, aaO., 564, 563.

소욕에 의하여 규정된 인간들은 유한성, 소멸성 그리고 멸망에 굴복한다. 영에 의하여 규정된 자들은 "영생을 거두리라"(비교. 갈 6:8).

이러한 확신을 또한 로마서도 대변한다. "육신의 생각은 사망이요, 영의 생각은 생명과 평안이니라"(롬 6:8). 그러므로 바울의 강조하는 바의 충고는 "너희가 육신대로 살면 반드시 죽을 것이로되, 영으로써 몸의 행실을 죽이면 살리라"(롬 8:16). 언제나 부정적인 음조를 띠는 '몸의 행실들' 그리고 개인들 안에서 이러한 행실들이 영을 통하여 특징적이게도 죽임을 당하는 것이 어떻게 이해되든지 간에 우선 확정되어야 할 것은 바울이 육체를 단순히 가능한 한 완전히 무시되어야 할 어떤 악마적 규모로 보지는 않았다는 사실이다.

비록 바울도 또한 육체(sarx)와 몸(soma)의 날카로운 구분을 통하여 육체의 피조적 차원이 소멸성에 묶여 있다는 것을 언제나 또다시 강하게 강조하지만,[4] 그 육체의 '물질성'은 돌과 먼지에 대해서는 철두철미 가치를 갖는 규모이다. 고린도후서는 출애굽기 24:12, 에스겔 11:19, 36:26, 예레미야 31:33 등을 연상케 하는 맥락 안에서 다음을 강조한다: "너희는 우리로 말미암아 나타난 그리스도의 편지니, 이는 먹으로 쓴 것이 아니요, 오직 살아 계신 하나님의 영으로 쓴 것이며, 또 돌판에 쓴 것이 아니요, 오직 육의 마음판에 쓴 것이라"(고후 3:3). 이것이 우연적인 것 혹은 더 나아가 불행한 말장난 정도일 수 있다는 생각은 계시에 봉사하는 것이 몸일 뿐만 아니라, 또한 육체이기도 하다는 진술을 통하여 말끔히 제거된다. 예를 들어 고린도후서 4:11절 "우리 살아 있는 자가 항

---

4) S. dazu den Beitrag von Gerd Theißen; vgl. auch zahlreiche alttestamentliche Aussagen wie Jes 40,6: "Alles Fleich ist wie Gras," das verdorrt (vgl. 40,7f); Hi 7,5: "Mein Fleisch ist eine Beute des Gewürms."

상 예수를 위하여 죽음에 넘겨짐은 예수의 생명이 또한 우리 죽을 육체에 나타나게 하려 함이라."

물론 육체는 이 세상적이고 무력한 소멸적인 실존이다. 그러나 이 실존에는 적지 않은 가치가 부여된다. 그것은 생명의 후손과 신적 계시 의지의 진시함 및 드라마의 특성을 나타내는 가치이다. 로마서에 따르면 바울은 "육신(sarx)으로는 다윗의 혈통에서 나신" 하나님의 아들의 복음을 선포한다(롬 1:3, 비교. 8:3). 그리고 이스라엘은 "육신으로 하면 (만물 위에 계신) 그리스도께서 그들에게서 나셨다"는 것을 자랑하게 될 것이다(롬 9:5). 바울에 의하여 다양하게 강조된 (인간의 몸의) 예배적 중요성이, 더 나아가 인간의 몸의 계시적 능력이 진지하게 고려된다면(아래를 보라!), 그리고 이 세상적 몸이 그것과는 명확하게 구분되는 육체를 결코 포기할 수 없다는 것이 통찰된다면, 이제 원시적인 '이쪽 아니면 저쪽'의 사고는 '육체와 영'에 관련해서는 반드시 결별되어야만 한다. 육체는 마음과 영혼 그리고 영의 형태 안에서 필수불가결하게 몸의 역사적·물질적 기초에 속하며, 그와 함께 바울에 따르면 높은 위치에 있는 이 세상적 인간 실존의 기초에 속한다.

물론 '육체'라는 규모는 인간적 실존의 악명 높게도 유한하고 소멸적인 기초로서, 만일 그것이 모든 '생각과 소욕들'을 조종한다면, 위험해진다. 바울은 '육체'에 대한 그의 가혹한 진술들 안에서도 언제나 또다시 육체와 몸의 양육과 재생산의 근본 기능을 넌지시 암시한다. 그것에 대한 관심이 그러한 기능을 영에 봉사시킴 없이 인간의 실존을 지배한다면, 그때 그 실존은 '죄와 죽음'에 넘겨진다. 바울은 잘 알려진 대로 폭음, 과식, 음란 등을 직설적으로 공격하였다(비교. 갈 5:19ff, 고전 5:1, 6:9f. 13ff, 10:8, 11:20, 고후 12:21f., 13:13). 피상적으로 관찰한다면, 우리는 이것을 어떤 "몸 그리고 욕망에 대한 (바울의) 적개심"이라고 생각할 수도 있다. 실제로 '육체'의 독립적인 관심사들에 대한 이러한 가혹한 비판 그 자체는 다음 염려로부터 생긴다: 하나님과 복음을 위해 얻어진 이웃 인간들이 그들을 인간적 생명의 허무와 멸망에 넘기고 그들에 대한 하나님의 계획과 영의 전망들에 대한 통찰을 가로막는 권세들에 의하여 또 다시 지배당할 수 있다는 염려이다.

육체에 대한 한 추상적이고 전체화시키는 부정은, 그럼에도 불구하고 바울의 인간론에는 올바르지 않다. 마찬가지로 '순수한 영' 그리고 "영 안에서의 인간의 하나님께 대한 직접적 관계"와 같은 막연한 형이상학적·종교적 상상들에 대한 열광도 바울이 날카롭게 관찰하고 차별화하는 사고를 지나치고 있다. 이 사실은 고린도에서의 바울의 방언과의 논쟁에 의거하여 명확하게 될 수 있다(되어야 한다): "방언을 말하는 자는 사람에게 하지 아니하고 하나님께 하나니 이는 알아듣는 자가 없고 영으로 비밀을 말함이라. 그러나 예언하는 자는 사람에게 말하여 덕을 세우며 권면하며 위로하는 것이요…"(고전 14:2f.). 바울은 의도적으로 방언 말하기에 열광하지 않는다. 바울은 소위 "영 안에서" "하나님께 직접 말한다"는 방언 말하기를 언제나 낮춘다. 또한 이 점도 열광주의적 신비가와 현대 종교적 초월 명상가들이 조용히 제거할 수 있는 어떤 일회적인 탈선이 아니다. '방언'의 공적인 말함만이 바울에 의하여 약하게 비판되는 것이 아니다. 인간적 영 안에서 애써 추구되는 하나님께 대한 직접적 접촉으로서의(방언 안에서의) 기도와 송영도 바울의 비판 아래 굴복한다: "내가 만일 방언으로 기도하면 나의 영이 기도하거니와 나의 마음(nous)은 열매를 맺지 못하리라. 그러면 어떻게 할까 내가 영으로 기도하고 또 마음으로 기도하며 내가 영으로 찬송하고 또 (오히려) 마음으로 찬송하리라"(고전 14:14f.).

　이러한 상세한 진술은 여러 가지 관점에서 통찰을 열어 준다. 바울이 '육체'를 통째로 저주하지 않는 것처럼, 또한 마찬가지로 그는 뜻 없는 방언 말하기 혹은 하나님과 직접 접촉한다는 다른 영적인 시도들을 파멸적으로 비판하지는 않는다. 고린도전서 14:18절에서 바울은—비교의 근거가 어떠하든지 간에—그가 "너희 모두보다 더 많이" 방언을 말한다는 사실로서 고린도인들의 하나님께 감사한다. 그럼에도 불구하고 그는 이러한 맥락 안에서 이성적 예배 안에서의 이성적 진술에 대한 강력한 변호자이다: "그렇지 아니하면 네가 영으로 축복할 때에 알지 못하는 처지에 있는 자가 네가 무슨 말을 하는지 알지 못하고 네 감사에 어찌 아멘 하리요. 너는 감사를 잘하였으나 그러나 다른 사람은 덕 세움을 받지 못하리라." 바울은 격렬하게 확정한다: "그러나 교회에서 네가 남을 가르치기 위하여 깨달은 마음(이성, nous)으로 다섯 마디 말을 하는 것이 일만 마디 방언으로 말하는 것보다 나으니라"(14:19). 바울은 대단히 긴급하게 소위 '영 안에' 안주하려는 공동체에게 경고한다: "그러므로 온 교회가 함께 모여 다 방언으로 말하면 알지 못하는 자들이나 믿지 아니하는 자들이 들어와서 너희를 미쳤다 하지 아니하겠느냐?"(14:23).

　'영 안에서'의 소위 하나님과의 직접적 접촉한다는 뜻 없는 방언에 대한 바울의 비판은 명확하지만, 파멸시키는 비판은 아니다. 이 비판은 영적이고 예배적인 맥락에서, 더 나아가 기도와 송영 안에서 이성(nous)의 사용에 대한 장려하는 명확한 설명과 결합된다. 여기서 오성과 이성은 오직 초월 철학적으로 애쓰는 훈련에 의해서만 도달될 수 있는 어떤 고도로 복잡한 규모를 뜻하지 않는다. 이성과 오성은 칸트의 경우와 같이 오직 경건 이후의 석의의 과정들을 통해서만 도달될 수 있는 것이 아니다. 오히려 이성(nous)은 이해 가능한 그리고 분명한 확신의 관심과 연관된 진술들에 관한 것이다. 또한 국외자들도 가르침을 받을 수 있어야 하고, 설득이 되어 동의할 수 있어야("아멘을 말할 수 있어야") 한다. 정서적, 인지적 혹은 도덕적인 압도의 시도들은 '영'의 특성이 아니다. 영의 프로필은 '육체'에 반하는 추상적 대립 안에서 그리고 어떤 본질적으로 누미노제적인 혹은 개인주의적으로 계속해서 외부 접촉을 단절하는 소위 '순수한 영적인' 하나님 관계 안에서 인식될 수 있는 것이 아니다. 오히려 개인적이고 공동체적인 인간적 삶 안에서 영과 영의 활동 장소들을 파악하는 것은 몸에 대한 성찰적 인지와 가치평가를 필요로 한다.

II. 몸의 다차원성

이 세상적, 소멸적 몸(고전 15: 이것은 우리로 하여금 하나님으로부터 소외되어 살도록 하며[고후 5장], 죄에 의하여 지배되도록 하며[롬 6장], 타락과 죽음으로부터의 구속과 구원을 고대하도록 한다[롬 8장])에 대한 바울의 진술들만 주목한다면, 우리는 쉽게 육체(sarx)와 몸(soma)을 동일시하기 쉽다. 비록 이 세상의 몸이 육체적이며, 그렇기 때문에 육체의 무력함과 위험성에 참여하고 있기는 해도, 몸은 바울에 따르면 육체로부터 명확하게 구분되어야만 한다. 몸은 다만 육체에 의해서만이 아니라, 많은 다양한 영혼적이고 정신적인 능력들에 의하여 각인되어 있으며, 오직 자기 유지에만 초점이 맞추어진 육체와는 전혀 다른 역동성들을 가리킨다.

바울은 몸을, 마치 그것이 어떤 흥미롭고 높은 가치를 지닌 '능력'의 담지자인 것처럼, 단순히 어떤 '물질적 결정기관이나 기초'로 간주하지 않는다. 오히려 몸은 복잡한 다지체화된 유기체이며, 이것은 상이한 역할들과 기능들을 서로 결합시킨다. 그러한 것으로서 몸은 한 영역이고, 한 범위이며, 그 안에 하나님께서 '거주하시며', 그리고 그것을 통하여 하나님께서는 영광을 받기를 원하신다: "너희 몸은 너희가 하나님께로부터 받은바 너희 가운데 계신 성령의 전인 줄을 알지 못하느냐 너희는 너희 자신의 것이 아니라. 값으로 산 것이 되었으니, 그런즉 너희 몸으로 하나님께 영광을 돌리라!"(고전 6:19f.).

바울은 몸을 다름 아닌 계시의 담지자로 서술할 수 있다. 몸에서 예수의 생명과 죽음이 인식될 수 있다는 것이다(고후 4:10, 갈 6:17): "나의 간절한 기대와 소망을 따라 … 이전과 같이 지금도 온전히 담대하여 살든지 죽든지 내 몸에서 그리스도가 존귀하게 되게 하려 하나니…"(빌 1:20). 많은 지체를 지진 유기체로서의 몸에 대한 관점에서 바울은 부활절 이후 다시 사신 그리스도의 실존과 그분의 교회의 구조를 긴 호흡으로 눈앞에 그린다(비교. 특히 고전 12:12ff): "몸은 하나인데 많은 지체가 있고 몸의 지체가 많으나 한 몸임과 같이 그리스도도 그러하니라. 우리가 유대인이나 헬라인이나 종이나 자유인이나 다 한 성령으로 세례를 받아 한 몸이 되었고 또 다 한 성령을 마시게 하셨느니라." 반복하면서 바울은 수신자들인 동료 그리스도인들에게 스스로를 그리스도의 한 몸에 함께 작용하는 지체들이라고 여길 것을 요청한다: "너희는 그리스도의 몸이요 지체의 각 부분이라"(고전 12:27, 또 롬 12:4f.).

많은 지체를 가진 몸의 '건립'과 생명성의 관점에서 바울은 신적인 영의 사역 그리고 세례와 성찬의 성례전의 높은 중요성을 명확하게 제시하기를 시도한다. 영을 통하여 믿는 자들의 마음에 '부어진 사랑'(롬 5:5)이 믿는 자들을 그리스도의 몸과 연합시킨다.5) 여기서 하나님은 영을 통하여 각각의 개인들에게 역사하신다. "이 모든 일은 같은 한 성령이 행하사 그의 뜻대로 각 사람에게 나누어 주시는 것"(고전 12:11)이다(그러나 이제 하나님이 그 원하시는 대로 지체를 각각 몸에 두셨다; 고전 12:18). 하나의 몸 안에서 개인적 지체들의 유기체적 협력 작용의 기적은 영에 의하여 일으켜진다.[6] 그러나 몸의 지체들의 공동의 빛남과 목표로 하는 활동성도 또한 영에 의하여 일으켜지는 것이다. 영과 몸의 이러한 협력 사역은 방언 안에서의 하나님과의 소위 '순수한 영적인' 접촉 추구에 대한 바울의 비판을 밑줄 치며 강조한다.

마지막으로 몸의 대단히 높은 중요성은 성만찬을 도입하는 바울의 특수한 내용(물질성) 안에서도 강조된다. 공동체를 표징적으로 양육하고 '건립하는' 나누어진 빵은 '그리스도의 몸'이다. 그 빵은 다름이 아니라 소모와 소멸로 규정된 '그리스도의 육체'라고 지칭된다. '잘라지고 나누어진 빵'은 양식만이 아니라 평화로운 식탁 공동체를 상징한다. 그 빵은 많은 사람을 각각의 참여를 통하여 표징적으로 양육하고, 상징적으로 결합하며, 그렇게 하여 예수 그리스도의 '몸'과 동일시된다. '영 안에서'만이 아니라, 오히려 육감적으로 그리고 '몸 안에서' 부활하신 그리스도는—창조된 물질인 빵과 포도주에 의하여 매개되면서—그분의 지체들

---

5) Zur Relevanz der Figur der Ausgießung des Geistes's. M. Welker, *Gottes Geist. Theologie des Heiligen Geistes*, Neukirchen: Neukirchener Verlag, 3. Aufl. 2005, 132ff, 214ff.

6) John Polkinghorne hat vorgeschlagen, die Personalität des Geistes in seiner Kontext-Sensitivität zu erkennen: J. Polkinghorne u. M. Welker, *An den lebendigen Gott glauben. Ein Gespräch*, Gütersloh: Gütersloher Verlagshaus, 2005, 103ff; ders., *The Hidden Spirit and the Cosmos*, in: M. Welker (ed.), *The Work of the Spirit. Pneumatology and Pentecostalism*, Grand Rapids and Cambridge: Eerdmans, 2006, 169ff.

안으로 들어오시며, 이 지체들은 그분의 부활절 이후의 실존을 지니는 남녀들로 건립된다.7) 몸의 지체들의 자율성과 협동 안에서 영과 몸 사이의 결코 쉽게 파악될 수 없는 협력 작용이 등장한다. 이 협력 작용은 봉사하면서 유기체의 자기 유지를 넘어서는 곳을 지시하며, 그렇게 하여 믿는 자들의 몸의 실존의 종말론적 규정에 대한 희망의 표징이 된다.

영이 많은 지체를 지닌 몸과 생명을 일으키는 협력 사역을 행하는 기적은 몸이 자신의 육체성 안에서도 소멸되지 않으며, 자신의 육체적 무력함과 유한성과 동일시될 수 없다는 사실에 대한 전조적 표징이다. 그러나 무엇보다도 '그리스도의 몸'의 자연적·유기체적 공동체의 기적적인 건립은 영의 권세를 가리키는데, 이 권세는 영에 의하여 각인된 몸을 가진 실존에게 그것의 '육체적' 유한성을 넘어서는 희망을 일깨우는 한 새로운 현실성을 창조한다.8) 바울은 이것을 빌립보서에서 그리스도께서 "우리의 낮은 몸을 자기 영광의 몸의 형체와 같이 변하게 하시리라" (빌 3:21)는 희망으로 표현한다. 다른 글에서 바울은 이러한 새창조의 능력이 창조자로부터, 그러나 무엇보다도 하나님의 영으로부터 시작된다고 본다(비교: 롬 5:5ff.; 8:21ff.; 고전 15:34ff.; 고후 3:18). 바울은 이러한 숙고들 안에서 종교적 소원의 상상들 및 환상들을 운반하고 있지 않다. 오히려 인간적 영과 다른 '정신적' 능력들의 내적 구조에 관한 통찰들이 바울의 종말론적 전망을 강하게 만들고 있다.

---

7) Vgl. M. Welker, *Was geht vor beim Abendmahl?*, Gütersloh: Gütersloher Verlag, 3. Aufl. 2006, 90ff.

8) Dazu J. Polkinghorne u. M. Welker (ed.s), *The End of the World and the Ends of God: Science and Theology on Eschatology*, Harrisburg: Trinity Press, 2000; H.-J. Eckstein u. M. Welker (ed.s), *Die Wirklichkeit der Auferstehung*, Neukirchen-Vluyn: Neukirchener Verlag, 3. Aufl. 2007, bes. 311ff.

III. 세속적 규모들로서의 영과 영혼

많은 종교적·비종교적 맥락 안에서 '영'이라는 말은 정신적·인지적 재능들 또는 활동들이라는 의미로 사용된다. 사소하지만 동시에 최고로 놀라운 능력들, 대상들, 인격들, 사건들 등을 기억하고 상상하는 것, 그 것들을 시공간적 거리에도 불구하고 결합시키는 것 등이 인간적 영에 귀속된다. 신학적이고 인간학적인 관점에서도 영의 부재자와의 공종과 접촉을 가능하게 한다. 우리의 기억과 상상을 넘어서서 우리는 '영 안에서' 시공간적 차이를 건너 다른 사람들과 접촉할 수 있다. 바울의 확신에 따르면 이러한 접촉은 확실한 공재와 상호작용의 단계에 이르기까지 상승될 수 있다. 바울 자신의 고유한 방문이나 가르침, 선포를 건너서, 하나님 앞에서의 간구에 의하여, 또한 서신들과 전달자의 보고를 매개로 하여, 바울은 '영 안에서' 공동체 안에 현재하고자 한다. 이 현재는 다만 그의 고유한 상상의 한 요소에 불과한 것이 아니다. 고린도전서 5장에서 바울은 그러한 영적인 교류와 접촉의 과정을 서술한다: "내가 실로 몸으로는 떠나 있으나, 영으로는 함께 있어서 거기 있는 것 같이 이런 일 행한 자를 이미 판단하였노라: 주 예수의 이름으로 너희가 내 영과 함께 모여서 우리 주 예수의 능력으로 …"(고전 5:3f.). 여기서 "이름" 및 "주님의 능력"이, 그리고 물론 또한 이 구절에서는 명시적으로 언급되지 않는 하나님의 영이 공동체의 결속에 중요한 역할을 담당한다. 이것은 대단히 일반적인, 그래서 육체적 현재와 함께 혹은 그러한 현재 없이 발생한다. 그러나 우리가 바울과 고린도인들 사이의 영적 교류 과정을 뒤따르고자 할 때, 그것을 반드시 성령과 관계지어야 하는 것은 아니다.

이해하기 더욱 어려운 것은 바울적인 몸(corus paulinum) 안에서 겨우

11번만 만나는 '혼'(psyche)의 개념인데, 이것은 때로는 '영혼'으로, 때로는 '생명'으로, 혹은 '인간'으로 번역된다. 이 개념은 구약의 '네페쉬'(näfäsch) 개념의 번역인데. 네페쉬는 목, 목구멍, 욕망, 영혼, 생명, 인격 등으로 그리고 대명사로도 번역될 수 있다.[9] 특징적이게도 고린도전서 2:14절에 따르면 '육에 속한(psyche) 사람'은 "성령의 일들을 받지 않는다."[10] '육에 속한'이라는 표현은 개인적인 이 세상적 삶, 즉 이 세상적 · 정신적 개체성을 뜻하는데, 이것은 하나님에 의하여 창조되었지만, 그러나 (아직은) 하나님의 영에 의하여 채워지지 않았다. '첫 아담'은 바울에 의하면 '살아 있는 혼'(psyche) 즉 소멸적 본질이며, 반면에 '마지막 아담'인 예수 그리스도는 '살리는(살아 있게 만드는) 영'이시다(비교. 고전 15:45). 바울은 데살로니가인들에게 선포만이 아니라, 자신의 몸과 정신인 '혼'(psyche)을 주려고 한다. 왜냐하면 바울은 그들을 기뻐했기 때문이다(살전 2:9). 바울은 고린도인들에게 하나님 앞에서, 또 바울 자신의 '목숨을 걸고'(혼Psyche 앞에서) 맹세하며, 그들의 생명(혼들, Psyche)을 아끼려고 하는데(고후 1:23; 12:15), 그 표현은 오해의 소지를 없애려고 양쪽 모두의 경우에 '생명'이라고 번역되어야 했다(빌 2:30; 롬 2:9; 11:3도 마찬가지이다).

우리는 오늘날 즐겨 사용되는 소위 '통전적인'(ganzheitlich)이라는 표현을 대단히 주저하면서 '혼'에 연결시켜야 한다. 그렇지 않으면 인간적 생명의 영적 · 신학적 차원들의 혼동을 피할 수 없게 된다. 로마서 13:1절에 따르면 "각 사람(의 혼)은 하나님으로부터 나온 위에 있는 권세들에

---

9) Hans Walter Wolff, *Anthropologie des Alten Testaments*, München, Kaiser, 5. Aufl. 1990, 25ff.

10) Schnelle, *Paulus*, 615.

게 복종"해야 한다. 그러나 바울이 "마음을 다하여 그리고 영의 모든 능력들로써" 국가에 복종해야 한다고 말했을 리는 없다. 오늘날 유럽-미국적 맥락들 안에서 기대되는 의미연관성에 대하여 '혼'은 '영혼, 인격, 생활' 등의 의미로써 대단히 명백하게도 세속적으로 파악되고 있다. 다른 한편으로 오성과 이성(nous)은 철두철미 기도와 송영과 결합된다(고전 14, 위를 보라). 몸의 육체적 지체를 지배하는 '죄의 법'은 로마서에서 상세하게도 영에 의하여 규정되는 '내 마음(이성, Vernunft)의 법'과 대립한다(롬 7:23ff.). 바울은 '하나님의 마음(nous)'을 말하기도 하며(롬 11:34), 하나님의 뜻의 인식을 향하여 갱신될 수 있는 인간의 마음(nous)도 말한다(롬 12:2). 그러므로 바울은 이해를 존중하는 이성이 종교성과 양립할 수 있다고 본다. 물론 그는 하나님께서 인간을 '상실한 마음(nous)'에 버려두실 수도 있다는 가능성을 염두에 둔다. 그러므로 기도와 송영, 하나님의 뜻의 분별 등이 합리적 일관성을 포기해야 한다는 것은 있을 수 없으며, 합리적 일관성이 이들을 잘못된 길로 인도할 것이라는 두려움도 잘못된 것이다.

IV. 인간론의 새 주제 영역으로서의 마음과 양심

'혼'이 비록 바울에 따르면 한 인간의 이 세상적인 몸-정신의 단일체를 암호처럼 표현하지만, 그것은 구원론적 규모는 아니다. 여기서 바울은 "영혼" 그 자체는 불멸이 아니며, 다른 종말론적 특권들이 귀속되지 않는다는 광범위한 성서적 동의들(예외 토비트 3:17; 4:3) 안에 서 있다. 하나님의 영이 '혼' 안으로 직접 작용하여 들어오지 않는다. 오히려 마음

(kardia)을 통하여, 인간적 몸 안에서, 영은 또한 간접적으로 혼과 접촉한다. 마음은 바울의 인간론 안에서 특출하게 중요한 한 규모이다. 구약성서 안에서 이미('leb' 내지 'lebab'이 861번 사용됨) 마음은 "식물적 성장의, 정서적인, 인식의, 및 자발적인 기능들"[11]을 결합시킨다. '혼'이 인간의 이 세상적인 몸-마음의 단일체를 기호화한다면, 마음은 의사결정을 내릴 수 있는 정서적·자발적 깊이를 표현한다. 마음을 건너서 하나님의 영은 인간의 몸 그리고 정신적 능력들에 도달한다(고후 1:22; 3:3; 갈 4:6; 롬 3:29; 5:5). 더 나아가 하나님 자신이 인간의 마음속에 빛을 비추신다(고후 4:6). 하나님의 말씀이 마음속에 믿음을 일깨운다(롬 10: 8ff.).

영과 마찬가지로 마음도 부재자들에게 안부를 전하고, 그들에게 상상적으로, 더 나아가 갈망하면서 현재할 수 있다: "형제들아, 우리가 잠시 너희를 떠난 것은 얼굴이요, 마음은 아니니, 너희 얼굴 보기를 열정으로 더욱 힘썼노라"(살전 2:17). 마음은 부재자들의 인간적 내면에 "공간을 수여"한다(고후 3:2; 6:11; 롬 7:2f.). 물론 마음은 그렇게 하는 중에 몸에 그리고 인간의 "내면"에 결합되며, 그래서 우리는 다음과 같이 말할 수는 없다: 내 마음이 너희 곁에 현재한다! 오히려 마음은 은폐된 의향들과 생각들의 장소이고, 오직 영의 도움으로 열릴 수 있으며(고전 14:25), 그 중에서도 특별히 종말의 심판 안에서 하나님의 영을 통하여 비로소 열리게 된다(고전 4:5; 롬 8:27). 마음은 정서적·도덕적 에너지들을 묶으며, 그것에 특수한 '견고함'을 부여하고 신뢰와 방향지향성을 수용한다(살전 3:13; 고전 7:37; 살후 2:17; 3:5); 마음은 열정의, 확고한 결의의, 영적 순

---

11) Diese Funktionen und ihre Interdependenzen erläutert eindrücklich Bernd Janowski, Konfliktgespräche mit Gott. Eine Anthropologie der Psalmen, Neukirchen: Neukirchener Verlag, 2. Aufl. 2006, 166-170.

종의 장소이다(롬 6:17; 8:16; 9:7). 그러나 마음은 인간적 능력으로서 또한 어리석으며, 더 나아가 욕망과 함께 육체에 굴복하고, 돌이키기를 싫어하며, "허망함"으로 유혹을 당하기도 한다(롬 1:21; 1:24; 2:5; 16:18).

모든 가능한 확고함과 에너지 안에서도 마음은 이 세상적인 몸에 결합된 기관으로서 유한성의 우울함에 의하여 시험을 당한다: "우리 곧 성령의 처음 익은 열매를 받은 우리까지도 속으로(마음으로) 탄식하여, 양자 될 것(하나님의 자녀들로 계시될 것), 곧 우리 몸의 속량을 기다리느니라. … 이와 같이 성령도 우리의 연약함을 도우시나니 우리는 마땅히 기도할 바를 알지 못하나 오직 성령이 말할 수 없는 탄식으로 우리를 위하여 친히 간구하시느니라. 마음을 살피시는 이가 성령의 생각을 아시나니, 이는 성령이 하나님의 뜻대로 성도를 위하여 간구하심이니라"(롬 8: 23; 26f.).

하나님 인식과 진리 인식을 열어 주는 영의 능력은 또한 인간의 양심(syneidesis) 안에서 현시된다. 여기서 중요한 것은 단순한 인격적 자기 관계 안에 자리를 잡는 의사결정기관(Instanz)이 아니다. 오히려 양심은 바울에 따르면 자기판단의 역동적이고 불안정하며 민감한 '공개토론장'(Forum)이며,[12] 이웃 인간을 바라보면서 지속적으로 못마땅해 하고 의문을 제기하는 규범의식인데, 그 의식 안에서 "그 생각들이 서로 혹은 고발하며 혹은 변명한다"(롬 2:15). 하나님의 영에 의하여 사로잡혀 충만해진 인간들은 다양한 판단 능력 및 행위 능력을 발전시키는데, 이들은 한편으로 섬세한 감정이입 능력 및 자신의 고유한 확고한 확신을 통하여 "(모든 다른) 각 사람의 양심에 대하여 스스로 추천"한다(고후 4:2). 그

---

12) Und nur indirekt eine 'Instanz', vgl. Schnelle, *Paulus*, 606-609; Hans-Joachim Eckstein, *Syneidesis bei Paulus*, WUNT 2.10, Tübingen, 1983, 242f.

들은 다른 한편으로 믿음의 자유를 그리고 전통이 결정한 자신들의 규범의식을 '연약한 양심' 때문에 매개할 수 없는(비교, 롬 14장) 이웃 인간들에 대하여 대단히 전략적인 교제를 취하도록 요청받는다(롬 13장). 개인의 양심 안에서 많은 지체의 복잡성과 영적 응집성 사이의 인지적이고 규범적 매개 과정이 집중화되는데, 그 과정은 바울이 몸과 영의 관계로 바라보았던 것이다. 심리학 및 철학과의 대화 안에서는 물론, 사회인류학과의 접촉 안에서도, 바울이 마음(cardia)과 양심(syneidesis)의 진술로 지칭했던 현상-관계성들은 오늘의 연구 맥락 안에서 확인되어야만 한다.

V. 인간의 영과 하나님의 영: 종교적 현실주의

나는 오늘 바울 신학의 광범위한 추상화 아래서 그의 인간론에 집중하였다. 나의 관심사는 다음 사실을 제시하는 것이었다: 바울은 인간에 대한 그리고 인간적 몸과 정신적 능력에 대한 다차원적인 이론을 전개하였으며, 이 이론은 일원론적, 이원적 및 이원론적 환원주의들 그리고 왜곡들과는 대립된다. 바울의 인간론은 조명하는 그리고 도발적으로 복잡한 현상 인식들을 가득 제공한다.

바울의 인간론은 '이기적 유전자'라는 형식들 안에서의 순수한 생물학적 실존의 공격적 확증들의 지평 위에서, 마찬가지로 또한 몸의 다채로운 기능적 실존의 지평 위에서, 도발적이며 대화를 요청한다. 바울의 인간론은 심신통일체적 현상-관계성을 열어 주는 사고의 자극들을 제공한다. 이 자극들은 마음에 관한 진술들로 기호화되며, 양심의 심리적

· 사회적 구조를 토론하며, 왜 그의 주장대로 오성/이성이 종교적으로 양립할 수 있는 능력들일 뿐만 아니라, 경건과 종교성을 촉진시키는 생산력으로 생각되어야 하는가를 숙고하도록 만든다. 바울의 인간론은 소위 영적인 신―직접성의 차가운 판단 안에서, 마찬가지로 또한 영혼과 영을 세속적 규모들로써 인지하는 것 안에서도, 놀라움을 준다.

　　이러한 사고의 신학적 차원들 안으로 상승하기 위해서는 사람들 사이에서의 '영 안에서'의 상호작용들(이것은 물론 직간접적으로 개별 인간에게 되돌아와 강하게 작용한다)이 열어 보여야 한다. 인간에 의하여 생성되고 하나님에 의하여 수여되는 영적 능력들에 의하여 그 상호작용들이 위험해지거나 혹은 강화되는 것이 눈앞에 파악되어야 한다. 영들의 분별(고전 12:10)이 중요한 기능을 갖게 되며, 그 안에서 하나님의 영은 살리고 자유롭게 하며 고양시키는 능력으로 인식되고 평가되어야 한다. 그때 우리는 필연적으로 그리스도론의 거대한 영역 안으로 들어가게 된다. 그곳에서 하나님의 영은 그리스도의 영으로서 인간들에게 가까이 다가오고, 인간들에게 분명해지며, 그들을 둘러싸고, 그들 안으로 침투한다. 사랑의 행동, 죄의 용서, 상호간의 수용 안에서 그들은 그분의 영에 의하여 둘러싸이고 침투당한다. 그분은 식탁 공동체와 치유를 통하여, 진리와 정의, 긍휼을 향한 선포와 가르침을 통하여 사람들 사이에서 활동하는 분이시다. 그들은 또한 그분의 영에 참여한다. 그분은 다가오는 하나님 나라의 선포를 통하여 로마의 지배적 세상 권세에 대한 비폭력 저항의 능력들, 그리고 이스라엘의 종교적 전통들 및 기관들을 변화시키는 능력들을 그들 안과 그들 사이에서 작용하도록 하는 분이시다. 이것은 내가 오늘 여러분의 주목과 학문적 관심을 이끌려고 시도했던 바울의 인간론(이것도 이미 큰 영역이기는 하지만)보다 훨씬 더 넓은 영역이다.

제2부

미래의 신학

자연과학과 대화하는 신학

번역: 전 철(한신대학교 교수)

신학과 자연과학의 대화를 향한 노력은 오늘날 여전히 의미 있는가? 아니면 양측의 학제간 지식 영역은 서로 너무도 떨어져서, 각각의 학제 영역과 인식의 형식은 상호관계를 더 이상 허락하지 않는가? 종교와 신학에 대하여 무신론적이며 불가지론적인 견해로 비판하는 옥스퍼드 대학의 진화 생물학자인 리처드 도킨스(Richard Dawkins)는 그의 베스트셀러인 『만들어진 신』(*The God Delusion*)[1]에서 오늘날 그러한 대화의 관심들은 다만 종교와 신학이 학문적으로 해명될 수 없다는 점을 은폐할 뿐이라고 강조한다. 즉 신학자가 자연과학자들에게 상호 학문적 대화

---

[1] Richard Dawkins, *The God Delusion*, Bantam Press: London, 2006; deutsch, Berlin: Ullstein, 10. Aufl. 2007.

파트너로 적절하지 않은 것은, 신학자가 정원사에게 그러한 것과 마찬가지로 적절하지 않다는 점이다.[2]

이 주장은 다양한 차원에서 날카롭게 반박되었다. 옥스퍼드 대학의 분자 생물학자이자 신학자인 앨리스터 맥그래스(Alister McGrath)는『도킨스의 망상』(*The Dawkins Delusion*)[3]이라는 본인의 저서에서 다음과 같이 분명하게 말하였다: 도킨스의 관점에는 신적인 것을 부정하는 무신론적이며 자연주의적인 근본주의가 놓여 있다. 진리 추구의 질문에 있어서 오직 자연과학적 사고만이 홀로 권리를 갖는다는 그의 믿음은 모든 자기 비판적 사고를 배제하는데, 이러한 믿음은 바로 그가 철두철미 위험하다고 강조하면서 배제하고 공격하는 종교적 근본주의자들의 믿음과 유사하다는 것이다. 왜 도킨스는 서로 낯설게 멀어진 학문 영역 간의 대화에 모호함의 후광 안에서 대중적으로 관여하려고 애쓰는가?

아무튼 다수의 명문대학에는 오늘날 말하자면 '신학과 자연과학' (Theologie und Naturwissenschaft)을 위한 교수 자리가 있다. 영국의 옥스퍼드, 케임브리지, 체스터 그리고 미국의 버클리, 프린스턴, 시카고 또한 하버드 대학이 그러하다.『신학과 과학 인물 사전: 신학과 자연과학의 상호관련성에 관심을 갖는 국제적인 개인 및 연구기관에 관한 전기적·문헌적 가이드』[4]라는 책은 이미 1996년에 2판이 출간되었으며 450쪽에 걸쳐 이 영역에 연구와 저술로서 기여한 사람들을 언급한다.

---

[2] 참고. Dawkins, *Gotteswahn*, 81.

[3] Alister McGrath, *The Dawkins Delusion: Atheistic Fundamentalism and the Denial of the Divine*, London: SPCK, 2007.

[4] John Templeton Foundation, *Who's Who in Theolgy and Science: An International Biographical and Bibliographical Guide to Individuals and Organizations Interested in the Interaction of Theology and Science*, New York: Continuum, 1996.

100쪽은 이 분과에 활발한 관심을 가진 인물들이 목록으로 제시된다. 다른 150쪽에서는 이 대화를 장려하는 전 세계의 기관과 연구센터가 제시된다. 예를 들어 영국의 목회자자연과학자학회,5) 유럽의 자연과학과 신학연구학회,6) 미국의 수리과학자기독교인연합회7) 등이 소개된다.

이 주제를 다루는 중심 연구센터 가운데 나는 여기에서 두 곳만 언급하고자 한다. 하나는 하이델베르크 대학의 FEST(개신교 학생회의 연구소; Forschungsstätte der Evangelischen Studiengemeinschaft)이다. 이 연구소는 2008년에 설립 50주년을 맞이하였으며, 양자의 대화에 배타적이지 않은 관점을 가지고 신학과 자연과학의 대화에 결정적인 공헌을 하였다. 이미 1987년에 이 모임의 회원인 생물학자 위르겐 휘브너는 500쪽에 달하는『신학과 자연과학의 대화』8)라는 전기적 보고서를 출간하였다. 만일 오늘날 우리가 이 작업에 대응할 만한 자료에 관심을 갖는다면, 우리는 아마도 이 방대한 주제에 관련하여 열 권의 책은 출간해야 할 것이다.

우리가 바티칸 천문관측소(Specola Vaticana; 이곳은 오늘날에는 교황의 여름철 거주지인 카스텔간돌포, 그리고 애리조나의 투산 대학 스튜어드 천문대에 있다)의 역사를 개관하려면, 50년이 아니라 거의 500년 전으로 거슬러 올라가야 한다. 이미 16세기인 교황 그레고리 13세(1502-1585) 시기에 바티칸의 천문관측소는 건축되었으며, 당대 최고의 관측기구들이 설치되었다. 교황 레오 13세 시기인 1891년 그 첨성대는 새롭게 증축되었

---

5) Society of Ordained Scientists.
6) European Society for the Study of Science and Theology.
7) Association of Christians in the Mathematical Sciences.
8) Jürgen Hübner (hg), *Der Dialog zwischen Theologie und Naturwissenschaft. Ein bibliographischer Bericht*, München: Kaiser, 1987.

다. 교황 요한네스 바울 2세는 20세기 말 1980년대부터 자신의 여름철 거주지에서 신학과 철학, 자연과학의 영역에서 학제간 연구 및 교회 일치를 연구하는 연구 그룹의 정기적인 모임을 초대하였다. 그는 특수한 주제 영역들에 대한 공동 연구의 성과들을 상세하게 배웠다. 1988년에 그는『물리학, 철학, 신학: 이해를 향한 공동의 추구』[9]라는 책의 상세한 서문에 서명하였다.

"신적 행위(Divine Action)에 관한 자연과학적 전망"이라는 일련의 제목으로 1993년부터 2001년까지 이러한 공동 연구의 성과물들이 5권의 책으로 출간되었다. 그 제목은 다음과 같다: 1)『양자 우주론과 자연법칙』, 2)『카오스와 복잡성』, 3)『진화생물학과 분자생물학』, 4)『신경과학과 인격』, 5)『양자역학』.[10]

학제간의 이러한 강력한 공동 작업을 대면할 때, 리처드 도킨스의 주장과 같은 날카로운 목소리는 아무 문제없이 사라질 수 있지 않겠는가? 그리고 신학과 과학과의 논의에 관하여 처음에 언급된 염려들은 그저 자연스럽게 소멸하지 않겠는가?

하지만 우선 신학과 과학의 양 연구 분야에 선 학자들 중 어느 누구도 모든 분야에서 탁월하게 활동할 수가 없다는 현실적인 문제를 우리는 발견한다. 어느 학자도 과학과 신학 양쪽 영역에서 큰 결실을 맺는 연구를 수행할 만큼 우리에게 주어진 인생의 시간은 넉넉하지 않다. 사람의 두뇌가 명백하게 수학적·자연과학적으로, 동시에 또한 주석적·역사적

9) Robert J. Russell, *Physics, Philosophy, and Theology: A Common Quest for Understanding*, Vatican City: Vatican Observatory, 1988.

10) 1) *Quantum Cosmology and the Laws of Nature*, 2) *Chaos and Complexity*, 3) *Evolutionary and Molecular Biology*, 4) *Neuroscience and the Person*, 5) *Quantum Mechanics*.

· 조직신학적으로도 동시에 잘 계발될 수 있을 만큼 충분한 능력을 갖추고 있지 않을 것 같다. 물론 신학과 과학의 대화 옹호자들은 코페르니쿠스, 케플러, 갈릴레이, 데카르트, 뉴턴 등과 같은 역사의 위대한 자연과학자들도 신학적 관심을 가졌으며, 신학에 종사했다고 즐겨 말한다. 그러나 우리는 종교적으로 강조된 철학의 계보에 서 있는 데카르트를 제외하고는 이러한 고전적 학자들의 신학적 사고를 신학교과 안에서 언급하고 수용하였던가? 그리고 지난 세기의 어떤 위대한 신학자가 실질적으로 자연과학의 근본적인 연구 성과들을 언급해 왔던가?

신학과 과학 양 분야의 연구 전선에서 최소한 모두 그 성과를 인정받으면서 연구하였다고 우리가 말할 수 있는 인물은 대단히 적은 소수이다.『신학과 과학 인물 사전』안에서 언급된 남녀 학자들은 거의 모두가 양쪽 중 한쪽 분야에서만 연구했으며, 다른 쪽에서는 다만 다소간에 인상적인 대화 및 질문의 능력만 획득했을 뿐이었다. 이 대화에 대한 오늘날 확장되는 세계적 관심에 직면하여 이는 감출 수 없는 사실이다. 이 사실은 다음의 질문으로 우리를 인도한다: 신학과 과학의 대화는 실질적으로 무엇에 기여하는가? 혹은 겸손하게 질문한다면 신학은 자연과학과의 대화에 무엇을 기여할 수 있는가?[11] 다음에서 나는 이 질문에 대한 네 가지의 답을 제공할 것이다.

---

11) 이에 대하여 Michael Welker, *The Theology and Science Dialogue: What Can Theology Contribute?*, Neukirchener Verlag: Neukirchen-Vluyn 2012; Michael Welker, "Science and Theology: Their Relation at the Beginning of the Third Millennium," Clayton & Simpson (Hg.), *The Oxford Handbook of Religion and Science*, Oxford: Oxford University Press, 2006, 551-561.

1. 대화는 고유한 연구의 대상을 적합하게 제시해야 하며 상대편의 편견을 수정해야 한다: 예를 들어 신학의 경우, "창조"

'창조'에 대한 신학적 전망에 있어서 오늘날 우리의 상식은 창조자 하나님이 "모든 것을 규정하는 현실성", "존재의 근거" 등과 같은 대단히 소박한 신론적 사고를 오늘날에도 떠올린다. "창조"는 바로 그 하나님에 의하여 생성되었으며 지속적으로 하나님에게 의존하는 어떤 막연하게 파악된 총체성 안에 있는 자연과 역사, 혹은 이 두 흐름의 규모이다. 이러한 대단히 소박한 사고는 흔히 다음의 질문과 고민으로 연결된다: "모든 인격의 선함이어야 할 전능하신 하나님이 어떻게 이 세상에 그렇게 많은 악을 허락할 수 있는가?" 전능하신 하나님은 진화론의 인식들과 어떻게 조화될 수 있는가? 이러한 소박한 사고 안에서 마침내 성서의 시작에 놓여 있는 P 문서의 창조 기사에 나타난 소위 7일간의 사역은 종교적·신학적 사고가 우주론적으로 전개되는 대표적 본보기로 간주되어버린다. 하루 24시간 동안의 창조 사건이 6일의 과정을 거쳐 최종적으로 세계가 창조되었다고 말한다면 우리는 이에 대해서 비웃지 않을 수 없을 것이다.

조야한 신학은 바로 이 논의에서 후퇴하려 하였다. 성서적 창조론은 자연 세계가 아니라, 하나님과의 실존적 관계를 말하려 한다. 이것으로 사람들은 자연과학과의 대화를 거부하고 면역력을 가지려 하였지만, 아쉽게도 창조가 무엇인지에 대한 성서의 섬세한 상은 왜곡되었다. P 문서의 창조 기사는 소박한 차원의 논의가 결코 아니다. 그것은 바벨론 포로기(기원전 586-538)에 생성되었으며, 상당히 오래된 고대 근동의 창조 신화들을 각색하였다. 이 성서적 창조 기사 안에 대단히 미묘한 뉘앙스의 현실 인지가 놓여 있다는 사실은, 우리가 겉으로 드러나는 본문의 불합리성을 정확하게 눈으로 확인할 때, 비로소 분명해질 수 있다. 이러한 불합리성은 창세기 1장 3-5절과 창세기 1장 14절 이하 사이의 긴장에 놓여 있는 것처럼 보이며 이는 다음과 같다: "하나님이 이르시되 빛이 있으라 하시니 빛이 있었고, 빛이 하나님이 보시기에 좋았더라. 하나님이 빛과 어둠을 나누사 하나님이 빛을 낮이라 부르시고 어둠을 밤이라 부르시니라. 저녁이 되고 아침이 되니 이는 첫째 날이니라." 다른 한편으로 창세기 1장 14-19절에서 낮과 밤을 구분해야 하는 천체들의 창조가 주제가 된다. 어떻게 하나님은 천체들과의 관계가 없이 빛을 창조할 수 있었는가? 왜 낮과 밤의 구분은 두 번 진행되는가? 그 구분은 하나님에 의하여 직접 실행되는가, 아니면 천체들이 낮과 밤을 구분해야 하는가? 나이브하며 생각을 선명하게 전달하지 못한다고 추측되는 본문에 대한 이러한 질문들은 여기에 진행되는 섬세한 현실관을 인지하지 못한다.

P 문서의 창조 기사는 두 개의 시간 체계 안에서 사고한다. 이 기사는 한편으로는 하나님의 날들을 시야로 취하고 있으며, 다른 한편으로는 천체들을 통하여 리듬이 발현된 이 세상의 시간을 본다. P 문서의 창조 기사가 우리의 우주론적 지식이 될 수 없다는 것은 당연하다. 130억 년은 성서의 저자들에게는 아직 사유될 수 없었다. 우리 또한 이러한 시간 규모를 겨우 20세기 후반에서야 비로소 다룰 수 있었다. 성서의 본문들이 하나님의 시간과 하늘 아래의 시간을 분명히 유비로 보며, 그럼에도 불구하고 이 둘을 구분한다는 사실은 예를 들어 시편 90편 4절과 같은 진술들 안에서 명백하게 드러난다: "주의 목전에는 천 년이 지나간 어제 같으며, 밤의 한 순간 같을 뿐임이니이다."

하나님의 날들은 말하자면 거대한 시간의 통일성이며 이 통일성 안에서 현실성 및 삶의 과정들의 분화된 맥락이 창조된다. 이 현실성들과 과정들은 오늘날 우주론적, 생물학적, 문화적, 종교적 과정들 안에서 각각 드러난다. 하나님의 창조 사역이 이러한 대단히 다양한 작용과 삶의 영역들 간의 복잡한 결합 안에서 나타난 우주적, 생물학적, 문화적 그리고 종교적인 삶의 영역들은—엄격한 의미에서는—서로에 대한 규정과 상호간의 내적 제한 안에서 비로소 창조를 향하여 나아간다.12)

　두 번째 당혹스러움은 P 문서의 창조 기사의 섬세함을 계속 질문하도록 한다. 한편으로 하나님은 나누시고, 생성하시고, 만드시고, 규정하신다. 다른 한편으로 피조물에게, 흔히 동일한 동사가 사용되면서, 나누고, 통치하고, 생성시키고, 전개하고, 스스로를 재생산하는 활동을 부여하신다. 피조물의 구별되는 고유한 행위가 피조물의 고유한 행위에 머물지 않으면서 하나님의 창조와 반복적으로 병렬된다. 따라서 P 문서의 창조 기사에 의하면 창조와 진화는 그러므로 양자택일의 문제가 되지 않는다. 그러나 "우리가 어떻게 하나님과 피조물을 구분할 수 있는가?"라는 질문이 바로 세 번째 당혹스러운 질문이다.

　이 질문은 우리가 하나님과 세계 및 하나님과 피조물을 일대일 대응 모델로 사고할 때 촉발된다. 이러한 사고방식은 유감스럽게도 통속적인 종교적 사유의 특징이기도 하다. 이에 반하여 성서적 사고는 여기에서 일대다(*Eins-zu-viele*)의 관계성을 바라본다. 왜냐하면 실로 다층적인 방식으로서 다양한 피조물들은 하나님의 창조성에 참여하기 때문이다. 하늘은 나누고, 천체들을 통치하고, 땅은 산출하고, 인간은 소위 통치의 사명을 수여받는다. 하나님은 이러한 상이한 종류의 차원과 과정을 오케스트라처럼 종합적으로 지휘한다. 만약 우리가 이러한 모델을 분명하

---

12) 이에 대하여 Michael Welker, *Schöpfung und Wirklichkeit*, Neukirchener: Neu-
kirchen-Vluyn, 1995.

게 의식한다면, 왜 성서적 사고가 하나님의 창조 및 하나님의 통치를 함께 묶어서 보는지가 명확해진다. 다양한 삶의 영역과 피조물의 사역의 영역의 오케스트라와 같은 상호작용이 창조의 신적 사역에 귀속된다.

네 번째 당혹성은 P 문서가 지니고 있는 세계 질서의 사유에 대한 하나의 심화된 인식으로 우리를 인도하며 이는 다음과 같은 질문으로 담아낼 수 있다: 만일 피조물이 하나님의 창조성에 참여한다면, 창조가 위태로워지며, 더 나아가 아마도 하나님의 창조성이 스스로를 위협하는 것이 아닐까? 만일 창조의 자기 위협이 허용된다면, 창조가 "선하다"는 점이 어떻게 말해질 수 있겠으며, 더 나아가 창세기 1장 31절이 어떻게 표현될 수 있겠는가?: "하나님이 지으신 그 모든 것을 보시니 보시기에 심히 좋았더라."

이러한 널리 퍼져 있는 질문은 일반적으로 앞에서 말하였던 신정론의 질문과 연결되어 있다: "창조 안의 고난과 죽음은 하나님의 선하심 및 권능과 어떻게 조화를 이룰 수 있는가?" 이 질문에 대한 성서적 인식의 빛은 대단히 선명하며 우리에게 새로운 눈을 뜨게 하는 답을 준다. 창조는 신적 영광 안에 있는 삶을 제공하지 않는다. 피조물들은 신적인 본질이 아니다. 피조물은 천상의 낙원 안에서 살고 있지 않다. 고대 근동의 다른 창조 이야기들과는 정반대로 성서적 창조 기사는 다름이 아니라 하늘과 천체들 그리고 심연에 있는 괴물의 권세를 세속화시킨다. 하늘은 더 이상 어떤 신적인 광대함이 아니라 오히려 하나의 피조물이다. 물론 하늘과 천체는 자연적 규모로서만이 아니라 문화를 규정하는 힘으로서 강력하다. 천체는 시간들을 정하며, 축제의 날을 확정한다. 그러나 하늘과 천체는 다른 많은 종교들 안에서 행하여지는 것처럼 신들로 숭배되지는 않는다. 또한 탄니님이라는 바다의 거대한 괴물도 여기서 자

연화되고 세속화된다: 루터는 탄니님을 "큰 고래"라고 번역하였다.

이처럼 하나님으로부터 구별되는 창조가 대단히 큰 갈등을 함축하고 있다는 점은 인간에게 주어진 소위 통치의 사명 안에서 특별히 제시된다. 인간에게 주어지는 과제는 "그것들을 지배하라" 그리고 "통치하라"이며, 이는 정복자 및 노예를 소유한 자의 말로 다가온다. 이 과제는 인간과 동물들에게 양식을 획득하는 하나의 공통된 영역이 주어져 있다는 문제에 대하여 대답한다. 예측될 수 있는 이익의 갈등은 통치의 사명으로써 명백하게 인간에게 유리하게 규정된다. 허나 그것으로 동료 피조물들에 대한 어떤 제어가 불가능한 잔혹함이 말해지지 않았다는 점은 잘 알려진 것 같이 인간을 하나님의 형상(Imago Dei)으로 규정하는 것 안에서 명확해진다. 이 규정은 고대 근동의 왕 관념에서 유래되었으며, 통치자가 정의를 행사하고 약자를 보호할 것이라는 기대와 결부되어 있다. 따라서 P 문서의 창조 기사는 인간의 통치의 지위에 대한 섬세한 윤리를 펼치고 있다. 한편으로 땅 위에서 인간의 번성과 확장이 긍정되고 동물에 대한 인간의 특권이 확보되지만, 다른 한편으로 남자와 여자로서의 인간은 하나님의 형상을 반영해야 한다는 것이다. 즉 인간은 하나님의 형상으로서 통치하면서 정의를 행하고 약자를 돌보아야 한다는 것이다. 이는 인간 사이의 관계에서만이 아니라, 모든 창조 안에서도 그래야 한다는 것이다.

이러한 긴장 속에서 우리는 창조 기사가 우리 생명이 다른 생명의 희생으로 살아가고 있다는 바로 그 하나의 세계를 매우 실질적으로 파악하고 있음을 인식할 수 있다. 그 세계는 명시적으로 "선하다"고, 그리고 삶을 촉진시키는 것이라고 지칭된다. 하지만 그 세계가 낙원은 결코 아니다. 그 세계는 오히려 안식일, 즉 두 번째 칠일 사역과 결합된다. 즉 성전 건축(출 24ff.)과 결합되며, 또한 하나님께서 인간과 종교적·문화적으로 교류하는 것과 결합된다. 유감스럽게도 인간은 하나님의 형상으로서 그 자신이 지닌 영광에 상응하지 못하며, 심화된 자기이해 및 세계질서 이해에 도움이 되는 하나님과의 대화의 방향으로도 나아가지 못한다. 성서 창세기는 이미 대규모의 자기 위협, 미혹, 자기 파괴의 잠재력을 눈앞에서 대면하고 있다. 이는 창조 기사에 따라오는 이른바 "원 역사"(Urgeschichte)의 이야기 안에서 발전된다. 그러므로 만약 우리가 신학적으로 창조를 말한다면, 건져내고 구원하며 고양시키는 하나님의 사역에 창조가 지속적으로 의존한다는 사실이 자연주의적으로 약해지도록 방치하면 안 된다.

2. 대화는 외부 인지에서의 오류와 부정합성을 수정해야 한다: 스티븐 호킹의 경우

케임브리지의 물리학자이자 수학자인 스티븐 호킹(Stephen William Hawking)은 1988년에 우주의 근원적인 힘을 찾는 『시간의 역사』[13]를 출간하였다. 이 책은 영화로도 제작되면서 전 세계의 베스트셀러가 되었다. 이 책의 유명세에 어울리게 흔히 인용되는 책의 결론은 칼 세이건(Carl Sagan)의 서문이다. 칼 세이건은 천문학자였고 외계의 지성적 존재의 발견에 관심을 가졌으며, 자연과학을 매스컴을 통하여 대중화하는 데 크게 성공하였다. 세이건은 다음과 같이 말한다: "'시간'의 역사는 또한 신에 관한 책이다. (⋯) 아니면 신의 부재에 관한 책이다. 신의 말씀이 이 책의 페이지 도처에 현존한다. 호킹은 신이 우주를 창조하기 위하

---

13) Stephen William Hawking, *A Brief History of Time. From the Big Bang to Black Holes*, New York: Bantam Books, 1988.

여 어떤 선택을 하였는가라는 아인슈타인의 유명한 질문을 제기한다. 호킹은 그가 분명하게 확신하는 것처럼 '신의 계획'을 이해하려고 시도한다. 그리고 이 시도의—최소한 잠정적인—결과는 더욱 놀랍다: 공간에서 어떤 경계도 갖지 않는 우주는 시간적으로도 시작과 끝도 갖지 않으며, 그래서 창조자가 해야 할 과제는 아무것도 없다."

이 책을 잘 읽은 독자는 호킹의 고유한 견해가 본질적으로 복합적이라는 점을 분명히 확인했을 것이다. 호킹은 "하나님과 우주"라는 주제에 관하여 최소한 다음 세 가지의 이론적 접근 방법을 시도한다.

1) 빅뱅 모델: "팽창하는 우주 모델은 창조자를 배제하지 않으며, 그 창조자가 자신의 사역을 수행하였을 수 있는 시간의 한 시점을 제한한다." 언론의 주목을 이끌며 호킹은 위와 같은 견해를 교황 요한네스 파울 II세에게 헌정하였으며, 교황은 1980년대 초에 바티칸의 회의에서 호킹과 다른 과학자들에게 말하였다. "우리가 우주의 대폭발 이후의 우주의 진화를 연구하는 것에는 아무것도 반대할 것이 없다. 그러나 우리는 대폭발 자체를 연구하려고 시도해서는 안 될 것이다. 왜냐하면 그것은 창조의 순간, 즉 하나님의 사역의 순간이기 때문이다. (…) 나(스티븐 호킹)는 나의 강연 내용이 교황에게 알려지지 않았다는 사실이 기뻤다. 왜냐하면 나는 방금, 시공간이 유한하지만 결코 경계를 갖지 않는다는 가능성은 시공간에는 시작점, 즉 창조의 순간이 없다는 것을 의미할 수 있다는 강연을 했기 때문이었다. 나는 갈릴레이의 운명을 나누고 싶은 생각은 전혀 없었다."

애리조나의 교황청 천문대의 천문학자이자 신학자인 윌리엄 스퇴거 (William Stoeger)는 이에 반하여 다음의 내용을 주목하였다.14) 즉 교황 피우스 XII세는 이미 1951년에 교황청의 학문적 아카데미에서 오늘날 유명해진, 그러나 다소 논란의 여지가 있는 교시 안에서 빅뱅을 '창조의 순간'과 동일시했으며, 교황 요한네스 파울 II세는 명백하게도 최소한 1980년대 말에 바로 창조와 빅뱅의 성급한 동일시에 대하여 경고했다. 호킹이 그렇게 진술했던 회의가 끝난 뒤에 기꺼이 교황청의 행사에 참여했다는 사실을 나는 윌리엄 스퇴거를 통하여 알게 되어 감사한다. 그러므로 위의 인용된 진술들은 실제 사실과 현실적 느낌을 재현한 것이라기보다는, 오히려 반어적·영웅주의적 자기진술 그리고 언론의 인기 추구로 인한 것으로 보아야 한다.

2) 호킹이 펼치고자 시도하였던 둘째 모델은 다음과 같다: 예를 들어 뜨거운 대폭발과 같은 특이점과 경계를 갖지 않는 4차원의 시공간을 완전하게 포괄하며 서술할 수 있는, 양자역학과 일반상대성이론을 통일하는 이론의 조건들을 검토하면서 우리는 필연적으로 다음과 같은 질문을 던질 수 있다. "그렇다면 창조자를 위한 공간은 어디에 있는가?" 호킹은 이를 다음의 언급과 결합시킨다: "이는 인간 이성의 궁극적 승리일 것이다. 왜냐하면 그때 우리는 하나님의 계획을 알 수 있기 때문이다."

매스컴이 상대적으로 주목하지는 않았지만, 호킹은 2003년 3월 8일 텍사스의 A&M 대학교에서 진행된 "괴델과 물리학의 종말"[15]이라는 강연에서 책의 홍보를 위하여 종교적 회의주의를 사용했던 이론적 사고와 결별했다. 하지만 위대한 우주론적 꿈의 이러한 조용한 종말도 그를 대중적으로는 조용히 놔두지 않았다. 2010년 호킹은 물리학자이자 대중적인 문화학자이며 시나리오 작가인 레오나르도 플로디노프(Leonard

---

14) William Stoeger, "Theology and the Contemporary Challenge of the Natural Sciences," *CTSA Proceedings 46* (1991), 21ff.

15) www.damtp.cam.uk.

Mlodinow)와 함께 『위대한 설계』(*The Grand Design*)16)라는 제목의 책을 출간하였으며, 이 책은 하나의 가능한 보편 이론의 한 변주를 꿈꾸고 있다. 수많은 주변적인 언급과 논의 속에서 종교와 신학은 저속한 표현과 함께 폄하된다: "신은 검은 꼬리를 가진 흰 토끼를 창조하였다. 왜냐하면 그 토끼가 좀 더 쉽게 총에 맞도록 하기 위해서."

3) 이에 비하여 어느 정도 진지하다고 할 수 있는 '시간의 역사'는 신과 우주에 관한 세 번째 전망을 제공한다: "비록 우리 인간에게 단 하나의 만물의 이론이 가능하다고 해도, 그럼에도 불구하고 그것은 다만 규칙들 및 방정식들의 한 체계에 불과할 것이다. 그렇다면 어느 누가 그 방정식들에 숨을 불어넣어 그것들이 서술하고 있는 우주를 창조해 줄 것인가?" "자연과학은 정상적인 방법론에 의거하여 수학적 모델을 구성하나, 그 모델이 서술하는 우주가 왜 존재해야 하는가라는 질문에 대하여 자연과학은 대답할 수가 없다. 왜 우주는 실존이라는 온갖 불편을 감내해야만 하는가? 혹은 만물의 이론은 그러한 실존을 동반해야만 할 만큼 저항하기 어려운가? 혹은 우주는 창조자를 필요로 하는가? 만일 필요로 한다면, 창조자는 아직도 어떠한 다른 방식으로 우주 안으로 작용하고 있는가?"

위대한 우주론의 대가도 종교적·신학적으로는 전적으로 맞지만 동시에 혼돈스러운 사고를 전개한다. 신학과 자연과학의 대화에서 이러한 혼돈의 위험에 맞서도록 주의하는 것이 매우 중요하다. 건설적인 협력의 프로그램들이 현저한 노력들을 요청함에 있어서 나는 더욱 중요한 것으로 두 가지 과제를 강조하고자 한다.

---

16) Stephen Hawking & Leonard Mlodinow, *The Grand Design*, London: Bantam Press, 2010.

3. 신학과 자연과학의 대화는 각각의 대상 영역에 예상되는 경계선에 작은 가교를 연결하려고 시도해야 한다

이러한 시도의 한 예를 프린스턴에 있는 신학연구소(CTI)에서 실행했던, 여러 해에 걸친 종말론의 질문에 대한 공동연구 프로젝트가 제시한다. 나는 존 폴킹혼(John Polkinghorne)과 함께 이 연구의 결과를 다음의 제목으로 2000년에 출판했다.『세계의 종말과 하나님의 목적』(*The End of the World and the Ends of God: Science and Theology on Eschatology*).[17] 세계의 종말에 관한 자연과학적인 전망들은 초기에는 암울한 것 이상이 될 수 없는 것처럼 보였다. 우리의 개인적 삶은 유한할 뿐만 아니라, 또한 이 지구 위의 모든 생명, 더 나아가 우주 자체가 현재의 인식과 판단에 따르면 사멸할 것이다. 이 책은 자연과학적으로 파악될 수 있는, 지상의 생명에 경우에 따라서는 대단히 놀라운 파멸을 불러일으킬 수도 있는 궁극적 재앙이라는 종말의 시나리오들을 조명한다. 그리고 우주가 궁극적인 불덩이의 점 혹은 열의 죽음이라는 사멸을 직면할 것으로 예언하는 거시적인 전망들을 조명한다. 신학적 종말론들은 이러한 자연과학적 시나리오에 비하면 그저 단지 소망이나 꿈꾸는 환상에 불과한 것인가.

자연과학과의 대화는 신학이 세심하게 그리고 비판적으로 성찰하면서 이러한 종말의 상징체계들과 관계하도록 요청한다. 왜냐하면 현실적 종말론의 포기는 대화의 끝을 의미할 것이기 때문이다. 그러나 '현실주

---

17) John Polkinghorne & Michael Welker (ed.), *The End of the World and the Ends of God: Science and Theology on Eschatology*, Harrisburg: Trinity Press, 2000; 미하엘 벨커 & 존 폴킹혼, 신준호 번역,『종말론에 관한 과학과 신학의 대화』, 서울: 대한기독교서회, 2002.

의'(Realismus)는 이 땅의 인류와 우주의 역사를 넘어서는 모든 신학적 전망들을 모두 접는다는 것을 뜻하지 않는가?

대화 방식과 구성의 과제 앞에서 하나의 성서적 종말론의 근본 특성이 두드러지게 드러나는데, 이 특성은 성서적 종말론을 단순한 종교적 소원의 상상들로부터 명확하게 구분한다는 점이다. 성서적 종말론은 지상의 삶이 종말의 존재에 대하여 갖는 "연속성과 불연속성"을 말한다: "혈과 육은 하나님 나라를 유산으로 받을 수 없다"(고전 15:50)—즉 불연속성이지만 부활의 믿음은 연속성을 눈앞에 직시하고 있다. '새' 창조(갈 6:15), '새' 하늘과 '새' 땅의 창조(사 65:17; 벧후 3:13; 계 21:1) 등의 강조는 불연속성을 강조하는 것으로 보인다. 그러나 창조, 하늘, 땅에 관한 말은 연속성을 고집하는 것으로 보인다. 이러한 이중적 전망은 예를 들어 부활과 같은 가장 어려운 신학적 내용들의 작업에 대단히 유익한 것으로 예증된다.

부활에 관하여 근본주의자와 불가지론적 비판가는 모두 육체적인 소생을 전제하는데, 이 양자는 이 소생을 열정적으로 변호하거나 혹은 냉소적으로 의문시하려 한다. 이 양자는 우리가 접촉하려고 시도했던 복합적인 현실성을 간과한다. 영의 현실성을 이해하려는 노력 안에서, 또한 공통적이지만 분화된 기억에 관한 이론들의 심화되는 전개 안에서, 점증하는 주석적인 투쟁과 함께 간과되거나 혹은 의문시된다.[18]

그렇게 하는 중에 내용적 인식들도 획득되었지만, 또한 문화적 전이들도 제거되었는데, 이 경우는 바로 지식 영역의 관계를 잘못된 이원성 혹은 이원론으로 고정시켜버렸다. 신학은 주관적·정서적으로 보이지

---

18) 참고. Hans-Joachim Eckstein & Michael Welker (Hg.), *Die Wirklichkeit der Auferstehung*, Neukirchener: Neukirchen-Vluyn, 4. Auflage 2010, 특별히 311ff.

않는 현실성에 관계되며 자연과학은 객관적·합리적으로 파악할 수 있는 대상에 관계된다는 것이다. 이러한 이원성 혹은 이원론은 양쪽 모두에게 전혀 무익하며, 또한 소위 상식적인 인간 오성의 외부 성찰에도 다만 쓸데없는 말과 그릇된 방향만 제공한다는 점은 매우 자명하다.[19] 법칙, 자연, 영, 사랑과 같은 거대한 주제들에 관련해서도 서로 낯선 혹은 서로 낯설게 된 영역들 사이에서 경계선을 진행하는 것은, 혹은 양자 사이에 작은 지탱할 수 있는 가교를 건축하려는 노력은, 결실을 맺는 것으로 예증된다. 매우 분명하게도 한 공통적인 대상영역에 대한 공동의 협력 작업은 우리에게 더욱 중요하고 더욱 건설적인 것으로 여겨진 바로 그 영역은 인간론이다.

4. 한 공통의 대상 영역을 다원적 전망으로써 여는 신학과 자연과학의 대화: 인간론의 예

몇 년 전에 추기경 라칭거(Joseph Aloisius Ratzinger)와 위르겐 하버마스(Jürgen Habermas)가 현대 국가의 토대에 대한 토론을 하였을 때, 많은 사람들은—양자가 때때로 번갈아 가면서 대화를 주고받았을 때—그곳에 그렇게도 서로 멀리 떨어진 두 사상가가 한 지점에서 일치하였다고 말하였다. 즉 라칭어와 하버마스 모두는 우리 시대의 과학주의적 자연주의를 공통으로 비난하였다.

다원주의적 과학주의는 특별히 리처드 도킨스의 날카로운 목소리가

---

19) 참고. Michael Welker, "Springing Cultural Traps: The Science-and-Theology Discourse on Eschatology and the Common Good," in: *Theology Today* 58 (2001), 165-176; John Polkinghorne & Michael Welker, *An den lebendigen Gott glauben. Ein Gespräch*, Gütersloh: Gütersloher Verlagshaus, 2005, III부.

대표하듯이 모든 유용한 현실 인식과 모든 전달 가능한 진리의 진술이 오직 자연과학을 통하여 열리는 자연에 의해서만 그리고 자연과학자들에 의해서만 획득되고 대변될 수 있다는 전제에서 출발한다. 인간론 안에서 이러한 과학주의는 우리로 하여금 뇌 연구와 인간 게놈 해독의 큰 성과에 몰두하도록 하였다. 또한 이 성과는 인간에 대한 철학적이며 신학적 인식에 대한 측면 공격을 흔히 동반하였다. 정신과학자들 및 문화적 민감성의 영역으로 다가온 환원주의의 그러한 자극적 선동에서 다음의 측면이 경솔하게 간과되었다: 즉 이 시대적인 세계관의 협소함에서 문제가 되는 것은 정신주의적 인간상을 파괴시킨다는 점이다. 이 협소한 인간상은 우선적으로 인간의 의식과 자의식에만 집중하였으며, 소위 실존적 파악과 인간적 삶의 육체적·생물학적·자연적 차원에 대해서 어떤 적절한 공간을 제공하지 못하였던 다른 사례와 마찬가지로 환원주의적인 인간상에 집중하였다.

지난 십여 년 동안의 신학과 자연과학의 대화에서는 또 다시 인간론의 이원성과 이원론이 추구되었다. 바로 이것은 영혼과 육체, 몸과 정신으로서의 인간으로부터 출발한 것이며, 양쪽 영역을 협력 작용으로 호소하는 것으로 보인다. "인간론에 관한 신학과 자연과학"과 같은 프로젝트에서 우리는 "신체·영혼·정신: 인간의 복잡성"20)이라는 제목 아래서 최종적으로 인간에 대한 다차원적인 접근을 전개하려고 시도하였다. 인간 존재의 복잡성에 관한 수년에 걸친 국제적 학제간의 연구 프로젝

---

20) Body – Soul – Spirit: The Complexity of the Human Person. (옮긴이: 이 프로젝트는 다음의 연구서로 2014년 최종 출간되었다. Michael Welker (ed.), *The Depth of the Human Person: A Multidisciplinary Approach*, Grand Rapids: Wm. B. Eerdmans Publishing Co., 2014).

트가 진행되었다. 이 프로젝트의 시작에는 하이델베르크의 철학자인 안드레아스 켐멀링(Andreas Kemmerling)이 일으켰던 하나의 충격이 있었다. 켐멀링은 분명하게 말한다: "우리는 철학에서 대략 인격에 관한 이십여 개의 개념을 가지고 있다. 만일 당신이 인간과 결합된 현상들의 복잡성에 직면하여 밑 빠진 독에 빠지지 않으려면, 이원론적 인간론에 무릎을 꿇고 빌어야 할 것이다."[21] 켐멀링은 우리에게 다음과 같이 충고하였다: "당신이 어떤 질문에 관심을 갖는지 솔직히 말하고 당신이 계속 작업하려고 할 때 필요한 한 적합한 가설을 찾으라. 그러나 그 하나의 가설과 이론을 단순하고 소박하게 제어하기 어려운 복잡성에 적용하지는 말아라." 우리가 씨름했던 질문들은 다음의 내용이었다.

1) 전통적인 이원적 인간론 외에는 다른 대안이 없는가?
2) 어떻게 우리는 인간의 육체적 실존을 자연주의적 과학주의에 빠지지 않으면서 진지한 학제간 대화의 영역 안으로 옮겨 놓을 수 있는가?
3) 현대 시대에서 우리는 영혼과 정신(영)의 철학적 개념들이 점점 더 자의식의 이론들 안으로 회귀하는 것을 보아 왔으며, 그로써 우리는 인간적인 것의 중요한 현상들을 상실해 왔다. 우리는 이러한 상실을 자연과학과의 대화 안에서 설득력 있게 드러낼 수 있는가?[22]

---

21) 참고 Andreas Kemmerling, "Was macht den Begriff der Person so besonders schwierig?", in: Günter Thomas & Andreas Schüle (Hg.), *Gegenwart des lebendigen Christus. FS Michael Welker*, Leipzig: Evangelische Verlagsanstalt, 2007, 541-565.
22) 물리주의와 정신주의의 이원론을 비환원론적 물리주의로 극복하려는 시도에 대하여 다음을 참조. Warren S. Brown u.a. (Hg.), *Whatever Happened to the Soul? Scientific and Theological Portraits of Human Nature*, Minneapolis: Fortress Press, 1998. 또한 다음을 참조. Kemmerling, "Was macht den Begriff der Person so beson-

이 질문에 직면하여 최소한 연구의 단서라고 발견하기 위해서 우리는 도대체 어떤 사상가들과 함께, 또 어떤 이론들로 작업해야 하는가?

하이델베르크의 신약학자 타이센(Gerd Theißen)은 바울에 있어서 육체(sarx)와 몸(soma)의 관계에 대하여 우리에게 최고로 유익한 방향을 제안하였다. 육체와 몸은 바울에게서 때로는 동일시되지만, 그 다음에는 부정적으로 장식된다. 하지만 일반적으로 양자는 분명하게 구분된다. 몸은 흔히 바울에 의하여 대단히 긍정적으로 판단된다. 몸은 정신(psyche)과 영(pneuma)에 의하여 각인되며, 이로써 이원론적 사고의 단서가 흥미로운 방식으로써 질문된다. 또 몸은 그리스도의 교회에 대한 상을 제공한다. 그 교회는 그리스도가 상이한 지체들과 함께 사역하는 중에, 또 그분에 대한 봉사 가운데 있다. 몸은 그러한 교회의 고유한 자기 유지를 넘어서서 영에 의하여 충만하게 채워진 교회의 현실성을 지시한다. 어떻게 우리 자신이 이러한 단서로부터 미리 앞서서 벗어날 수 있겠는가?

바울은 잘 알려졌다시피 육체와 영의 날카로운 이원론을 강조한다. 육체와 영은 원수이다. "육체의 소욕은 성령을 거스르고, 성령은 육체를 거스르나니, 이 둘이 서로 대적함으로 너희가 원하는 것을 하지 못하게 하려 함이니라"(갈 5:17. 비교 갈 6:8). "육신의 생각은 사망이요, 영의 생각은 생명과 평안이니라"(롬 8:5. 비교 8:13).

바울의 문제 제기는 유한성과 영원성의 이원론이며, 그는 육체와 영을 서로 대단히 날카롭게 대립시킨다. 인간의 육체, 자연적·생물학적 실존을 양육, 번식 등의 관심으로써 집중하는 자는 유한성으로 몰락한

---

ders schwierig?", 특별히 544ff. 참조.

다. 바울은 육체의 지배와 육체가 지배하는 사역을 경고한다. 그가 조언하는 공동체들이 성령의 충만, 하나님과 함께하는 삶, 그리고 영원한 생명을 얻은 이후에 그렇게 경고한다. 그러한 중에 바울은 육체가 단순히 악마화되어서는 안 된다는 사실도 명확하게 말한다. 인간의 마음은 육체이며, 이는 돌이 아니다. 예수 그리스도는 육신으로는 다윗의 혈통이다. 육체적인 것은 우리의 실존이다. 우리의 물질적 육체적 존재가 없다면, 우리는 어떤 구체적인 개별성도 획득할 수 없을 것이다. 우리의 몸은 육체적이지만―이것은 마음이 그러한 것과 마찬가지이다―그럼에도 몸은 경이롭게도 영으로 충만하게 채워질 수 있다. 이것은 비종교적인, 비신학적인 맥락들 안에서도 마찬가지로 실감 있게 체험된다. "… 그들이 움직일 때, 그들이 말할 때, 특별히 몸이 웃을 때" 그러하다. 우리의 몸은 우리가 살아 있는 한, 거부할 수 없이 언제나 영에 의하여 각인되어 있다.

다른 한편으로 바울은 순수한 영에 대한 저급한 열광을 경고한다. 고린도전서 14장에서 그는 방언하는 자들, 즉 그가 말하듯이 영 안에서 하나님과 직접적으로 말하려는 자들과 논쟁한다. 그는 방언하는 자들과 극적으로 대립하며, 공동체 앞에서 정신을 차린, 즉 이성적인 말 다섯 마디로써 다른 사람들을 가르치는 것이 일만 마디의 말을 방언으로 주절대는 것보다 낫다고 생각한다(고전 14:19). 즉 바울은 오성과 이성이 대단히 중요하다는 것을 강조하며, 스스로 그러한 기도 안에 그리고 하나님을 영화롭게 하려는 것 안에 있고자 한다. 이러한 것은 믿음을 다만 정서화하려 하고 비이성적 영역 안으로 추방하였던 종교성과 신학에 관한 대단히 중요한 진술이다.

순수한 영 안에서 하나님과의 직접적인 접촉에 집중하는 것 혹은 그것에 지나치게 의지하는 것에 대한 이러한 경고에도 불구하고 바울은 인간적 영의 말할 수 없이 광대한 권능을 본다. 영 안에서 우리는 부재한 영역을 향해 나아갈 수 있다. 기억의 바다 전체가, 상상의 바다 전체가 우리의 영을 통하여 열린다. 영의 능력 안에서 우리는 부재하는 자들과 교류하고 그들과 결합할 수 있으며, 말로 다할 수 없이 큰 개인적이며 공동체적인 권능들을 방출할 수 있다. 영 안에서 우리는 헤겔과 다른 빛나는 철학자들이 깊은 의미를 열어 주며 조명했던 것처럼 분열되어버린 세계를 새롭게 직조하는 권능을 창조할 수 있다. 바울이 분명하게 보고 있는 것처럼, 우리는 이러한 영의 권능을 선하게 혹은 악하게 사용할 수 있다.

인간의 영은 가장 높은 차원에서 매우 모호하고 갈등을 내포한다. 우리는 끔찍한 이데올로기들, 인간을 폄하하는 세계관들, 우리 자신을 저주와 잔혹함으로 몰고 가는 개인적이며 공동체적인 견해 등등을 야기할 수도 있다. 시인들과 사상가들과 나치 일당의 민족—이렇게 하여 우리는 선함과 악함 안에 있는 영의 권능에 대한 두 개의 암호를 갖는 셈이다 —둘 중 인간적 영이 어떠한 영과 결합되는가를 보는 것이 바울에 있어서 결정적인 것이었다.

바울은 매우 경이로우며 풍요로운 인간론을 제시한다. 이 인간론은 다양한 학문의 영역에 인간에 대한 오리엔테이션을 제시하고 신선한 도전을 던져 준다. 우리는 이 인간론의 완성 및 학제간 적용과 통섭적 결합의 작업에서 겨우 초보 단계에 머물러 있다. 자연과학, 문화과학, 사회과학적인 대화 파트너들과의 기본적인 대화의 시도들은 큰 자극을 준다. 신학적 인간론은 인간에 대하여 대단히 깊고 광범위한 차원을 헤아린다. 그 신학적 인간론은 인간을 한편으로 위험을 지닌 존재이며 측은한

존재로 헤아린다: 우리는 먼지이며, 먼지가 될 것이다. 그 신학적 인간론은 인간을 대규모의 자기위협 안에서 그리고 개인적·집단적 무력함과 연약함의 한계 안에서 파악하는데, 이것을 성서적 전승에서는 죄라고 말한다. 그 신학적 인간론은 인간을 하나님의 형상이라는 최고의 위대한 규정 안에서 그리고 다음 약속과 함께 파악하고 있다: "주께서는 우리를 하나님 자신보다 조금 못하게 만드셨다"(시 8:6).

바울만이 신학적 인간론의 영역에서 유일하며 거대한 목소리는 아니다. 어거스틴의 기억이론도 학제간 대화에서 아직 열리지 않은 미지의 영역이라고 여기서 말할 수 있다. 비록 우리가 오늘날에는 신학과 자연과학의 대화에서 방어적인 태도를 취하고 있지만, 그러나 다음의 한 가지는 매우 분명해졌다. 창조론뿐만 아니라 종말론에서도, 또 특별히 인간론에서도 아직도 많은 다양하고 풍요로운 주제들이 연구될 수 있다. 이 다양한 주제들 안에서 신학과 자연과학의 대화가 서로 결실을 맺을 수 있는 약속 가득 찬 미래가 우리를 기다리고 있다.23)

---

23) 본 논문은 이 저서에 대한 짧은 요약이기도 하다. Michael Welker, *The Theology and Science Dialogue. What Can Theology Contribute?*, Neukirchener: Neukirchen-Vluyn, 2012.

"시민통치"에 대한 칼빈의 가르침*
: 다양성과 세계화 한가운데에서의 그 조향 능력

번역: 이상은(서울장신대학교)

"그에 대한 상(像)은 호의와 증오를 가진 여러 사람들에 의해 뒤얽혀 진 채 역사 속에서 표류하고 있다." 발렌슈타인(Wallenstein)에 대해 쉴 러가 했던 이 말은 2009년 칼빈 기념해에 즈음하여 롤프 비쉬나트가 적 절히 언급했듯, 칼빈에게도 딱 들어맞는 말이라고 할 수 있다.

저 위대한 종교개혁자는 단지 한 사람의 훌륭하게 교육받은 성서의 해석자이자 종교개혁의 중요한 교의학 저술가로 머물렀던 것이 아니다. 그는 또한 다른 종교개혁자들이나 그 당시의 정치 지도자들 앞에서 그 리고 그들과 함께 '초기 근대 자유 역사'의 중심인물이라고 정당한 존중

---

* 2009년 3월 빌리크스트(Villigst) 국제신학심포지엄에서 행한 강연: "오늘날의 칼빈 – 교 회의 미래를 위한 개혁신학의 동인"(Calvin heute – Impulse Reformierter Theologie für die Zukunft der Kirche). 이 강연의 기고문은 울리히 묄러(Ulrich Möller) 그리고 미카엘 바인리히(Michael Weinrich)에 의해 책으로 편찬되고, 같은 제목으로 노이키르 헤너(Neukirchener) 출판사에서 출판되었다.

을 받는다. 폭넓은 법학과 인문학 교육을 받았던 이 종교개혁자는 1909년 그의 400회 탄신일을 기념하여 그가 행한 역할에 대해 제네바에서 큰 기념비를 얻게 되었다. 근대 학문의 발전이나 역사 비평적 성서 해석, 저항권 등 법률적·정치적 폭력을 제거하기 위한 투쟁과 근대 민주주의의 시작은 칼빈의 영향에 본질적 동인을 얻고 있다.

한편, 루터와는 달리 칼빈이 탄신 400주년이 되어서야 비로소 기념비 건립을 통해 영예를 얻었던 데에는 이유가 있다고 말하기도 한다. 제네바에서 그가 남긴 영향은 대단히 모순이 가득해 보이는 것이었다. 엄격한 불관용, 성서와는 거리가 먼 교회 치리, 종교적·도덕적 박해, 처형을 시키기까지 한 동료 인간들에 대한 멸시와 박해와 결부되어 있었다. '카스틸로와 칼빈'이라는 이름을 '관용과 불관용'의 대명사로 불렀던 것은 슈테판 츠바이크가 처음이 아니었다. 칼빈과 세르베투스라는 이름은 사형까지도 포함하는 모든 수단을 통해 종교적 확신을 관철시키고야 말겠다는 잔혹한 역사의 대명사로 받아들여져 왔다.

그러나 아래의 글을 통해 나는 칼빈과 개혁신학이 지닌 견실함에 대해 보여주고자 한다. 그것은 칼빈이라는 한 '인물의 상'에 대해 어떤 하나의 결정을 내려 보려고 시도하는 것은 아니다. 그것은 오히려 이 인물의 상 안에서 그리고 그의 영향 안에서 펼쳐 있는 폭과 긴장들이 어떤 것인가 하는 것을 이해하도록 도움을 주려고 하는 것이다. 무엇보다도 이러한 배경 앞에서 몇 가지 길잡이 구실을 할 수 있는 신학적 인식들을 칼빈이 자신의 저작의 종결부에서 했던 말에 비추어 조명해 보고자 한다. 이것은 오늘날에도 다양성과 에큐메니컬한 컨텍스트 안에서 모범을 줄 수 있는 말이다.

I. 복잡한 갈등 관계들 안에서의 방향 모색

칼빈의 인격과 영향에 대해 인물 대 인물의 관계들, 예컨대 칼빈과 그루에트 혹은 칼빈과 카스텔리오나 세르베투스와 같은 관계들, 그리고 여기에 상응하는 갈등들 안에서 파악하고자 시도하는 자는 불명확하고 비뚤어진 상과 더불어 결말을 맺게 될 것이다. 이는 마치 이 종교개혁자의 영향과 기여를 단지 로마 가톨릭 신학과 교황 제도와의 논쟁으로부터만 비롯된 것이라고 이해하려는 노력과 같은 것이다. 칼빈의 위대한 에큐메니컬적이고 세계사적인 업적, 특히 언제나 거듭해서 논쟁으로 제기되곤 하는 제2차 제네바 시대(1541-1564)의 활동은 복잡한 갈등 상황이라는 배경하에서 평가되어야 한다.

지배적이었던 교회의 교리와 벌였던 종교적 · 신학적 논쟁은 중요한 요소이기는 하지만 많은 갈등의 선상 중 단지 **하나**에서 일어난 것일 뿐이었다. 다른 중요한 종교개혁자들이나 마찬가지로 칼빈은 **오직 성서로**(*sola scriptura*)라는 말과 함께 성서를 지향하면서, 그리고 바울의 덕을 입어 **오직 그리스도로**(*solus Christus*)라는 말을 통해 더욱 확실한 그리스도 인식으로 지향하면서 이 교회 내적 갈등으로 들어섰다. 이는 그로 하여금 대표적으로 파리 소르본느의 신학자들과 같이 이 시기에 권위를 행사하고 있던 학자들의 집요한 저항에 직면하도록 만들었다.

루터, 멜랑히톤, 부처, 칼빈 그리고 다른 종교개혁가들에 의해 집중적으로 추진된 대학과 고등교육 기관들 그리고 초등학교들로부터 가족 내에서의 정신 교육[1])에 이르는 총체적인 교육 체계의 개혁은 근대의 자유

---

1) Vgl. Strohm, *Calvin*, 64f.

의 역사적 추진력으로서 아무리 높게 평가되어도 지나치지 않는다. **종교개혁은 하나의 엄청난 교육개혁이었다.** 그것은 역사적 혹은 문헌학적 지향성을 가진 "근원으로의 회귀"라는 말을 통해, 근대 자연과학으로 하여금 결과에 대한 원인의 추구와 실험을 벌일 수 있도록 혁명적 방향전환을 할 수 있는 초기 형태를 제공해 주었다. 그리고 그와 유사한 것들을 제공해 주었다. "종교개혁과 학문적 운동은 역사적 혁명의 두 측면이었다. 그것은 후기 르네상스의 탁월한 지적 운동을 형성했다. 그리스도교의 근원으로의 부름, 그리고 목적인에 대한 반제로서의 작용인에 대해 프란시스 베이컨이 행한 강조는 이러한 사유 운동의 두 측면이었다."[2]

교회적·신학적 그리고 학문적·교육 제도적인 논쟁들에 대해 엄청난 법률적·정치적 갈등들도 들어섰다. 이것들은 본질적으로 볼 때 유감스럽지만 제네바의 종교개혁적 영향이 안고 있던 의심스러우면서 반발을 불러일으키곤 했던 현상들을 더 강하게 만드는 것이었다. 한편으로 칼빈은 제네바 시민 계급과 항상 거듭된 논쟁을 벌여야 했다. 그들은 종교개혁을 통해 획득된 종교적, 윤리적 그리고 정치적 자유들을 일말의 투쟁 없이 다시 내어 주거나 엄청난 제약을 받고 싶어 하지 않았다.[3] 또 다른 한편으로 그는 스위스에서 후원에 의지하여 지내고 있던 많은 수의 제네바의 '프랑스인' 망명자들에 대한 혐오감에 저항하여 싸워야만 했다. "예컨대 자료로 확인할 수 있는 바로는, 1538년 10월부터 1539년 10월까지의 기간 동안 제네바 병원은 1만 명 이상의 빈곤한 외국인들이 여행을 계속하도록 주선해 주기에 앞서 일단 최소한 가장 필요한 것들

2) Alfred North Whitehead, *Wissenschaft und moderne Welt* (1926), Frankfurt: Suhrkamp, 1984, 19.
3) 거기에 대해서는 다음의 책이 많은 지식을 제공하고 있다. Strohm, *Calvin*, 41ff, 60ff.

로 돌봐 주고 있었다."[4] 제네바가 행한 엄청난 박애적 수행을 제대로 평가하려면 우리는 당시 이 도시의 주민이 실제로 1만 명이 넘지 않았다는 것을 염두에 두어야만 한다.

제네바의 시민층과 공동체는 한편으로 엄청난 구제 사업을 향한 도전을 받은 것으로 보인다. 특히 페스트의 창궐로 인한 지속적인 위협과 시련의 시기 가운데에서였다. 다른 한편 그들은 증가일로에 있는 '프랑스' 목회자들과 법학 교육을 받은 사람들로 이루어진 강력한 집단들에 의해 종교적으로나 윤리적으로 감독되고 통제받는 것으로 보였다. 모든 다른 지도적 종교개혁자들과 더불어 칼빈 또한 이 갈등들 속에서 **폭력의 제거와 세속 당국의 지배권**에 참여하고 있었다. 따라서 세속적이고 영적인 권력이 행하는 교체적 제한과 충돌들이 일으키는 격동적이면서 현란한 역사가 올 수밖에 없었다. 여러 권한과 세력의 요구들이 계속해서 번갈아 가며 법률화되어야 했다. 그 결과는 일시적이나마 방향 상실을 불러오거나 종교적·정치적·도덕적 엄격성의 긴장을 불러오는 것으로 이어지곤 했다. 종교적 집단들이나 정치적 집단들 그리고 여러 기구들과 그 지도자들의 요구들은 거듭해서 새롭게 법적 배상 청구나 도덕적·정치적 실험들 가운데에서 검증되거나 거부되거나 강화되거나 해야 했다. 진짜로 힘든 시기였던 것이다!

오늘날의 시각으로 본다면 우리는 편안하게 앉아서 머리를 흔들거나 혹은 전율을 느끼면서 생각할 수 있다: "1555년에는 교회 치리가 적용되는 80가지의 경우가 있었다. 1년이 지나고 그것은 벌써 두 배로 늘어났으며, 1557년부터 1561년까지의 기간에는 세 배에 이르렀다. 1559

---

4) Strohm, *Calvin*, 67. 이어지는 본문에 대해서는 vgl. 68ff.

년에는 300명이 넘는 사람들이 일시적으로 파문을 당했다."5) 극단적인 규범적 긴장 상황들, 그리고 사람들을 무질서와 폭정 가운데 동시에 착취하고자 하는 습성들이 폭발적으로 뒤섞여 있는 것을 고려하며 생각한 다면 칼빈이 보여주었던 엄격함은 맹목적으로 판단될 수 있는 것이 아니다. 우리는 제네바에 칼빈의 영향이 미치던 시기에 프로테스탄트적이고 자유적으로 조직된 교회를 향한, 올바로 이해된 다분화된 기능 체계를 지닌 다원적 사회를 향한, 그리고 대의민주주의를 향한 긴 여정을 위한 규범적 투쟁들이 끓어오르며 뒤섞여 있는 모습을 보게 된다. 법률과 교육이 인상적으로 공동으로 작용하는 가운데 종교적이고 정치적인 세력들은 번갈아 가며 인정되어야 했고 강화되거나 동시에 제한되어야 했다. 그것은 어떻게 봐도 대단히 부담스러우며 갈등이 넘치는 과정들이었다.

사회 내적 이익집단들과 권력들의 사이에서 일어나는 다양한 갈등들은 국제적인 긴장과 혐오와 함께 뒤섞여 있었으며, 그를 통해 현저히 강화되었다. 물론 제네바의 시민 계급은 지역적 전통이나 특권들을 포기하고 싶어 하지 않았다. 사람들이란 좋은 옛 관습이나 질서는 갖고 있고 싶어 하지만 그리고 최상으로 만들고 싶어 할지도 모르지만, 어쨌거나 위태로워지고 싶어 하지는 않은 법이다. **종교개혁은 좋지만 제발 적당하게!** 어쩌면 이것이 표어였을지도 모른다. 스위스의 도시들은 거듭해서 종교적, 법률적, 그리고 정치적 사안들에 대한 조치를 취하는 가운데 서로 의사소통을 벌여갔다. 독일이나 프랑스 혹은 다른 유럽 지역들에 퍼

---

5) 그와 같이 Strohm, *Calvin*, 90. 다음의 책에 대한 연관하에 William G. Naphy, *Calvin and the Consolidation of the Genevan Reformation*, Manchester/New York, 1994, 178ff.

져 있던 부정적인 교회 정치적 양상의 전개로부터 사람들이 얻게 되었던 부담스러운 근심들을 우리는 과소평가해서는 안 된다. 이것은 또한 칼빈에 대한, 그리고 여러 과제를 수행함에 있어서 점차 참여하게 되었던 '프랑스인'에 대한 제네바의 종교적·정치적 대변자들의 자주 변했던 입장을 설명해 준다.

이러한 배경에서 볼 때, 어떤 궁극적으로 도출되는 칼빈에 대한 상(像)을 만들어내려는 시도는 완전히 실패한 것으로 보아도 무방할 것이다. 그런데 그에 반해 칼빈의 주요 저작인『기독교강요』[6]의 경탄을 금할 길 없는 결론 부분의 장을 연구하고 평가해 본다면 칼빈이 다양한 종교적·정치적 갈등 관계 안에서 취했던 분명한 지향점을 볼 수 있는 시사점을 얻게 될 것이다.

II. 시민 통치에 대한 칼빈의 교리

『기독교강요』3권에서 칼빈은 이미 "영적 통치"와 "시민 통치"를 구분했다. 앞의 것은 인간의 "양심이 경건과 하나님을 경외하는 일을" 가르치고 있다.[7] 그것은 영혼 그리고 마음에 해당하는 것이다. 뒤에서 말하는 통치는 그에 반해 "사람들 안에서 지켜질 수 있는 인성 그리고 시민적

---

6) Johannes Calvin, *Unterricht in der christlichen Religion* (Institutio Christiannae Religionis 1559), uebers. v. Otto Weber, Neukrichener Verlag: Neukirchen 3 Aufl. 1988 (인용: *Institutio*).

7) 본문에서 인용되는 칼빈의『기독교강요』의 구절들을 번역문에서 옮김에 있어서 일부 단어와 표현은 다음의 책에서 가지고 오고 있음을 밝힌다. J. Calvin, 한철하 외 역,『기독교강요』상, 중, 하, 서울: 생명의말씀사, 1986. 그러나 전체적으로는 이 책의 번역문을 그대로 따르지 않았다.

삶의 의무에 대해" 가르치며, "현재적 삶에 속한" 것, 무엇보다도 "외적 윤리"에 해당하는 것이다.[8] 이 저작의 마지막 부분에서 그는 "영적 통치"에 관한 교리를 놀라우리만큼 받아들이지 않는다. 이는 그것을 마지막 때—종말론과 결부시키기 위해서, 그리고 창조로부터 "마지막 것들"을 향해 다루어 나아가는 고전적인 교의학적 진행 방식에 상응시키도록 하기 위해서이다. 『기독교강요』는 마지막 장에서 "시민 통치에 관한" 교리로 종결한다.

칼빈은 본래 "믿음 안에서의 영적인 가르침"에 기여하고자 했던 이 저작 안에서 그가 유발했던 곤혹에 대해 의식했다. 이 종결장에서 칼빈은 외적인 질서를 야만적으로 무너뜨리고자 하는 자들에 반대하여 믿음을 수호하고자 하며, 또한 외적인 질서를 세계의 권력에게게만 맡겨버리고자 하는 자들에 대해서도 반대한다. 양 측면은 시민 통치 역시 하나님에 의해 주어져 있다고 하는 것을 간과한다. 양 측면은 "믿음의 순전함"을 위태롭게 만든다. 그리고 바로 그 때문에 이를 파괴하는 것이다.[9] 칼빈은 그리스도 안에서 선사된 자유가 믿음 안에서 분명하게 파악되지 않는다는 위험, 그리고 시민적 질서에 대해 서 있는 가치 혹은 심지어 그것을 폐기해버리고자 하는 노력이 왜곡되게도 정신적 자유에 호소되고 있는 위험이 닥쳐 있는 것을 보았다.

이 장을 강독할 때 분명해지는 것은 칼빈이 공적 질서의 붕괴로 이어지는 대중적 폭력의 동원을 거부하고 있다는 것이다. 우리가 만일 성서는 한 개인의 이와 같은 집권이 "사람들에게 다른 일보다 더 천거된다"고 하는 바로 그 때문에 "왕을 공경하기를"(잠 8:15; 벧전 2:17) 특별히 촉구

---

8) *Institutio* III, 19, 15
9) *Institutio* IV, 20, 1. 마찬가지로 위에 언급한 국문 번역본에서 가지고 온 표현을 참조했다.

한다고 말하는10) 그의 진술들만 몰두해 본다면 아주 피상적인 인상을 빠르게 가질 수 있다. 칼빈은 무정부 상태에 대해서는 철저하게 거부하며 군주정에 대해서는 친근하게 마음을 열고 있다는 것이다. 그리고 그가 제20장을 구분한 방식, 즉 우선 복종에 대해서, 그 다음에 법률에 관해서, 마지막으로 백성에 관해서, 그리고 당국에 대한 그의 "순종"에 대해서 구분한 것은11) 이 그릇된 인상을 거듭해서 강화할 수 있다. 그러나 이렇게만 본다면 칼빈의 교리가 보여주는 시민 통치에 대한 세밀함과 철저함은 완전히 간과되어버리고 만다.

큰 파장을 몰고 오는 **저항권에 관한, 바로 폭정적이며 부당한 통치에 대한 저항의 의무에 관한 교리**가 여기에서 칼빈에 의해 전개되고 있다. 여기에서 그는 훨씬 강력하게 무정부주의가 가진 "악마적인 교만"에 대해 경고한다. 그러면서 다른 한편으로 부드럽지만 설득력을 갖는 음성으로 강조하고 있다: 백성에 의해서 세워진 책임자는 "왕의 거친 방종에 대해 적절한 의무로 대처"해야 한다. 만일 그들이 "무절제하게 광포하고 낮은 백성을 억압하는 왕들을 너그러이 봐준다면", 그들은 "경멸받을 거짓말 안에서 백성의 자유를 배반하는 것이다. 그들은 잘 알려져 있듯 그들의 보호자들로, **하나님의 명령**에 따라 임직을 받은 자들이다."12)

칼빈 스스로가 말하듯, 그는 그와 같은 "백성의 관청"의 다양한 형태들을 표상할 수 있었다. 저항을 계획적으로나 책임적으로 구성하는 계층사회의 틀 안에서였다. 그에게 있어서 이와 같은 저항의 구성과 제도화, 그리고 위탁된 책임의 형태들의 발전은 처음부터 대단히 중요한 것

---

10) *Institutio* IV, 20,7.

11) *Institutio* IV, 20,3.

12) *Institutio* IV, 20,5 그리고 20,31

들이었다. 그 목적은 새로운 질서의 법제화여야 했다. 아마 여기에서 잘 못된 저항들, 말하자면 스파르타쿠스의 봉기로부터 농민전쟁에까지 이 르는 저항들에 대해 납득할 만한 대체를 향한 추구가 주된 관심이었을 것이다. 그러나 무엇보다도 그를 규정한 것은 하나님의 인류사적 세계 통치에 대한 하나의 포괄적인 신학적 관점이었다.

시민 통치를 향한 칼빈의 실행에 있어서의 주선율(*cantus firmus*)은 사 도행전 5장 29절에서 발견할 수 있다: "사람보다 하나님을 순종하는 것 이 마땅하니라."13) 만일 당국이 언제든지 어떠한 형태에서든지 무언가 신에 반하는 명령을 발한다면, "그 명령을 존중하지 말라. 이런 경우에 는 집권자들이 가진 위엄을 조금도 염려할 필요가 없다. 만일 그들이 하 나님의 참되신 최고 권력 앞에 굴복한다 해도 그들의 위엄은 조금도 상 하지 않을 것이다."14) 칼빈은 자신에 의해 시인된 왕에 대한 복종의 거 부를 위한, 그리고 그에 반하는 저항을 위한 많은 성서적 예들을 거론한 다. 한편으로 그는 저항을 이끄는 자들에 대한 위험을 본다: "왕의 분노 는 죽음의 사자"라고 솔로몬은 말했다(잠 16:14). 그러나 그는 또한 인간 이 "직분 없이" 하나님의 자리에, "거만한 왕들의 피비린내 나는 홀을 꺾 으시며, 용인할 수 없는 지배권을 무너뜨리셨던"15) 하나님의 자리에 서 고자 하는 것에 대한 위험들을 본다. "그것을 영주들은 들어야만 하고, 그 때문에 두려워해야 한다!"16)

칼빈에게서는 하나님의 세계 지배하에서 인간의 책임적 삶에 대한 인

---

13) 성경구절의 인용은 "개역개정판"을 참조한다.
14) *Institutio* IV, 20,32. 이 문구의 인용에는 본문의 직역이 아닌, 위에 언급한 국문 번역에 서 그대로 가지고 왔다.
15) 이 부분의 인용에는 위에 언급한 국문 번역을 대체로 가지고 왔다.
16) *Institutio* IV, 20,32 그리고 20,31

식은 중요성을 잃지 않았다. 이 목적을 위해서 인식과 판단의 많은 관용적 오류들이 제거되어야만 한다.

1. 오로지 하나의 나라, 하나의 통치 형태 그리고 하나의 논란의 여지가 있는 문제 상황에만 고착하는 것의 오류

칼빈은 자신의 시대의 유럽 정치 상황의 조명하에서 오로지 한 가지 "세계적 관점"만을 발전시키지 않았다. 자신이 받았던 포괄적 성서 교육에 입각해서 그는 "지상"(地上)에 대한 하나의 인류사적 관점을 전개하였다. 거기에는 상이한 특질을 지닌, 그러나 또한 상이한 위험성을 지닌 아주 다양한 통치 형태들이 등장한다. 칼빈 자신은 통치 형태들 중에서 귀족정 혹은 "**그것**과 시민적 권력으로 **뒤섞여 있는** 상태"를 선호했다. 왜냐하면 그렇게 할 때 폭력의 제거가 이루어질 수 있고, 자유의 보호와 촉구, 동시에 "자유와 절제"의 안정적 균형이 가장 잘 이루어질 수 있기 때문이라고 했다.[17] 우리의 후기 근대의 다원적 사회들 안에서는 말하자면 그러한 맥락에 대해 한편으로 정치, 경제, 법률, 교육, 종교 그리고 사회의 다른 영역에 있는 체계적 형태들, 다른 한편으로는 시민사회적 조합들 사이에서 이루어지는 힘의 균형이 상응하고 있다.[18]

이러한 이미 이루어져 있는 관점은 칼빈으로 하여금 분명한 발전의 척도들을 포기하지 않으면서도 특정 시간들과 지역들 안에 있는 통치형태들이 가진 상대적인 장점들과 단점들을 평가할 수 있도록 만들어 준다. 그런데 포괄적인 성서적 지향성은 아주 그릇된 관점으로 이해하도

---

17) *Institutio* IV, 20, 8
18) 그에 대해서는 다음을 보라: Michael Welker, *Kirche im Pluralismus*, Gütersloh: Kaiser, 1995; 2. Auflage 2000.

록 만들어 주기도 한다. 즉 고레스나 심지어 느브갓네살 같은 권력 지배자가 하나님의 손안에 있는 도구와 같이 보일 수 있다는, 말하자면 여러 관점에서 볼 때 탄식할 만한 정치적 상황 역시도 하나님의 세계 통치의 외곽으로 밀려나서는 안 된다는 식으로 말이다. 하나님의 위탁 앞에서 권력 지배자를 거부할 수 있는 것, 그리고 어떤 권력 지배도 태만으로 인해 그 죗값으로 시달릴 수 있다고 하는 것에 대해서는 우유부단하게 약화될 수 있다.[19] 이 현혹의 맥락에 대해 두 번째 오류는 대답하고 있다.

2. "하나님으로부터 떨어져 있는"(*remoto Deo*) 당국의 권력에 대한 인식의 오류

이 오류는 그리스도의 나라와 시민 정부를 동일화하거나 혼동하지 않고자 하는 좋은 의도에서, 즉 신의 통치와 세상의 통치를 분명하게 구분하고자 하는 선한 의도에서 볼 수 있는 것이다. 그러나 이 중요한 구분으로 인해 어떠한 분리가 일어나서는 안 된다. 칼빈은 수많은 성서 본문에 도움을 청한다. 이 말씀들에 따르면 당국은 하나님에 의해서 세워졌고, 공적 책임과 권력의 소유자들은 단지 하나님으로부터 승인된 것일 뿐만 아니라, 특별한 대우를 받고 있는 것으로 보인다. 몇몇 성서적 전승들 안에서 그는 심지어 "하나님의 형상"(imago Dei)을 향한 인간에 대한 규정이, "**신적 정의의 봉사자들**" 그리고 "**신적 진리의 도구**"를 향한 공적인 책임 안에서 정해져 있다는 규정과 결부되어 있는 것을 본다.[20]

여기에서 한편 그는 이러한 "왕적 직분"으로의 선택이 그리스도께서

---

19) 그에 대해서는 다음에 나오는 칼빈의 상세한 주석적 그리고 역사적 숙고들을 보라. *Institutio* IV, 20,25-29.
20) *Institutio* IV, 20,4 그리고 6f.

사람들로 하여금 그를 향해 부르신 "사도적 지위"와 혼동되어서는 안 된다는 점을 분명히 한다. 다른 한편으로 그는 인간적인 지배는 하나님의 의지가 가진 독단성과 힘으로부터 세워질 수 있는 것이며, 단지 "신적인 허락"의 능력하에서만 그의 유효한 실존을 가질 수 있다고 하는 것을 보다 분명하게 강조해야만 했을 것이다. 이 자리에서 또한 칼빈의 예정론과 섭리론에 대한 중요한 교정들이 시행될 수도 있을 것이다. 그러나 어떠한 세상적인 권력도 신의 올바른 심판으로부터 떨어져 있는 것으로 보지 않고자 했던 그의 생각을 우리는 무조건적으로 받아들일 수 있다. 어떤 잘못된 이중적인 사고방식은 모든 부정의한 정권도 하나님의 뜻으로 소급될 수 있다고 하거나 혹은 긍정적으로 보이는 모든 공권력은 그리스도의 나라와 동일시될 수 있다고 말한다. 그러나 이 양쪽 모두 칼빈을 통해서 끈질기게 비판되고 거부되고 있는 것들이다.

모든 당국의 권력은 이러한 기초 위에서 다음과 같은 것들에 대해 측정될 수 있다. 그것이 그 세우신 목적에 상응하여 무엇보다도 하나님의 의와 하나님의 영광을 수호하고 촉진하도록 분투되어 왔는지, 둘째로, '정의', 더불어 특별히 약자의 보호와 '권리'를 위해, 그와 함께 공적 질서와 사회 평화를 위해 섬기도록 의도되고 있는지 하는 것에 대해서이다.[21] 그들의 과제라는 면에서 생각해 보면 힘을 가진 당국은 범죄의 억제로부터 전쟁에서의 폭력적 힘의 적용을 할 수 있도록 세워진 것으로 볼 수 있다. 여기에서 칼빈은 전쟁을 "탐욕에 복종하기 위한 것이 아닌" 영토 방위에 한정된 것으로, 그리고 범죄의 억제는 "아주 강하게"와 "아주 부드럽게" 사이에서 언제나 새롭게 균형 잡혀야 하도록 되어 있는

---

21) 그렇게 칼빈은 십계명의 양 판에 대한 관계와 더불어, *Institutio* IV, 20,9.

것으로 보고자 한다.[22] 칼빈에게서 우리는 언제나 다시금 그러한 경계의 상황을 통해 지향점이 설정되는 균형의 제안들을 만나게 된다. 그것은 또한 각각의 컨텍스트에 대한 섬세한 성찰을 통해 보다 정확히 규정되는 것들이다.[23] 말하자면 당국은 세금을 징수해야 하고, 경우에 따라서 자신의 위엄을 확실한 "자신이 지닌 궁정의 광채"를 통해 강조해야 한다. 그러나 그것은 "폭정적인 착취욕" 앞에서 주의를 기울여야 하고, 자신이 다스리는 "전체 백성의 소유물"은 무엇보다도 "**공적인 곤경의 필요를 위한 도움의 재료**"라고 하는 사실에 대해서 의식해야 한다.[24]

3. 그리스도의 나라와 시민적 통치를 혼동하는 것의 오류

기독교강요의 서두에서 칼빈은 하나님의 위엄에 대한 종교적 맥락은 '그리스도로부터 떨어져 있음'(*remoto Christo*)으로 하여금 상반되는 감정이 병존하도록 만들 수 있고 궁극적으로는 의심으로 몰아갈 수 있다고 강조한다. 우리는 단지 그리스도 안에서만 그리고 그의 성령의 능력 안에서만 당신의 선택과 섭리 안에 있는 하나님의 사랑을 인식한다. 단지 그리스도와의 합일 안에서만 우리는 신앙의 인식으로 그리고 마음과 영혼의 평화로 도달한다. 예수 그리스도의, 그리고 신약성서의 "사도적인 지시들"은 시민적 통치의 수립을 향한 많은 지시들에 거슬리는 것처럼 보인다. 악행에 저항하지 말라고 하는, 보복을 하지 말라고 하는, 한쪽 뺨을 맞은 다음에 또한 여전히 다른 뺨도 들이대라고 하는 요구들(마

---

22) *Institutio* IV, 20,10-12
23) 거기에 대해서는 다음의 책에 내오는 세밀한 숙고들을 보라: *Institutio* IV, 20,16; 그러나 또한 Strohm, *Calvin, zu Calvins juristischer und historisch-exegetischer Bildung*, 22ff, 119ff.
24) *Institutio* IV, 20,13.

5:39), 바울이 쓴 법정 분쟁들에 대한 판단(고전 6:5ff.), 이와 같은 그리고 수많은 다른 지시들을 칼빈은 그리스도를 따르는 것 안에서의, 그리고 하나님 나라 안에서의 삶을 향한 "사도적인" 지시들이라고 바라본다.[25]

칼빈에게 중요한 것은, 이 지시들 안에서 하나님을 향한 사랑과 이웃을 향한 사랑이 결정적으로 된다는 것인데, 그것은 공적 삶의 어려운 조건들 아래에서 시민적 통치의 수립을 위해 중요한 것이어야만 한다. 영원한 삶 그리고 "공공성 안에서의 사역"을 향한 "마음의 내적 채비"로 그가 선을 긋는 것은 그 이상의 신학적 숙고를 위해 필요한 것인데, 특히 그는 몇몇 군데에서 시종일관하게 두 통치권 사이에서의 독립과 변화들을 시야에 담고 있다. '율법과 복음'의 어려운 구분과 귀속이, 율법의 제3용도(*tertius usus legis*)에 관한 그의 교리가 여기에서 시야를 끈다.

크리스토프 슈트롬(Christoph Strohm)은 위대한 신학자이며 해석가인 칼빈을 그의 안에 담겨 있는 인문주의자들과 법학자들 없이는 이해할 수 없을 것이라고 그의 전기에서 정당하게 강조했다.『기독교강요』의 마지막 장은 이와 같은 결합에 대해 인상적 증거를 제공한다. 칼빈은 바울이 "재판의 분노"에 반대해서, 공동체 안에서의 재판적 논쟁들에 대한 거부를 통해 앞선 발걸음을 하고 있다고 여긴다. 하나의 시민적 통치의 건설과 관리, 그것은 또한 하나님 사랑과 이웃 사랑 안에서의 그리스도의 사도적 지시들에 입각해서 강화될 수 있는 것이다. 또한 칼빈의 확신에 따르면 유익하게도 인간의 관계에 대해서 이롭게 정당하게 작용할 것이다.

피고발자는 노여움을 갖지 말고 그리고 고발자는 욕심, 신랄함, 복수

---

25) Vgl. *Institutio* IV, 20,19-21, 그러나 또한 20,1.

의 추구와 미움을 갖지 말고 재판정에 나와야만 한다. 진정으로 올바른 갈등의 해소는, 마치 분쟁의 경우가 "이미 **친근하게 해결되고 조정된다면**"이라고 말했을 때처럼 각자의 사람이 "그의 적을 … 동일한 사랑과 우정으로 대할 때에만 이루어질 수 있다"고 한다.26)

칼빈은 말한다. 법적인 갈등들 그리고 논쟁들과의 이러한 '시원한' 관계는 많은 사람에게 '하나의 기적'으로 나타나게 될 것이다. 그러나 그는 시민적 통치의 영역에서 하나의 거울을 그리고 하나의 현실의 전조를 인식하도록 할 것이다. 그리스도의 통치는 그를 향해 맞춰져 있다. 하나님을 향한 사랑으로 방향을 잡는 가운데, 그리고 그분의 창조적인 선하심에 대해 감사드리며 그를 영광스럽게 하고자 하는 준비 안에서 진정한 이웃 사랑이 펼쳐진다. 그것은 공통의 삶의 기반을 무시하거나 의심으로 몰아넣지 않으면서 이웃들을 강하게 세워 주며 영광스럽게 하고자 추구한다. 또한 복잡한 갈등 상황들 안에서 그것은 하나의 분명한 방향적 지향점을 세운다. 그것은 에토스, 법률, 정치, 교육, 종교를 그 모든 내적 긴장들과 갈등들과 더불어 받아들여진 것으로 작용을 하도록 받아들인다. 왜냐하면 그것은 이 모든 질서의 능력을 하나님의 영광을 위해 세워져 있는 것으로 보기 때문이다: **하나님의 큰 영광을 위해서**(*Ad majorem Dei gloriam*).

---

26) *Institutio* IV, 20,18.

본회퍼의
천재적인 초기 교회론

번역: 오성현(서울신학대학교)

1925년 9월 중순 어느 날 아침, 19세의 디트리히 본회퍼는 베를린의 교리사학자 라인홀트 제베르크의 요청에 따라 아침 7시에 그를 배웅해 주러 기차역으로 동행한다. 얼마 후인 9월 21일에 본회퍼는 부모에게 편지를 쓴다. 그는 자신의 박사과정 지도교수인 제베르크와 "종교적인 공동체에 관한 주제"를 다루기로 약속을 했으며, 그가 헤겔, 스펜서, 막스 베버의 책들을 살 수 있도록 재정적인 후원을 해줄 것을 부탁하는 내용의 편지였다.[1] 약 2년 후인 1927년 7월 초에 그는 베를린 대학교 신학부에 "성도의 교제: 교의학적인 연구"라는 제목의 박사학위논문을 제출했다.[2] 그의 박사학위 지도교수는 열흘 만에 그 논문을 읽고 상당히

---

1) Dietrich Bonhoeffer, *Jugend und Studium 1918-27*, DBW 9, hg. Hans Pfeifer, München: Kaiser, 1986, 156f.
2) 참고로 기억해 둘 만한 점은 본회퍼가 자신의 박사학위논문을 쓰면서 7편의 세미나 논문

피상적으로 평가했으며, 그의 논문 점수를 1-2(A- 정도의 점수—역주)로 주었다. 바르셀로나에서 부목사 생활을 하던 1928년에 본회퍼는 논문을 출판용으로 다듬었다. 그의 지도교수에게 보낸 편지의 내용처럼 그는 내용을 줄이고 삭제하는 방향으로 논문을 다듬었다. 출판사의 소유주가 바뀌면서 출판사는 작업을 매우 느리게 진행했으며, 거기다가 다른 출판 업무들이 중간에 끼어들면서 본회퍼의 논문 출판은 2년이 늦어졌다. 1930년 9월에 가서야 책이 출판되었는데, 그것도 당시의 상황으로는 매우 높은 가격으로 책정되었다. 출판사로서는 책을 판매하기가 어려울 것이라고 예상했기 때문이다. 거의 25년이 지나서야 이 천재적인 책이 적어도 다소 합당한 평가를 받았다.

1954년에 에른스트 볼프는 크리스티안 카이저 출판사의 '20세기의 신학 저서들, 신간과 소식'이라는 시리즈에 『성도의 교제』의 새로운 판을 출판한다. 이 새로운 판에 대한 서언에서 볼프는 다음과 같이 쓰고 있다. 이 박사학위논문은 "상대적으로 적은 숫자로 출판된 교회론에 관한 새로운 단행본 중에서 가장 날카롭게, 그리고 가장 심오하게 교회의 본질적인 구조에 대한 물음을 다루고 있으며, 또한 경험적인 교회와 본질적인 교회가 논리적으로나 사회학적으로, 그리고 동시에 신학적으로 한 개념 안으로 끌어들여질 수 있는지, 그리고 어떻게 그것이 가능한지를 다루고 있다."3) 이 책에 대한 짧지만 중요한 두 번째 찬사는 1년 후에 칼 바르트의『교회교의학』화해론 2권에서 찾아진다.4) 이 책의 725쪽

과 교리문답과 설교학에 관한 9편의 초고를 만들어냈다는 점이다. Cf. Dietrich Bon-
hoeffer, *Sanctorum Communio. Eine dogmatische Untersuchung zur Soziologie der
Kirche*, DBW 1, hg. Joachim van Soosten, München: Kaiser, 1986, 1f.

3) E. Wolf, "Vorwort" zur Neuauflage von D. Bonhoeffers Sanctorum Communio
(ThB 3), München, 1954, 5f.

에서 바르트는 작은 글씨로 인쇄된 부분에서 이렇게 적고 있다. "나는 솔직히 내가 이런 걱정을 하고 있다는 것을 인정한다. 당시에 본회퍼가 도달했던 그 높이를 최소한 내가 유지라도 할 수 있을지, 내가 처한 이 자리에서, 그리고 나의 언어로 당시에 그 청년이 했던 것보다 더 적게, 더 약하게 말하게 되는 것은 아닐지 걱정된다." 디트리히 본회퍼의 청년기 신학저술의 진가를 타당하게 평가하는 것이 신학계에서 쉽게 이루어지지 않은 이유는 무엇인가?5) 이 초기의 작품에 몇몇 문제가 있고 그릇된 평가와 전개가 있음에도 불구하고, 이 작품은 교회론에 대한 천재적인 공헌을 담고 있다는 사실을 추호의 의심도 없이 사람들이 인정하게 만드는 이유는 무엇인가?

먼저 완전히 외적인 측면에서 고찰해 보면, 본회퍼의 박사학위논문은 교회론을 '다학제적으로'(multidisziplinär) 전개하는 대담한 시도라고 말할 수 있다. 본회퍼는 사회철학적 방법과 사회학적 방법으로 현실적인 교회를 파악한다. 그러면서 동시에 "교회 사회학에 대한 '교의학적' 연구", 즉 성도의 공동체(Sanctorum Communio)에 대한 내용적·신학적 연구를 제공한다. 사회철학적 사고 형식, 사회학적 사고 형식, 철학적 사고 형식, 조직신학적 사고 형식을 본회퍼는 이 작품에서 결합시킨다. 또한 그는 교회에 대한 그의 설명을 성서주석으로 뒷받침하고자 애쓴다. 이 작품의 끝 부분에는 예배를 위한 모임, 신학적 직무, 예전적 행위들 그리

---

4) Karl Barth, *KD* IV/2, Die Lehre von der Versöhnung, 2. Teil, Zürich: TVZ-Verlag, 1955, 725.
5) 최근의 평가에 대해서는 다음을 참조하라. Jürgen Moltmann, "Dietrich Bonhoeffer und die Theologie. Eine persönliche Würdigung," *Orientierung* 2/70 (2006), 14-18, 14.

고 교회의 목회활동에 대한 실천신학적 고찰을 세분화해서 제공하고 있다. 이처럼 대단히 풍부한 다학제적 스펙트럼 안에서 이 작품이 움직이고 있다. 사람들은 다음과 같은 의문을 제기할 수 있다. 그가 수용하는 이론들은 적합하게 선택된 것인가? 이익사회(Gesellschaft)와 공동사회(Gemeinschaft)에 대한 그의 개념들은 적절한가? 관념론에 대한 그의 논박은 실제로 그의 논적을 제대로 겨냥한 것인가? 하지만 세세한 모든 비판에도 불구하고, 성도의 공동체를 파악하고 묘사하기 위해서 그가 얼마나 복합적인 구조들을 다루고 있는지를 인지하고 나면 젊은 본회퍼의 천재성을 인정할 수밖에 없다.

많은 신학자들이 교회와 종교적 상황 일체를 단순한 구조로 파악하려고 시도했다. 무엇보다도 나(Ich)-너(Du)의 관계로 파악하려고 시도했다. 하나님의 내적인 관계도 나-너의 관계로 파악하였고, 하나님과 인간의 관계와 인간과 동료인간의 관계도 마찬가지 방식으로 파악하였다. 나-너의 형태가 도식 전체를 지배했고 패러다임 전체를 지배했다. 교회에 대한 진지한 이론을 전개시킬 수 없는—오늘날 쉽게 볼 수 있는—이런 구상들은 인격주의 신학, 혹은 대화주의 신학이라고 불렸다. 이런 모델로는 복합적인 공동체 형태들을 파악할 수 없다. 하지만 이것만이 이런 사상적 착안들의 문제가 아니었다. 이런 이론들에서 '너'는 한편으로 '이웃'에 대한 관점을, 다른 한편으로 '하나님'에 대한 관점을 나타냈다. 인간, 동료 인간 그리고 하나님이 나-너의 관계 안에 있다. 하나님과 인간 사이의 구조적인 차이성들을 악명 높게 슬그머니 뛰어넘는, 이런 단순한 도구로 많은 사상가들이 시작했다.

좀 더 의욕적인 신학 사상가들은 나-너의 관계 외에 이른바 '다원적인' 사회적 관계들도 개념적으로 파악하고자 시도했다. 사교모임(Geselligkeit, 동아리) 이론의 착안을 가진 슐라이어마허가 그 탁월한 사례이다. 슐라이어마허는 구체적인 개인들이—따라서 추상적으로 동일한 개인들이 아니라 구체적이고 일회적인 개인들이—어떻게 사회적인 연관성 안으로 들어올 수 있는가 하는 질문을 제기한다. 이 사회적 연관성은 그들의 다양한 개별성을 유지해 주거나, 혹은 더 나아가서 그들의 개별성이 상승되는 것을 허용하는 것이어야 한다. 슐라이어마허 외의 다른 사상가들에게서 사교적인 관계성과 사회적인 관계성은 종종 모호하게 남아 있다. 사람들은 인간의 '공동체적 연관성'에 대해서 즐겨 말했지만, 나와 공동체의 '관계'는 맹세의 문제였다. 대부분의 사상가들은 게다가 공동체적인 삶의 '유동적인' 사교적 형식들과 '확고하게' 구조화되고 제도화된 형식들을 분명하게 구분하고, 또 그 둘을 상호 연관짓는 데까지 도달하지 못했다. 더욱이 신론과 하나님의 개념을 복합적인 착안점 안에 분명하게 자리 잡게 하는 데에는 더 큰 어려움을 가지고 있었다. 중요한 역할을 감당하는 성령론과 기독론도 마련되지 않았고, 복합적인 상황들을 사상적으로 다룰 개념적 수단들도 주어지지 않았다.

본회퍼는 한편으로 헤겔로부터 정신 개념을 수용하며, 그리고 헤겔이 가끔 "하나의 나, (객관적) 우리, 그리고 나와 동일시된 하나의 우리"(ein Ich, das Wir, und ein Wir, das Ich ist)라고 특징지었던 구조를 수용한다. 이때 헤겔이 염두에 두고 있는 것은 예를 들어서, 개별적인 시민 안에서 인식되는 국가와, 국가와 동일시되어야 하는 개별적 시민이다. 교회 공동체 혹은 교회도 그런 정신적 구조들을 가진다. 본회퍼는 헤겔의 정신 구조를 수용하지만, 동시에 인간들을 동질화하고 하나로 만들어버릴 위험이 있다는 것을 인지한다. 이에 반해서 본회퍼는 하나님에 의해서 의도된 개개 인간의 구체적인 개별성을 강조한다. 그러면서 그는 인간이

나-너의 관련성들에 편입되어 있을 뿐만 아니라 복합적인 사회적 관련성 안에도 편입되어 있으며, 또한 그것을 통해서 구성되어 있음을 밝히려는 관심을 포기하지 않는다.

본회퍼의 착안이 가지는 이런 모든 특이점들을 파악하면, 우리는 그가 사고의 착안점으로 삼았던 복합적인 틀을 인식할 수 있다. 본회퍼는 사회적인 근본상황들을 생각하고 있다. 그 상황 안에서는

— 인간의 자기연관성뿐만 아니라
— 인격상호 간의 나-너의 관계도
— 복합적인 사회성의 형식들과의 연관성들도
— '하나님과의 연관성'도 고려되는데, 그것도 상호간에 다양하게 의존된 상태로 고려되고 있다. 인격, 하나님 개념, 인격 대 인격의 기본적인 연관성, 그리고 복합적인 사회적인 연관성들(고정적 연관성과 유동적 연관성)이 다양한 그러나 임의적이지 않은 관계성 안에 놓여 있다. 추상적인 일대일의 '하나님 연관성' 대신에 나에 대한 하나님의 연관성, 나의 동료 인간에 대한 하나님의 연관성, 나와 나의 동료 인간의 관계에 대한 하나님의 연관성, 사회성에 대한 하나님의 연관성이 파악되어야 한다. 또한 하나님에 대한 인간의 연관성들도 이에 상응하게 파악되어야 한다. 하지만 이것으로 충분하지 않다.

I

본회퍼는 먼저 커다란 비신학적인 구도 네 가지를 구분하면서, 이를 통해서 앞에서 말한 복합적인 틀이 사유되어야 한다고 여겼다. 그는 하

나님 개념, 인격(Person) 개념, 나-너의 연관성 그리고 공동체 개념이 가지는 상호의존성을 각기 다른 방식으로 파악하는 역사적 · 정신사적 구도들을 네 가지로 구분한다. 철학사적 연구에 주목한 본회퍼는 아리스토텔레스, 스토아학파, 에피쿠르스, 유럽의 근대주의자, 특히 데카르트와 칸트를 통해서 복합적인 사회적 연관성을—그 종교적 요소들을 포함해서—다루는 각기 다른 틀들을 생각하게 되었다.

나는 본회퍼의 모든 판단이 세세한 부분까지 적합하고 옳은지의 문제는 다루지 않겠다. 여기서는 다만 그런 복합적인 연관성들의 다수성을 파악하고 성찰했던 그의 천재성에 주목하고 싶다.

1. "아리스토텔레스의 형이상학적인 틀에 따르면, 인간은 단지 유적(類的) 이성(Gattungsvernunft)에 참여하는 한에서만 인격(Person)이 된다."[6] 본회퍼는 아리스토텔레스의 하나님 개념도 이에 상응하게 "비인격적으로"[7] 파악되고 있다고 여긴다. 따라서 본회퍼는 어떻게 개별과 보편의 관계규정에 대한 근본적인 견해가 하나님 개념으로부터 이해되는지, 또는 전자가 후자에 어떻게 역으로 영향을 미치는지를 보여준다.

2. 그는 스토아학파에서 하나의 새로운 구도를 발견한다. 개별적인 인격은 자신을 적응시켜야 하는 유(類)에 종속되어 있는 것이 아니라, 좀 더 높은 나라, 영혼들이 상호결속되어야 하는 이성의 나라에 종속되어 있다는 것이다. 이로써 본회퍼는 '윤리적 인격'이라는 개념이 확보되었다고 여긴다. 그러나 또한 인격 상호간의 연관성에 대한 새로운 종류

---

6) DBW 1, 20.
7) 같은 곳.

의 성찰들이 어떻게 가능한지를 알게 된다. 아리스토텔레스를 넘어서 이제는 잠재적으로 자유로운 인간들의 공동체가 생각될 수 있다. 이것은 아리스토텔레스의 경우와 달리, 공동체 개념과 더불어서 인격 개념, 또한 하나님 개념마저도 변경시키게 만든다.

3. 본회퍼는 세 번째 모델을 데모크리토스의 원자론에서 출발한 에피쿠르스주의에서 발견한다. 에피쿠르스주의는 인간의 사회화는 "오로지 각 개인의 쾌락을 증대하기 위함이며, … 각 개별자는 각기 다른 사람으로부터 자신을 분리해 주는 개별적 쾌락을 통해서 완성된다"는8) 논지를 주장한다. 본회퍼는 근대적 사고에서 중요한, 복합적인 공동체적 연관성들에 대한 인지가 이런 구상 안에 놓여 있음을 발견한다. 즉 한편으로는 "만인에 대한 만인의 투쟁"(홉스)으로 나아갈 수 있고, 다른 한편으로는 계약에 의한 질서를 추구하는 사회적 구성체를 필수적이게 만드는 복합적인 공동체적 연관성들을 발견한다. 근대의 사회적 원자론과 이와 경쟁적으로 조성된 개인주의는 여기에 구조적으로 뿌리를 두고 있다.

4. 본회퍼는 네 번째 틀이 근대에 '인식론적 인격 개념'을 전개한 데카르트와 칸트를 통해서 형성되었다고 생각한다. 인식하는 자아는 모든 철학의 출발점이 된다. 본회퍼는 근대적 착안점이 한편으로는 개별자에 대한 집중을 새롭게 추진하며, 다른 한편으로는 첫 번째와 두 번째 틀의 상이한 계기들을 자신 속에 수용할 수 있다고 여긴다. 여기서는 인격이 보편적인 것 안으로 흡수됨으로써 인격의 구체적인 개별성은 극복된다.

---

8) DBW 1, 21f.

"한 자아는 다른 자아와 동일하다. 오로지 이런 동일성을 근거로 해서만 인격들의 연관성이 비로소 생각될 수 있다. 인류는 이성의 나라로 승화되도록 규정되어 있다. 즉 인류는 완전히 동질적이고 일치되는 인격들, 단지 활동의 종류를 통해서 분리되지만, 보편적인 이성 내지 하나의 정신에 의해 규정된 인격들로 이루어진 나라를 형성하도록 규정되어 있다."9)

개인적 연관성, 상호주관적 연관성, 복합적인 사회적 연관성 그리고 복합적인 종교적 연관성으로 얽혀진 연관 체계를 규명해 주는 네 가지 구도를 이처럼 높은 수준에서 구분한 후에 본회퍼는 교회사회학에 대한 교의학적 연구에 착수한다. 본회퍼의 판단에 따르면 근대인들은 한편으로 사회적 원자론, 곧 인간의 체계적인 개별화(고립화)를 촉진시키며, 다른 한편으로는 동질화된 사람들의 결합만을 생각할 수 있을 뿐이다. 따라서 본회퍼는 근대인들이 참된 개별성을 생각할 수도 없고, 아울러서 현실적인 공동체 개념도 형성할 수 없다고 주장한다. "동질화된 자들의 이러한 결합은 결코 … 공동체 개념에 이르지 못하고 단지 동일성의 개념, 단일성의 개념에만 도달할 뿐이다."10)

내가 여기서 이 네 가지 틀을 소개한 것은 본회퍼가 이 틀들을 철학사적으로, 그리고 철학적으로 완전하게 작업해냈다고 여겼기 때문이 아니라,『성도의 교제』첫 페이지에서부터 이미 최근의 교회론에 비견될 만한 사고력과 통찰력이 인지되기 때문이다. 인격, 기초적인 나-너의 관계, 복합적인 상호인격성, 하나님과의 복합적인 연관성의 개념들은 서로 분리되어서는 안 된다. 이 개념들은 연관성 속에서 전개되어야 한다.

---

9) DBW 1, 24.
10) DBW 1, 24.

그래야만 교회론이 몇몇의 구조물과 느슨한 사상으로 이루어지지 않게 될 것이다.

본회퍼의 과정과 유사하게, 그때그때의 정신적 상황에 따라서 기초적인 근본적 경험들을 다른 방식으로 분절시키는 다수의 틀들이 제시되어야 한다. 우리가 혼돈 속에 있을 때, 우리는 폭군 아래서 고통을 받고 있을 때와는 다른 방식으로 하나님께 질문을 던진다! 개별적인 인격, 성공적인 인격 대 인격의 관계, 인간 상호간의 공동체의 완전한 형식들, 하나님에 대한 적절한 관계, 그리고 하나님께 기대하는 구원에 관한 우리의 근본적인 견해—이 모든 근본적인 견해들은 임의적인 연관성 안에 놓여 있는 것이 아니다. 일관성 있게 완성된 교회론은 항상 신론, 인간론, 인간 상호관계론과 결부되어 있으며, 이런 요소들은 명시적으로 전개되든지, 아니면 암묵적으로 함께 동반되든지 할 것이다.

II

이런 복합적인 배경 위에서 본회퍼는 기독교 교회에 관한 자신의 이해를 전개한다. 교회와 관련해서도 그는 다음과 같은 견해에서 출발한다. 기독교적 인격 개념, 기독교적 공동체 개념들, 하나님과의 연관성 및 하나님 인식에 관한 구상들이 엄격한 상호연관성을 이루고 있다는 것이다.11) 본회퍼가 대부분의 경우에 "관념론적"이라고 공격한 근대의 인격 개념은 (새로운 인격 개념, 곧) "개별적이고 구체적인 인격의 특성을

---

11) "기독교적 개인(인격) 개념은 필연적으로 인간의 정신이라는 사실성 위에 구축되며, 그것도 이런 정신의 구조적인 개별적 개성의 사실성 위에 구축된다…"(DBW 1, 25).

끝까지 보존해 주고, 또 그것을 하나님의 뜻에 합당한 것이라고 여기면서 보존해 주는 인격 개념에 의해서 극복되어야" 한다.12)

본회퍼는 인격, 인격 상호간의 대자성(對自性), 공동체, 하나님과의 연관성 사이의 복합적 관계가 신학적으로 두 가지 틀 속에서 생각되어야 하며 상호연관을 이루어야 한다고 확신한다. 한편으로는 이른바 "아담의 인간성"(Adamsmenschheit)으로, 다른 한편으로는 "그리스도의 인간성"(Christusmenschheit)으로 생각되고 상호 연관되어야 한다는 것이다.

죄와 깨어진 공동체에 관한 간단한 분석에서 본회퍼는 "아담의 인간성"을 묘사한다. 그는 이 인간성을 하나의 큰 공동체로 간주하는데, 이 공동체 안에서 각 인간은 자신의 삶을 살면서 선과 악이 무엇인지를 안다고 생각한다. 본회퍼는 여기서 창세기 3장 22절에 나오는 타락의 역사를 염두에 두고 있다. 루터 번역에 따르면 하나님은 이 역사에서 다음과 같이 단언하신다. "보라, 아담이 우리 중의 하나와 같이 되었고, 선과 악이 무엇인지를 안다."

철학자 헤겔은 성서의 다른 구절들보다 이 구절을 매우 자주 인용했고 언급했다. 그는 다음과 같은 결론에 이른다. 선과 악이 무엇인지를 안다는 것이 인간에게 문서로 증명된 한에서, 인간이 죄의 타락에서 하나님의 형상으로 복귀되었다는 사실이 입증된다. 인간은 하나님과 같이 되었다. 인간은 선과 악이 무엇인지를 안다. 어떻게 이보다 더 좋은 일이 인간에게 일어날 수 있겠는가? 19세기, 20세기의 헤겔 좌파는 모두—포이어바흐에서 마르크스를 거쳐서 에른스트 블로흐에 이르기까지—이런 점을 받아들였다. 죄의 타락에서 인간의 자율성이 입증된다.

---

12) DBW 1, 25.

본회퍼의 통찰력은 돋보인다. 그는 창세기의 역사를 더 정확하게 연구한 책『창조와 타락』에서뿐만 아니라,『성도의 교제』에서도 이미 이런 해석은 유지될 수 없다는 점을 파악하고 있다. 사실 이런 해석은 정확하지 않은 번역에 기인한다. 히브리어 원전에서는 이렇게 말하고 있다. "보라, 아담이 ka'achat mimmenu가 되었다."—우리 중의 하나와 같이 되었다—"그리고 선과 악이 무엇인지를 안다." ka'achat, 개별자(ein Einzelner, 단독자, 외톨이)라는 것은 구약적 사고방식에서 본다면 비상 신호이고 경보 신호이다. 인간의 고립이 여기서 확정된다. 우리가 복수를 번역할 때, 복수가 천상의 무리(천사)에 관계되는지, 하나님의 삼위일체에 관계되는지, 아니면 단순히 군주가 자기를 지칭하는 복수형인지의 문제와 상관없이, 어떤 경우든 인간의 고립이 결정적인 문제다. 타락한 인간은 오로지 자신의 관점으로부터만, 다시 말해서 단지 개별자(ein Einzelner)로서 삶에 필요한 것이 무엇이고 유해한 것이 무엇인지를 안다. 히브리어 "선과 악을 알고 인식한다"는 것은 바로 그런 것을 염두에 두고 있다. 타락한 인간에게는 신적인 신중함, 곧 전체를 바라보는 조망이 결여되어 있다. 본회퍼는 다음과 같이 적합하게 언급하고 있다. "죄와 함께 윤리적 원자론이 역사에 출현한다."[13]

본회퍼는 이제 "타락 상태에 있는 인간의 결속과 결합의 종류"[14]를 파악하고자 시도한다. 이로써 그는 전통적으로 '원죄'라고 불렀던 것을 이해하려고 한다. 과감한 생각 속에서 그는 각 사람을 인간 유(類)의 대리자로서만 보지 않는다. 물론 내가 전체 인간의 대리자이다! 하지만 그는 또한 한 인간이 하나님에 대항해서 일으키는 각 항거에서 전체 인간

---

13) DBW 1, 70.
14) 같은 곳.

의 타락을 본다. 내가 하나님 앞에서 죄책이 있다면, 모든 인간이 하나님 앞에서 죄책이 있다. 하나님으로부터 타락하는 인간은 "자신의 인격적인(혹은 개인적인) 규정에서뿐만 아니라 자신의 일반적인 규정으로부터도 타락한다. 죄가 저질러질 때마다 온 인류는 타락한다. 그러기에 우리 중에 그 누구도 아담으로부터 원칙적으로 구분되지 않는다. 다시 말해서 각 사람이 '첫 번째' 죄인이다."15) 본회퍼의 주장에 따르면 인간은 아담 안에서 "집단인격"(Kollektivperson)이다. 헤겔의 말을 빌린다면, "하나의 나, (객관적) 우리 그리고 나와 동일시된 하나의 우리"이다. "아담 인간성"의 이런 집단인격은 오로지 "교회 공동체로 존재하는 그리스도"(Christus als Gemeinde existierend)라는 집단인격을 통해서만 해체될 수 있다. "'죄의 인간성'이 비록 단적인 개별자들로 분리된다고 하더라도 그것은 하나이다. 그것은 집단인격이다. 하지만 그 자체에서 무한하게 종종 분열되어 있다. 각 개별자들이 자기 자신이면서 동시에 아담이듯이 죄의 인간성은 아담이다. 이런 이중성이 죄의 인간성의 본질이며, 이런 이중성은 그리스도 안에서 이루어진 새로운 인간성의 통일을 통해서 비로소 극복된다."16)

교회의 현실성은 계시의 현실성이다. 교회는 예수 그리스도 안에서 실재화되었다(realisiert). "부활한 그리스도는 자신에게 속한 사람들이 없이 존재하지 않는다"라고 루터는 간명하게 표현했다. 본회퍼는 이런 인식을 아주 진지하게 받아들이면서, 실재화된(realisiert) 교회와 활성화된(aktualisiert) 교회를 구분한다. 부활하고 높여진 자로서 그에게 속한 자들과 함께 존재하며, 그를 증언하는 남녀 증인들과 함께 존재하는

---

15) DBW 1, 72.
16) DBW 1, 76.

그리스도 안에서, 실재화된 교회는 이미 존재한다. 활성화된 교회는 이에 반해서 성령의 활동을 필요로 한다. 본회퍼는 여기서 신약성서의 진술들을 끌어들인다. 교회는 영원 전부터 그리스도 안에서 선택되었다(엡 1:4ff; 살후 2:13). 교회는 새 아담 안에 있는 새 인간이다(고전 15:22,45; 롬 5:12ff,19f). 본회퍼는 신약성서의 전승 안에 있는 진술, 곧 교회는 "그리스도의 몸"이며, 인간은 그 몸의 지체들이라는 진술에 호소한다.17) 본회퍼는 그리스도와 교회 공동체가 바울에게서 동일시되며, "그리스도 안에 있다"는 것은 "교회 공동체 안에 있다"는 것과 동일한 의미를 지닌다는 주장에 대한 다양한 증거들을 제시한다. 그는 당연히 다음과 같은 점도 인정한다. "그리스도와 교회 공동체의 전적인 동일화는 발생할 수 없다. 왜냐하면 그리스도는 승천하였고, 이제는 하나님 곁에 계시며, 우리는 그분을 여전히 기다리고 있기 때문이다."18)

비록 교회가 이미 그리스도 안에서 완성되었다고 해도, 하나님은 성령으로서 계시되어 "하나님의 공동체인 교회를 시간적으로 건립하려고 추진한다."19) 그리스도 안에서 하나님은 아담 인간성의 특징인 "상호간의 고립과 결박"의 긴장을 해소한다.20) 그리스도 안에서 하나님은 인류를 실제로 하나님의 교제 안으로 끌어들인다. 본회퍼는 예수의 십자가 죽음에서 인류의 전반적인 자아 중독에 대한 하나님의 심판과 분노가 반포되었다고 생각한다. 그는 자아 중독이 고독을 조성하는 율법을 통

---

17) 고전 12:2ff; 롬 12:4ff; 엡 1:23; 4:15f; 골 1:18; 고전 6:15; 롬 6:13,19를 참조하라.
18) DBW 1, 86.
19) DBW 1, 89.
20) Cf. DBW 1, 91.

해서 유발되었다고 여긴다.[21] 루터교에 깊이 뿌리박힌 이런 해석은 오늘날 많은 사람에게 더 이상 받아들여질 수 없을 것이다. 율법은 필연적으로 고독으로 나아간다는 것은 오늘날 논쟁의 여지가 있는 주장이다. 그러나 하나님이 인간에게 타락한 세상은 죄의 권세 아래 있다는 사실을 십자가에서 계시하셨다고 하는 것은 옳은 지적이다. 본회퍼는 여기서 이에 대해서 더 이상 명확하게 상술하지 않는다. 하지만 뒤에 나온 그의 글들에서, 특히 옥중서신들에서 이런 인식이 명확해진다.

십자가에서 하나님은 생명을 보존하고 유지해야 하는 선한 권세들이 완전히 부패되어 매수당할 가능성과 현실성의 혐오스러움을 인간들이 목도하게 하셨다. 예수 그리스도는 종교의 이름으로, 이중적인 법(로마법과 유대법)의 이름으로, 지배적인 세계 권력 정치의 이름으로, 공공 여론의 이름으로 십자가에 매달린다. 그의 제자들마저 배반하고 그를 버리고 도망간다. 하지만 죄의 권세 아래 있는 인간의 죄와 곤경에 대한 계시만이 십자가에서 일어난 것이 아니다. 본회퍼는 다음과 같은 점을 적절하게 통찰하고 있다. 그리스도가 인간이 홀로 감당할 수 없는 죄책을 인간으로부터 제거한다는 것과 이런 사랑의 행위와 이런 하나님의 선물을 거부하지 않는 것이 중요하다는 점이다.[22] 본회퍼는 이렇게 요약한다. "그러나 교회는 그리스도 안에서 하나님의 눈앞에 현존한다. 그리스도는 교회를 가능하게 했던 것이 아니라, 교회를 영원히 실재화했다. … 그것은 십자가에 달리고 부활한 교회 공동체의 주님에 관한 말씀이 성령에 의해서 움직이는 것을 통해서 일어난다."[23]

---

21) Cf. DBW 1, 94.
22) Cf. DBW 1, 99.
23) DBW 1, 100.

III

『성도의 교제』 후반부는 성령에 의해 추동력을 얻어 움직이는 말씀을 통해서 교회가 활성화되는 것에 관한 내용을 다룬다. 성령은 말씀을 통해서 교회 공동체 안에서 예수 그리스도의 주권을 확립한다. 성령을 통해서 "그리스도는 교회 공동체로서 존재한다." 성령에 의해서 추동력을 얻어 움직이는 말씀을 통해서 영적 다수성(Geist-Viellheit)에서 하나의 영적 공동체성(Geistgemeinschaft)이 나오며, 새로운 사회적 관계들이 창조되며, "죄의 균열이 메워진다."[24] "성도의 공동체, 곧 교회의 핵심은 하나님의 영에 의해 감동되어 사랑과 은혜를 발산하는, 사랑하는 사람들의 교제라고 이해하게 된 것"은 교부 아우구스티누스의 위대한 업적이라고 본회퍼는 치하하면서, "죄 용서를 가져다주는 것은 조직화된 교회나 직제가 아니라 성도들의 교제"라고 주장한다.[25] 이제 본회퍼는 교회 공동체와 공동체 구성원이 "구조적으로 함께하는 것"에 대해서, 그리고 구성원들이 "활동적으로 서로를 위하는 것"에 대해서 서술한다. 함께한다는 것은 예배의 말씀 선포와 성례전의 거행에서 실행된다고 본회퍼는 여긴다. 서로를 위한다는 것은 이웃을 위해 펼치는 자기부정의 활동들, 중보기도 그리고 하나님의 이름으로 상호간에 베푸는 죄의 용서에서 일어난다.[26] 본회퍼는 이런 과정들을 하나님의 관점에서, 개별적 인간의 관점에서, 나와 너의 상호주관적 관계에서, 교회 공동체와 개인 그리고 교회 공동체와 하나님의 상호작용에서 반성한다.

---

24) DBW 1, 107.
25) DBW 1, 114f.
26) Cf. DBW 1, 121.

그는 요약적으로 다음과 같이 간명하게 표현한다. 그리스도의 인간성의 새로운 사회적인 근본관계들은 다음과 같은 방식으로 묘사된다. 아담의 인간성 안에서 찢겨진 윤리적인 근본 관계들이 성령을 통해서 새롭게 된다. 상호간의 사랑에서 하나의 공동체성이 구성되는데, 이 공동체성 안에서 나와 너는 더 이상 상대방에게 요구하는 관계가 아니라 서로에게 선물을 주는 관계로 된다. 그리스도의 인간성 안에서 한 사람은 사랑의 활동을 통해서 기도로, 대리적 행위를 통해서 다른 사람을 짊어지는데, 이것은 오로지 그리스도의 교회 공동체 안에서만 가능하다. 본회퍼는 교회 공동체의 통일성을 "신앙의 일치와 신앙 안에서의 일치"로 묘사한다. 근대 인간론의 추상적인 평등성 대신에 기독교적 평등성이 들어선다. 이 기독교적 평등성은 "모든 사람을 전적으로 하나님의 눈앞에" 세우는데,27) 그러나 이때 바로 각 사람의 구체적이고 개인적인 독특성은 하나님이 원하셨던 것이라고 인정되고 수긍된다. 물론 그리스도의 인간성에서 각 사람은 사제가 되도록 규정되어 있다. 사제들과 평신도들 사이의 차이는 단지 상대적이고 기능적인 것이지 더 이상 원칙적인 것이 아니다. 그러나 "만인사제설은 … 다른 한편으로 바로 개별적인 사람들의 구체적인 불동등성을 인정하고 있다. 개별적인 사람들이 상호간에 서로 섬기고 있기 때문이다."28)

본회퍼는 교회사회학에 대한 교의학적인 탐구를 수행하기 전에, 교회의 경험적인 형태에 대한 반성을 완료해야 한다고 여긴다.29) 경험론적인 교회는 법률적인 틀을 갖춘 "조직화된 구원의 공공기관"으로서, 심지

---

27) DBW 1, 137.
28) DBW 1, 139.
29) Cf. DBW 1, 140ff.

어 국가정치적 권력까지 획득할 수 있다. 본회퍼는 헤겔과 더불어서 교회가 객관적 정신을 형성한다고 여기면서, 이런 객관적 정신을 긍정한다. 그는 교회가 가정 교회로 해체되거나, 가정 교회가 이상적인 교회로 간주되는 것의 위험에 대해서 경고한다. 친밀한 소규모의 공동체들과 공적인 교회들(본회퍼는 더구나 "국가 교회"에 대해서 언급한다)은 상호 평행하게 전개되어야 한다. 교회의 공적인 형태가 포기되어서는 안 된다. 그럼에도 불구하고 객관적인 정신(Objektiver Geist)과 성령(Heiliger Geist)을 구분하는 것은 매우 중요하다. 중요한 점은 객관적인 정신이 성령을 규정하려고 시도하는 것이 아니라, 성령이 객관적인 정신을 각인하고 형성시킨다는 것이다.

IV

정신은 "하나의 나, (객관적) 우리 그리고 나와 동일시된 하나의 우리"이다. 헤겔의 이런 사고의 도식으로 본회퍼는 "집단인격들"을 파악하며, "아담의 인간성"과 "그리스도의 인간성"을 "집단인격들"이라고 부른다. 인격주의적 사고 형태와 사회철학적 사고 형태를 통해서, 그는 이런 집단인격들의 내부 구조들을 매우 잘 파악하고 묘사할 수 있었는데, 이것은 본회퍼 이전뿐만 아니라 이후의 그 어떤 교회론들이 수행했던 것보다도 훨씬 더 훌륭하게 해낸 것이었다. 이 위대한 업적은 본회퍼 청년기의 천재적인 작품의 한계를 논하기 이전에 먼저 높이 평가받아야 할 부분이다.

나의 책『하나님의 영: 성령의 신학』에서 밝힌 것처럼, 헤겔의 정신

(Geist) 개념은 아리스토텔레스가 그 유명한『형이상학』12권에서 발전시킨 사고의 도식, 곧 아리스토텔레스가 누스(nous), 이성, 그러나 가끔은 또한 "하나님"이라고 부른 사고의 도식과 상응한다.30) 그러나 이 정신(Geist)은 그 근본 구조에서 성서적 전승의 성령(Heiliger Geist)과 상응하지 않는다. 아리스토텔레스와 헤겔의 영은 자기연관적인 방식으로 개별적 인격이거나 혹은 집단인격이다. 성서의 성령은 자기연관적이지 않다. 성령은 "자기 자신에 대해서 증거하지 않고", 그리스도를 지시하고, 창조주 하나님을 지시한다. 성령과 "교회 공동체로 존재하는 그리스도"는 사람들이 그 과정은 잘 모르면서도 받아들여 사용하다보니, 본회퍼 교회론의 객관화되고 고착화된 요소들로 받아들여지고 있다. 마찬가지로 교회가 실재적인 사회적 형태를 취할 때 몸담게 되는 객관적인 정신도 거의 신비로운 위압적 힘을 가진, 객관화되고 고착화된 요소가 되었다. 본회퍼에 따르면, 객관적 정신도 당연히 시간과 역사의 흐름 속에서 상이한 형태들을 취할 수 있다.31) 그러나 본회퍼에 따르면 객관적 정신도 또한 "집단인격"의 특징들을 보이고 있다.

이에 반해서 성서적 전승에 따른 성령은 상황에 민감하며 예민하다. 만약 성령이 전적으로 저항을 받지 않는 세력이라고 한다면, '너희는 성령을 슬프게 만들거나, 억제하거나, 몰아내거나, *끄지 말라*'고 하는 경고들은 의미가 없는 문구가 되고 말 것이다. 또한 성령의 역사도 균질적으로 이루어지지 않으며, 그렇다고 인간의 구체적인 개별성을 승인하는

---

30) M. Welker, *Gottes Geist. Theologie des Heiligen Geistes*, Neukirchen-Vluyn: Neukirchener, 3. Aufl. 2005; 또한 ders. (Hg.), *The Work of the Spirit: Academic Pneumatology and Pentecostalism*, Grand Rapids: Eerdmans, 2006도 참조하라.
31) Cf. DBW 1, 144.

방식으로 이루어지지도 않는다. 본회퍼의 대안이 성령의 역사를 적절하게 파악하기에는 충분하지 않다. "남자들과 여자들, 노인들과 젊은이들, 남종들과 여종들"이 영의 부음을 받아서 증언과 예언을 할 수 있게 된다 (욜 2장). 상이한 전통, 민족, 언어의 사람들이 영의 역사를 통해서 '하나님의 위대한 행위들'을 깨닫고 증언할 수 있다(행 2장의 오순절 보도 참조). 하나의 복합적인 '통일성'이 영을 통해서 창출된다. 그 통일성 안에서는 물론 자연적·정치적 권력 관계들의 상대화도 일어나지만, 풍성한 '교회 공동체를 세우고' 상이한 지체들을 가진 '그리스도의 몸'을 구성하도록 영의 상이한 은사들이 일깨워진다. 이와 같은 영과 영의 역사의 분화된 구조를 본회퍼는 아직 명확하게 인지하지는 못하고 있다.

사회학적, 사회철학적 차원에서도 그의 착안점은 오늘날 발전될 필요가 있다. '객관적 정'에 대한 언급은 다음과 같은 점을 외면하게 만든다. 오늘날 경험적인 교회는 가족, 정치, 교육, 법률, 시장, 미디어 등의 상이한—종종 갈등을 일으키는—합리성들, 다시 말해서 다른 '객관적인 정신들'과 접촉하고 있으며, 심지어 경험적인 교회가 이런 '정신들'에 의해서 각인되고, 모양이 갖춰지고, 또 때로는 모양이 바뀌어 왜곡되기도 한다. 초기 기독교에 매우 중요했던 '영들의 구별'의 과제는 '객관적 정신'과 '성령'을 구분하거나, 올바른 선후질서를 정하는 문제 정도로는 적절하게 파악되지 않는다.

우리가 오늘날 이런 다양한 비판적인 질문들을 본회퍼의『성도의 교제』에 제기해야 한다고 하더라도, 이로써 그의 청년기의 천재적인 제안에 대한 높은 평가가 조금도 줄어들지 않는다. 오히려 정반대다. 많은 다른 교회론적 착안들, 예를 들어서 인격주의적 착안들, 윤리 도덕적 착안들, 제도 이론적 착안들, 혹은 막연히 '사회성을 지향하는' 착안들과 달리 본회퍼의 제안에는 구조적인 발전 가능성이 있다. 우리는 그의 장점들로부터 배울 수 있다. 그리고 이때 우리는 더욱 강력한 성서적·성령론적 방향성을 그의 구상에 추가할 수 있다. 우리는 '공동사회와 이익사회'(Gemeinschaft und Gesellschaft)에 대한 불충분한 구분과 '집단인격' 개념을, 교회의 경험적인 형태들의 내적인 구조와 우리가 살아가고 있는 다양한 유형의 사회들에 더욱 잘 맞아떨어지는 분석적 모형으로 대체할 수 있다. 그렇게 되면 우리는 '경험적 교회'에 대해서 본회퍼보다 더 세분화해서 말해야 할 것이다. 사회학적으로 파악되어야 하는 기독교 교회는 아마도 그때그때의 구체적인 대상일 것이다. 예를 들어서 현대 독일이나 유럽의 기독교 교회라든지, 아니면 중국이나 타이완, 한국의 기독교 교회가 될 것이다.

어떤 형태의 교회들이 발전했는가? 우리는 어떤 형태를 발전시켰는가? 우리는 어떤 외적인 '객관적 정신들', 기구들, 조직들과 그 합리성 및 강제성에 대해서 대응했는가? 그리고 그 대응은 옳았는가, 옳지 않았는가? 우리가 그리스도의 영에 따라서 참된 교회를 지향하려고 한다면, 우리는 어떻게 영들을 구분할 수 있고, 구분해야만 하는가? 이런 차원에서, 우리가 건설적인 간학문적·국제적·에큐메니칼적 대화 속에서 교회론을 구축하려고 할 때, 그것도 한편으로 경험적인 교회 존재를 파악하지만 다른 한편으로 이것을 그리스도와 성령의 교회의 기준에 맞추어서 항상 새롭게 평가하려고 하는 교회론을 구축하려고 할 때, 본회퍼의 착안은 본보기가 될 수 있다. 다른 교회론들은 단지 자신들의 고유한 체계만을 추천하거나, 아니면 종교적이거나 도덕적 호소로 자신들의 곤경을 덮어버리지만, (본회퍼의) 이런 실재적인 신학은 자유롭게 전개될 수 있다. 이런 신학은 진리의 추구와 정의에 대한 진지한 질문을 본분으로 여기는 교회와 학문의 공동체들에게 길잡이가 될 수 있다. 이런 신학은 교회와 학문의 공동체가 '교회 사회학에 대한 교의학적 연구'를 항상 새롭게 시도해야 하는 불가피한 과제에 직면하도록 용기를 북돋울 수 있다.

"저항과 복종"에 담긴 본회퍼의 신학적 유산

번역: 김장섭(장로회신학대학교)

　　디트리히 본회퍼의 가장 절친한 친구였던 에버하르트 베트게는 1951년 본회퍼의『옥중서신』을 출간했다.[1] 여기에 실린 본회퍼의 편지와 기록물들은 그의 생애 마지막 2년간의 삶과 생각의 면면들을 고스란히 보여주고 있다. 이 책은 지금까지 독일에서 40만 부 이상 독자들의 선택을 받았으며, 17개국 언어로 번역되었다. 오늘날 본회퍼는 투옥과 순교 앞에서도 굴하지 않았던 모범적인 그리스도인이자, 사유의 깊이가 있고 창조적으로 활동했던 신학자로서 기억되고 있다.

　　본회퍼는 1943년 4월 5일부터 사형집행일이었던 1945년 4월 9일까

---

[1] 최종적으로 편집된 판본은『저항과 복종: 옥중서신』(*Widerstand und Ergebung. Briefe und Aufzeichnungen aus der Haft*), 크리스티안 그렘멜스(Christian Gremmels), 에버하르트 베트게 & 레나테 베트게 부처(Eberhard Bethge und Renate Bethge), 일제 퇴트(Ilse Tödt) 편, 디트리히 본회퍼 전집 제8권(Dietrich Bonhoeffer Werke 8)(DBW 8), Gütersloh: Kaiser, 1998.

지 2년 동안 자유를 박탈당한 상태로 지냈다. 본회퍼는 베를린 시(市) 테겔 구(區) 소재 군수사대 수감 시설에 1944년 10월 8일까지 구금되어 있다가, 프린츠 알브레히트 가(街) 소재 국가보안국 지하 감옥으로 이송되어 1945년 2월 7일까지 감금되었다. 본회퍼는 다른 수감자들과 함께 부헨발트 소재 강제수용소(Konzentrationslager, KL이라 약칭되는 이 시설은 유대인들이 집단적으로 끌려가 희생됐던 곳이기도 하다―역자)로 끌려갔다가, 같은 해 4월 3일 플로센뷔르크 소재 강제수용소로 보내졌다. 그렇게 이송된 지 이틀 후인 4월 5일 히틀러는 방첩업무 총책임자 카나리스 제독에게 본회퍼를 포함하여 수감된 레지스탕스 활동가들을 제거하라는 지령을 내렸고, 이에 따라 4월 9일 새벽 본회퍼의 교수형이 집행되었다.

옥중에서 본회퍼는 편지들을 우선 자신의 부모님께 부쳤고, 1943년 11월 18일부터는 친구인 에버하르트 베트게에게도 써 보냈다. 수감자가 가족이 아닌 사람에게 편지를 보내는 것은 위법이었지만, 간수 한 명이 본회퍼의 편지들을 몰래 전달해 주었다. 본회퍼는 이 편지들을 쓰면서 자신의 신학적 중심 사상을 펼쳐 보였다. 그렇기에 이 편지들 속에 담겨 있는 본회퍼의 수많은 성찰과 고백을 요약하고 압축한다면, 그가 지녔던 사상의 전체적 윤곽을 그려 볼 수 있을 것이다. 그럼으로써 그가 우리에게 남긴 신학적 유산은 과연 무엇인지도 가늠해 볼 수 있을 것이다.

I. 신앙적(geistlich)이고 신학적인 현실주의(Realismus)

본회퍼가 부모님께 보낸 첫 번째 편지에서 이미 반복하여 언급하기도 했던 그의 근본 사상은 개인의 삶이 가진 상호관련성(Verwobenheit)에 관한 것이었다. "… 인간의 삶이란 그 자신의 육체적 실존을 훨씬 넘어서는" 것이며, "인간의 삶의 중심점은 인간 자신의 외부에 (놓여 있다)."[2] 이러한 인식은 "인간은 모름지기 자신이 주는 것보다 끝이 없을 정도로 훨씬 더 많은 것을 받고 있으며, 삶을 비로소 풍요롭게 만드는 것은 바로 감사"라는 것을 깨닫는 것과 연관되어 있다.[3] 본회퍼는 자기가 "내면적으로 물려받은 유산"에 대해 깊이 감사하고 있었다. "수 세기를 이어 온" 이 "정신적(geistig) 전통" 덕분에 본회퍼는 스스로를 추스를 수 있었고, 감옥에서조차 자기가 "보호받고 있다는 강한 느낌"을 경험할 수 있었다. 그리스도교 공동체에 여전히 소속되어 있다는 확신은 가족[4]과 친구들과의 결속도 계속되고 있다는 확신의 보호막이 되어 주었다.[5] 시대와 장소를 초월하는 그리스도인들의 공동체는 감옥의 높은 담장을 상대화시키고 무너뜨린다. 이는 그리스도인들의 공동체가 지닌 위대성과 정신적(geistig) 영향력 때문만은 아니다. "하나님의 눈"이 인생을 내려다보고 계시다는 것이 감옥에 갇힌 이들에게 기쁜 소식이 되는 이유는, 이것이 의미하는 바가 하나님께서는 "인간들이 쉽게 외면하는 곳일지라도 외면하지 않으신다"는 뜻이기 때문이다.[6]

이런 맥락에서 본회퍼는 "우리의 인생이란 불완전하고 미완성"이라는 것뿐만 아니라 살면서 겪게 되는 곤경과 비참, 심지어 자기가 감옥에

---

2) 1943년 9월 5일자 편지. 이미 다양한 판본의 『저항과 복종』이 출간되어 있기에 인용 시 모든 판본에서 확인할 수 있도록 책의 쪽수가 아닌 편지의 일자로 표시함.
3) 1943년 9월 13일자 편지. 또한 1943년 11월 18일자 편지도 참조하라. "감사와 후회는 모두 과거를 현재화하는 힘을 지니고 있다."
4) 이에 관해 1944년 5월에 쓴 편지에 나오는 "디트리히 빌헬름 뤼딩어 베트게의 세례일에 적은 단상(斷想)"도 보라.
5) 1943년 12월 17일자 편지를 참조하라.
6) 1943년 12월 17일자 편지.

간혀 지내고 있는 그 모든 시간에 대해서도 새롭게 의미를 부여하고 "더 높은 수준에로의 완성"을 지향하는 것으로 받아들일 수 있었다.[7] 본회 퍼의 이러한 심적 자세는 그로 하여금 "어떠한 외압에도… 평안과 기쁨"을 잃어버리지 않게 만들어 (주는) 힘의 원천이 되었다. 본회퍼는 이러한 자신의 삶을 "종말"을 믿는 신앙에 의해 이끌어지는 "종말 직전을 사는 삶"이라고 부르며, "은혜로 말미암아 굳건해지는 마음"에 관해 이야기했다.[8] 본회퍼는 구약의 전승들이 종말 직전을 사는 삶에 관해 증언하고 있음을 토대로 다음과 같은 도전적인 의견을 피력하기도 했다: "너무 성급하게 곧바로 신약성서의 방식에 젖어 살려고 하는 사람은 그리스도인이 아니라는 것이 내 견해다."[9]

본회퍼는 옥중에서 편지들을 쓰면서 자신의 신앙적(geistlich)이고 신학적인 현실주의를 심화시켜 나갔다. 그는 가려져 있거나(Verhüllung) 아예 알 수 없는 것(Geheimnis) 앞에서는 조심스러워하며 존중했으며, 진리에 관해 질문할 때도 결코 폭로와 누설을 즐기는 경박한 욕망으로 기울어지지 않았다. 이 지점에서 우리는 방법론적으로 인위적 조작을 최소화하기를 지향했던 본회퍼의 진리관을 엿볼 수 있다. "내 생각에 '진리를 말한다'라는… 말의 뜻은 어떤 것의 현실을 있는 그대로 말한다는 뜻

---

7) 1944년 2월 20일자 편지와 1944년 4월 26일자 편지. 맹렬한 폭격 가운데 살아남은 뒤 1943년 11월 27일자 편지에서 이미 본회퍼는 자신의 수감 현실을 "괴롭지만 나아지기 위해서는 필요한 시련"이라고 썼다.
8) 1943년 대림절 둘째 주일에 인용한 히브리서 13장 9절. 1944년 5월에 쓴 "세례일에 적은 단상"에서 본회퍼는 "영혼의 보존" 또는 "생동하는 영혼"에 관해 이야기하고 있다.
9) 1943년 12월 5일자 편지. 같은 편지에 나오는 "하나님의 이름은 말할 수 없는 것임을 아는 자만이 예수 그리스도의 이름을 말할 수 있으며, 삶과 땅을 너무도 사랑하여 그와 함께 모든 것을 잃고 끝난 것처럼 된 자만이 죽은 자의 부활과 새로운 세계를 믿을 수 있다…"는 언급을 참조하라.

이다. 즉 그것에 대해 아예 알 수 없는 부분(Geheimnis), 알려져 믿을 만한 부분(Vertrauen)과 가려져 아직 알려지지 않은 부분(Verhüllung)이 있음을 인정하고 함부로 다루지 않는다(Respektierung)는 뜻이다."10) 본회퍼의 현실주의는, "혹시 하나님께 거스르는 것이 그중에 있을지라도 모든 일은 하나님께로 이끄는" 계기가 되며 "하나님께서 주시는 것 안에서 하나님을 만나고 사랑해야 (한다)"는11) 신념에 의해 지탱되고 있기 때문에, 신앙적(geistlich)이고 신학적인 현실주의였다고 평가된다.

II. 종말론적 현실주의와 삶의 총체성

1943년 12월 18일 본회퍼는 친구 베트게에게 다음과 같은 편지를 쓴다. "석방에 대해서는 더 이상 기대하지 않고 있다네. 내 예측이 맞았다면 12월 17일 심리에서 출소가 결정되었겠지.12) 변호사들은 더 안전한 길을 택하자고 하는군. 나는 한 달까지는 아니더라도 몇 주간은 여기 더 있게 될 것 같네. 지난주엔 정신적인 괴로움이 그 어느 때보다도 더 극심했었지."13) 나흘 후 다시 베트게에게 보낸 편지에서는 그동안 잘 나타내지 않던 괴로움을 절절히 쏟아낸다. "아무도 내게 일러주진 않고 있지만, 나는 성탄절에도 풀려나지 못하도록 결정이 내려진 것 같네. 어째서 나는 안 된다는 말인가? 내 품행이 그토록 불온하단 말인가? 하루하루

---

10) 1943년 12월 5일자 편지. 또한 "정신분석에 대한 혐오는 갈수록 심해져 (간다)… 자기 인식보다 더 중요한 것이 있음"을 강조하는 1943년 12월 15일자 편지도 참조하라.
11) 1943년 12월 18일자 편지.
12) 이날은 군사법원 제4 재판부에서 본회퍼에 대한 공판이 열렸던 날이다.
13) 1943년 12월 18일자 편지.

를 공허한 희망이라도 꿈꾸며 버티고 있는 내게 법정공방이 계속된다고 해서 더 나은 건 무얼까? …신앙을 잃고 갈팡질팡하는 것, 행동은 뒤따르지 않고 말로만 끊임없이 논의하는 것, 무언가를 해 보려고 시도조차 못 하는 것, 이런 것들이 정말로 사람을 위험에 빠지게 만드는 것들이지."14)

이 쓰디쓴 실망의 터널 속을 지나면서 본회퍼는 자신의 신앙적(geist-lich)이고 신학적인 현실주의를 종말론적으로 심화해 나갔다. 본회퍼는 먼저 "하나님께서 주신 것에 대해 만족하지 못하는 무분별한 종교적 망상"에 대해 경고한다.15) 이를 교정하는 데에 있어 본회퍼는 **하나님과 동행함**이 "무엇보다 가장 중요한 것"임을 강조한다. 하나님과 동행한다는 것은 열정이 넘쳐 하나님보다 앞서 나가는 것도 아니고, 소심한 나머지 하나님 뒤로 숨는 것도 아니다. 하나님과의 동행이라는 개념을 통해 본회퍼는 자신의 생각을 압축적으로 표현하고 있다.16) 본회퍼는 이 개념을 전도서의 한 구절과 관련시킨다. "이제 있는 것이 옛적에 있었고 장래에 있을 것도 옛적에 있었나니 하나님은 이미 지난 것을 다시 찾으시느니라"(전 3:15).17) 본회퍼는 이 구절에서 종말론적 현실주의를 정초시킬 심오한 토대를 발견했다. 하나님께서 지나간 것을 찾으시기에 우리도 "하나님과 함께 지나간 것을 다시 찾을" 수 있다는 것이다. 본회퍼는 전도서의 이 구절이 에베소서 1장 10절에서 내용적으로 계승되어 그리

---

14) 1943년 12월 22일자 편지.

15) 같은 편지.

16) 1943년 12월 18일자 편지 외 다수를 참조하라.

17) 글쓴이는 아아레 라우하(Aarre Lauha), 『전도서』(Kohelet), BKAT XIX, Neukirchen-Vluyn: Neukirchener, 1978, 62쪽의 번역을 인용하였으나, 옮긴이는 개역개정판 『성경전서』, 서울: 대한성서공회, 2001에서 인용함.

스도론적으로 응용되었다고 해석한다: 하나님께서 "하늘에 있는 것이나 땅에 있는 것이나 다 그리스도 안에서 하나가 되는 때가 마침내 이르도록 작정하셨도다."

본회퍼의 해석에 따르면 "잃어버려지는 것은 없다. 그리스도 안에서는 모든 것이 보전된다. 물론 변형된 형태이기는 하지만 말이다. 그분 안에서는 모든 것이 투명해지고, 분명해지고, 자기 추구적 욕망의 고통으로부터 벗어나게 된다. 그리스도께서 이 모든 것을 우리의 죄로 인해 왜곡된 상태로부터 하나님께서 본래 의도하셨던 대로 되돌려 놓으신다. 에베소서 1장 10절에서 유래하는 이 만물회복설—이레내우스의 용어로는 *anakephaleiosis* 혹은 *re-capitulatio*—은 신자에게 큰 위로를 주는 대단히 탁월한 교설이다."[18] 여기서 본회퍼는 성령의 능력으로 이루어지는 "새로운 창조"를 보았던 것이다.

하늘에 있는 것이나 땅에 있는 것이나 모든 것을 하나님께서 찾으시며, 또한 그리스도 안에서 새롭게 변화시키는 창조로써 통일시키시고 "되돌려 놓으신다"는 확신은 단지 미래를 향한 희망만을 뜻하지 않았다. 이는 본회퍼가 가족들로부터 철저히 차단된 형편에 처해서도 위로와 담대함을 누릴 수 있었던 직접적인 원인으로도 작용했다: "인간의 손 안이 아니라 하나님의 손 안에 있다는 확신을 가질 수 있어야만 한다. 그러면 모든 것을, 심지어 가장 극심한 곤핍함조차도 넉넉히 감당할 수 있게 된다."[19] 이 시기부터 본회퍼는 점점 더 분명하게 자신의 신학적 현실주

---

18) 1943년 12월 19일자(대강절 4째 주일) 편지.
19) 1943년 12월 22일자 편지. 같은 편지에서 또 이르기를, "나는 누군가를 원망하는 일 없이 지나간 것들을 생각하고 현재의 것들을 감수하고 있다. 나는 다만 인위적인 조작에 의해 확신을 잃게 되는 누를 범하지 않길 바랄 뿐이다."

의를 강변하기 시작한다: "진실에 앞서 인간이 먼저 수많은 실패와 오류와 그에 따른 책임의 무게를 맛볼지라도 진실 안에는 하나님이 계시다. … 만일 우리가 하나님께서 우리에게 주신 인생에 어떤 가치가 있는지를 깨닫고 최선을 다해 열심히 살아가되 우리의 인생을 사랑하기까지 하고 나아가 인생의 가치가 위협받거나 파괴됨으로 인해 받게 되는 고통 또한 의연하고 흐트러짐 없이 겪어낸다면, 이는 분명 하나님께 더 크게 영광을 돌리는 삶의 방식이 될 것이다. … 인생의 가치에 대해 호들갑 떨지 않는 사람이야말로 인생의 가치가 무너질 때 오는 고통에 대해서도 호들갑 떨지 않을 수 있는 것처럼 말이다."[20]

본회퍼는 이러한 신학적이고 종말론적인 현실주의가 사람들의 매우 상이한 경험들을 사상적으로뿐만 아니라 실제 생활 방식에서도 하나로 융화되게 촉진한다는 사실을 알고 있었다. 아직 불분명하고 불완전한 형태이긴 하지만 본회퍼는 다음과 같은 정리를 시도한다: "인생의 굴곡과 그 질문들로부터 자기 자신을 애써 떼어내려고 하는 사람치고 현재와 미래를 위한 시험에 통과한 사람은 없었다."[21] 본회퍼는 자기 세대의 동시대인들 사이에 만연해 있던 온전치 못한 사리분별과 습관적 망각에 대해 괴로워했다. 비록 그들의 그런 행태는 하루가 멀다 하고 가해지던 연합군의 폭격과 나치의 억압 속에서도 어떻게든 살아남아야 했기에 취한 생존 전략에서 비롯된 것이었지만 말이다. 본회퍼는 자신이 "도덕적 기억" 속의 "흉칙한 단어"라고 명명한 것을 가지고 일종의 실험을

---

20) 1944년 1월 23일자 편지.
21) 1944년 1월 29일자 30일자 편지. 또한 자기 세대 인생들의 "미완성적인" 면에 대해서는 통탄하면서도 이와 동시에 하나님께서 이루실 완성을 지시해 주는 어떤 종류의 미완의 부분들에 대해서는 가치가 있음을 강조하는 1944년 2월 23일자 편지도 참조하라.

수행한다. 근시안적인 경거망동(輕擧妄動)과 경박한 감탄고토(甘呑苦吐)의 세태에 맞서 본회퍼는 깊고 무거운 주제에 대해서는 긴 호흡으로 그 의미를 곱씹어야 함을 역설한다: "진·선·미의 유산과 모든 위대한 업적들은 시간과 지속성 그리고 '기억'을 필요로 한다. 그렇지 않으면 그 것들은 변질되고 만다."[22]

본회퍼는 자연을 소중하게 여기는 중부 산악 지대의 애호가인 자신을 되돌아보며 인식과 경험과 존재에 있어서 '간소함'과 '소박함', '순수함'과 '알맞음'이란 무엇인가에 대해 사색을 이어 나간다. 본회퍼에 따르면 "교육에서 능히 도달할 수 있고 또 반드시 도달해야만 하는 목표"란 바로 '알맞게' 되는 것이다. 그는 '순수함'은 모든 사람이 잃어버린 것이지만 믿음 안에서는 '다시 선물받을' 수 있음을 주장한다.[23] 본회퍼는 자기의 동시대인들에게는 진정한 대화의 장에 나올 능력이 없음을, 그들은 단지 '자기가 하고 싶은 말만 하는' 사람들임을, '무의미하게 말 섞기'만 일삼을 뿐임을 한탄한다. 본회퍼는 그들의 이런 행태는 자기연민, 궁핍하고 곤란한 형편을 제대로 이겨내지 못하는 모습, 자기폐쇄적 집착, 공허한 소망에 불과하다며 경멸적인 평가를 내린다.[24]

1944년 2월 21일자 편지에서 본회퍼는 자기가 옥중에서 집필한 기록물들을 위해 "저항과 복종"이라는 제목을 사용한다. 본회퍼는 신앙을 가진 사람만이 "기민하고 생동적으로 행동"할 수 있으며, 언제 어디서 "운

---

22) 1944년 2월 1일자 편지.
23) 1944년 2월 12일자 편지.
24) 1944년 2월 2일자, 2월 13일자, 3월 19일자, 4월 11일자 편지를 참조하라. 또한 "…나는 우리가 도대체 얼마나 자주 우리의 고난에 관해 이야기하고 있는지에 관해 반성해 볼 때 부끄럽게 느껴지는 경우가 많다"라고 쓰고 있는 1944년 3월 9일자 편지도 참조 하라.

명에… 결연하게 맞서 대항"하고 언제 어디서 "시의적절하게 굴복해야" 하는지에 대해서도 민감하게 대처할 수 있다고 여겼다. 그래서 본회퍼는 신앙을 하나님께서 '인도'하신다는 사실을 감지하는 감각을 계발해 주는 것으로 이해하며, 운명 속에서 또 운명으로 '변장'하셔서 잘 알아볼 수 없었던 하나님을 나의 운명을 이끄시는 '당신'으로서 인식하게 해주 는 것으로 파악한다. 3월 27일 부활절에 보낸 편지에서 본회퍼는 신앙 을 "부활로부터 시작되는" 삶과 연관시켜 고찰한다. 본회퍼에 따르면 대 부분의 사람들은 "자기들이 본래 어디서 유래하여 살게 되었는지"를 알 지 못한 채 살아가고 있다고 한다. 모든 사람이 그토록 추구해 왔던 '아르 키메데스의 점'은 부활 안에 있었던 것이다: "나에게 움직이지 않는 점 하나만 주시오. 그러면 그 점을 받침점으로 삼아 지렛대로 지구를 들어 올려 보이겠소!"[25]

욕망과 집착에서 떠나 믿음 안에서 부활의 능력으로 말미암아 살아가 며 하나님의 인도하심에 자신을 내어 맡기자는 종말론적 현실주의는 본 회퍼로 하여금 "이 깨우침에 의해 확인된 사실에 입각해서만" 살아가게 만들었다. 본회퍼는 자신의 이러한 태도가 자신을 조숙하게, 즉 "시대보 다 앞서 가게" 만들었으며, "한 치의 흐트러짐도 없이 부단하게" 치열한 삶을 살게 해주었다고 자평한다: "내 눈엔 만사가 필연적이고 필수적일 뿐 아니라 한 치의 흐트러짐도 없으며 지존자의 인도하심에 따라 정해 진 것으로 보인다."[26] 본회퍼는 자신의 이러한 태도 덕분에 "내게서 '어

---

25) 4세기 알렉산드리아의 수학자 파푸스(Pappus)가 아르키메데스에 관해 남긴 증언 중에 서 인용함.
26) 1944년 4월 11일자 편지. 또한 "나는 확실히 많은 것을 배워 왔지만… 처음으로 외국생 활을 경험했을 때나 어릴 적 처음으로 아버지가 어떤 분인지를 경험했을 때만큼 변화를 겪지는 못했다. 그런데 귀로만 듣다가 눈으로도 보게 된 것이었다"라고 쓰고 있는 1944

떤 평안함이 흘러나오고 있다'든지 또 내게서 '기쁨이 떠나지 않고 있다'
든지" 하는 말을 주변으로부터 자주 들었노라고 편지에 여러 번 기록했
다.27)

III. 비종교적 그리스도교

흐트러짐 없는 삶, 평안과 기쁨의 넘침―많은 사람은 이와 같은 열매
를 맺었던 본회퍼의 삶의 자세를 부러워하거나 모범으로 삼고자 할 것
이다. 본회퍼는 자신의 신학은 이러한 삶의 자세로부터 나온 것임을 누
구보다도 분명히 인식하고 있었다. 비록 자신의 절친한 친구의 눈에는
"의아해 보이거나 걱정스러워 보일 만한" 신학일지라도 말이다: "나를
한 순간도 가만히 놓아두지 않는 질문은, 도대체 오늘날 우리에게 그리
스도교란 무엇이며 그리스도인이란 누구인가 하는 것이다." 본회퍼는
이 질문에 대해서는 "신학의 말이든 경건의 말이든" 단순히 말만으로는
대답될 수 없다고 여겼으며, 인간의 '내면적 정신세계나 양심'에 호소를
해도 마찬가지라고 생각했다. 그래서 본회퍼는 종교의 시대는 종언을
고하게 된다고 내다보았다: "우리는 지금 종교가 없는 시대를 향해 나아
가고 있다. 사람들은 이제 바야흐로 더 이상 종교적일 수 없게 된 것이
다. 자기를 진지하게 '종교적'이라고 여기는 사람들조차도 그렇게 실천
하며 살아가지 못한다. 사람들이 '종교적'이라고 말할 때 그 말은 이제
완전히 다른 어떤 것을 의미하게 된 것이다."28)

년 4월 22일자 편지도 참조하라.
27) 1944년 4월 30일자 편지 외 다수.

본회퍼는 인간의 '종교적 선험성'에 대한 무분별한 집착은 '지적 불건 전성'에 빠지게 만들거나 사람을 심약하게 만들어 '종교적 착취'에 노출 시킬 뿐이라고 경고한다. 본회퍼의 이러한 비판은 그리스도교 신앙을 향한 것이 아니라, 인간의 다른 모든 경험에 앞서 자리하는('종교적 선험 성'과 같은) 종교적 핵심을 들먹이긴 하지만 실은 인간의 내면적 정신세 계나 양심의 영역에서만 맴돌고 마는 그릇된 경건을 향한 것이었다. 본 회퍼는 이런 종교성은 "역사의 진행에 따라 한계를 드러내는, 지난 시대 의 표현 양식"에 해당한다고 평한다. 본회퍼에 따르면 이런 종교성은 '그 리스도교가 입던 겉옷'이었으나, 오늘날에는 동화 속 '임금님의 새 옷'처 럼 공허한 가설에 불과한 것으로 드러나고 말았다는 것이다.29) 본회퍼 는 칼 바르트도 이 문제에 대해 지적은 정확하게 했지만30) 아쉽게도 "형 이상학과 내면의 정신세계(이것들을 본회퍼는 '종교'와 연관시킨다!)라는 자 기 시대에나 유의미할 뿐인 전제 조건들"을 신학적으로 제대로 극복하 는 데에는 실패하였다고 비판한다. 바르트에 대한 본회퍼의 비판이 얼 마나 정당한지에 관해서는 차치하더라도, 본회퍼가 형이상학적 유신론 에 기대려고 하는, 또 종교적·실존주의적으로 다듬어진 내면의 정신세 계에 기대려고 하는 신학이나 종교성에 대해 맹렬히 반대하였음은 분명

---

28) 중요 자료인 1944년 4월 30일자 편지 외 다수.

29) 이에 관하여 I. U. 달페르트(Dalferth), Ph. 슈퇼거(Stoellger) 편,『주관성의 위기: 논 란 가운데 있는 패러다임의 문제점들』(Krisen der Subjektivität. Problemfelder eines strittigen Paradigmas), Tübingen: Mohr Siebeck, 2005, 143-156쪽에 수록된 미하 엘 벨커(Michael Welker), "종교적 함정으로서의 주관적 신앙"(Subjektivistischer Glaube als religiöse Falle)을 참조하라.

30) "나의 내면에는 의존적 감정이 있다. 고로 나는 믿는다"라는 근본적 착각을 저지르는 "간접적 데카르트주의"에 관한 바르트의 지적은『교회교의학』(KD) I/1, 223쪽 이하를 참조하라. 또 바르트에 대한 본회퍼의 장단점 분석은 1944년 5월 5일자 편지와 6월 8일 자 편지를 참조하라.

하다. 본회퍼는 그런 신학이나 종교성은 지난 시대의 문화적 산물이라고 판별된 것들까지 계속 추앙하는 우를 범한다고 질타한다.

본회퍼는 이와 같은 비판이 자신의 동시대인들에게 '걱정거리'를 만들어 줄 수 있음을 잘 알고 있었다. 본회퍼는 상황이 이렇게 됐는데도 그리스도인으로서 살아가는 것이, 특히 기도와 예배를 드리는 것이 어떻게 가능한지에 대해 질문을 제기한다.[31] 본회퍼가 자신의 생각을 이토록 철저하게 밀고 가는 모습은 비록 1944년 4월이 되어서야 비로소 확연하게 나타나지만, 사실 이런 생각 자체는 훨씬 오래전부터 구상되어 있었다. 이미 1943년 11월 21일자 편지에서 본회퍼는 자기가 감옥에 갇혀 있는 동안 '종교성'에 대해 점점 더 의심하게 되었다고 밝힌 바 있다. 하나님을 인간이 체험할 수 있는 어떤 한계 경험쯤으로 자리매김하는 '종교인들'에 대해 본회퍼가 분노했다는 점을 고려할 때, 본회퍼가 자신의 생각을 그토록 철저하게 밀고 간 것은 그의 신학적이고 종말론적인 현실주의와 관련이 있다고 보아야 할 것이다. "종교인들은 아는 것이 바닥나게 되거나 더 이상 버틸 수 없게 되면 (더 고민하기 귀찮기도 해서) 그제야 하나님에 관해 말하기 시작한다." 형이상학적인 피안에든 선험적인 내면의 정신세계에든 "두려운 나머지 하나님에게 떠넘기려는" 모든 시도에 대해 본회퍼는 도발적일 정도로 극렬하게 반대 입장을 천명한다: "나는 인생의 한계상황까지 밀려가서야 만나게 되는 하나님이 아니라 인생의 중심에 계시는 하나님에 관해서, 인간이 할 수 없을 때가 아니라 인간이 할 수 있을 때 하나님에 관해서, 인간이 죽음과 죄에 빠질 때가 아니라 인간이 잘살고 잘될 때 하나님에 관해서 말하고자 한다. …

---

31) 1944년 4월 30일자 편지를 참조하라.

하나님은 우리의 삶 한복판에서 피안적인 분이시다."32) 본회퍼는 이렇게 '저항과 복종' 사이에서 하나님의 인도하심을 믿으며 이해하려는 시도를 계속 이어 간다.

1944년 5월 말에 쓴 디트리히 베트게의 "세례일에 적은 단상(斷想)"에서 본회퍼는 자기의 소신을 다음과 같이 요약한다: "우리는 스스로의 능력을 너무 과신하며 살아왔다. …" 우리는 구경만 하는 호사를 부리며 살았고, "될 수 있는 대로 괴로움 없이" 살 수 있는 방법만 찾았으며, 이성으로 모든 어려움을 돌파할 수 있다고 너무 쉽게 믿었다. 우리의 교회는 위기의 시대에 스스로를 지켜내는 데에 최대의 관심을 기울였다. 그러나 우리는 "상처투성이에 열매도 없는 자부심을 이제 내려놓고, 하나님의 심판을 받아들이면서 겸허히 무릎 꿇을 때, 그리고 우리의 동시대인들 전체와 그들이 갖는 아픔에 관대하고 희생적으로 참여할 때, 그제야 비로소 우리는 우리가 참으로 살고 있음을 알게 될 것이다." 본회퍼는 **신앙의 언어가 부활**하기를 바랐고, "예수님께서 쓰셨던 언어처럼 해방과 구원의 힘을 가진 새로운 언어"를 꿈꿨다. 본회퍼는 그 언어가 "아마도 전적으로 비종교적"일 것이라고 내다보았다. 종교 이후의 시대에 신앙의 언어로 새로워질 때까지 "그리스도인들의 노력은 메아리도 적고 티도 잘 나지 않겠지만, 기도하는 가운데 의를 행하며 하나님의 때를 기다리는 사람들이 없어지지는 않을 것이다."

1944년 5월 5일자 편지에서 본회퍼는 그리스도교 신앙의 "종교적" 해석에 대한 자신의 비판은 하나님과 신앙에 관한 "형이상학적이고 개인주의적인" 논변을 향한 것임을 분명하게 밝힌다. "그 두 가지는 성경

---

32) 1944년 4월 30일자 편지.

의 내용과도 맞지 않고 현대인에게 어울리지도 않는다." 본회퍼는 루돌프 불트만이 비신화화 작업을 수행할 때 그도 자신과 같은 문제의식을 가지고 있었지만, 하나님과 기적을 "종교적이지 않게" 해석하는 대신 오히려 실존주의적 종교성을 확고히 하는 쪽으로 넘어갔다고 여겼다. 불트만과 달리 본회퍼는 중요한 신학적 기초 개념들을 근본적으로 새롭게 해석해야 한다는 생각을 하고 있었는데, 이 생각은 세상 한복판에서 스스로를 계시하신 하나님에 관해 증거하는 요한복음 1장 14절에서 기인한 것이었다: "말씀이 육신이 되어 우리 가운데 거하시매 우리가 그의 영광을 보니…."

IV. 다성 음악(Polyphonie) 같은 삶의 현실과
고난당하시는 하나님

에버하르트 베트게의 방문 후에 쓴 1944년 5월 20일자 편지에서 본회퍼는 자기 생애의 마지막 순간까지 붙잡고 씨름을 하게 될 한 가지 생각을 펼쳐가기 시작한다. 열정을 잠재우려는 그리스도교 내의 모든 종교적 시도에 반대하여 본회퍼는 "다성 음악 같은 삶의 현실"을 긍정하려 했고, 주선율과 대선율의 긴장을 강조하고자 했다: "주선율이 분명하고 확실하게 진행되는 곳에서만 대선율도 대위법에 따라 힘차게 전개될 수 있다. 그리스도 안에 신성과 인성이 있음을 고백하는 칼케돈신조33)에 빗대어 표현하자면, 주선율과 대선율은 서로 '분리되어 있지는 않지만

---

33) 451년에 열린 제4차 에큐메니칼 공의회에서 작성 · 채택된 신앙고백문.

구분되어' 있다."

본회퍼는 이 새로운 생각에 대해 매우 흡족해 하며 여러 번 반복하여 기술했다.[34] 그리스도에 관한 기본적인 인식을 음악적 비유를 통해 새롭게 재인식함으로써 본회퍼는 '저항과 복종' 사이에서 하나님의 인도하심을 신뢰하는 신앙에 대해 더욱 깊이 이해하게 되었다. 본회퍼는 현실 속에 담겨 있는 종말론적 성격을 '하나님의 나라'에 관해 설명하면서 눈앞에 펼쳐 보인다: "전쟁과 재난이 그치고 다시 있지 않는 나라, 막을 수도 없고 허물 수도 없는 나라, 어떤 이들에게는 영원한 두려움과 심판이 되고 어떤 이들에게는 영원한 기쁨과 정의가 되는 나라, 마음속에만 있는 것이 아니라 이 땅 온 세상 위에 세워지는 나라, … 목숨을 걸 만한 가치가 있는 나라."[35]

본회퍼는 이러한 인식을 발판으로 삼아 "전체에의 참여"를 논할 때 불분명했던 부분을 정교하게 보완할 수 있었다. **"다차원적이고 다성 음악적인 삶"**이란 개념은 그리스도교 신앙에 부합하는 것이며, 그런 삶은 신앙의 힘으로 인해 생동하게 되는 삶이며, 인생의 어두운 면이나 곤고하고 위험한 순간들조차 넉넉하게 품고 가는 삶이다. 본회퍼는 친구 베트게에게 자신이 통찰한 바를 다음과 같이 생생하게 들려주었다: "이곳의 일상에서 내가 언제나 또다시 목격하게 되는 진실이란, 한 번에 여러 가지를 품을 수 있을 정도로 마음의 그릇 크기가 큰 사람은 퍽 적다는 것이라네. 비행기 소리가 들리면 사람들은 공습에 대한 두려움에 휩싸여 꼼짝도 못 하게 된다네. 배식으로 좋은 음식이 나오기라도 하면 조금이라

---

34) 1944년 5월 21일자 편지("다성 음악에 관한 생각이 항상 나를 따라 다닌다")와 29일자 편지를 보라.
35) 1944년 5월 21일자 편지.

도 더 먹으려고 체면 따윈 조금도 개의치들 않네. 바라던 바가 이루어지지 않으면 온 세상이 다 끝난 듯 고개를 떨구고, 조금 성공하면 안하무인으로 행세하기 일쑤라네. 사람들은 자기들의 삶이 한창인데도 그런 줄을 모른 채 지금의 이 순간순간을 온전히 누리지 못하고 있어… 이에 반해 그리스도교는 동시에 전개되는 삶의 다양한 차원들 속에 우리가 있음을 알게 해준다네. 우리는 말하자면 하나님과 전 세계를 함께 가슴에 품고 있다는 말일세. 우리는 우는 자들과 함께 울고 동시에 기뻐하는 자들과 함께 기뻐하지. 우리는 삶에 대해 걱정하지 않을 수 없지만, 동시에 삶보다 훨씬 더 중요하게 생각해야 할 것들에 관해서도 생각해야 하는 걸세. 삶은 하나의 차원 안에 제한될 수 없는, 다차원적이고 다성 음악적인 것이지. **생각**할 수 있다는 것, 그리고 생각을 통해 다차원성을 유지한다는 것은 과연 하나의 해방적인 경험임에 틀림없다네…. 사람들이 단선적인 생각의 틀을 깨고 나오도록 해주어야 해. 말하자면 사람들이 신앙을 '준비'하거나 사람들에게 신앙이 '가능'하게 되도록 해주어야 한다는 말이네. 비록 다차원성 안에서 사는 삶을 가능하게 해주는 것은 신앙뿐이기는 하지만 말이야…."36)

이런 배경하에서 본회퍼는 하나님을 "우리가 더 이상 어찌할 수 없는 한계상황에서가 아니라 우리의 삶 한복판에서 인식"하길 추구하고, 또 실제로도 그렇게 인식해야 한다는 신념을 확립하기에 이른다. '삶의 중심'이신 예수 그리스도 안에서 계시된 하나님을 진지하게 받아들임으로써 우리는 하나님을 우리의 현실로부터 멀리 밀어내고, 하나님을 주권자가 아닌 조연 정도로 취급하며, 하나님을 더 이상 어쩔 수 없을 때나

---

36) 1944년 5월 29일자 편지.

울며 겨자 먹기 식으로 찾는 풍조에 대해 분명히 반대하여야 한다. 우리는 하나님을 우리의 다차원적인 삶의 현실 속에서 인식하기 위해 진지하게 노력을 기울여야 한다. 그렇다면 구체적으로 어떻게 그런 인식에 도달할 수 있단 말인가?

1944년 6월 8일자 편지에서 본회퍼는 사람들이 자신들의 삶의 현실 속에서 하나님을 축소시키고 있다는 견해를 다시 언급한다: "사람들은 모든 중요한 사안을 다룰 때에 '작업가설로서의 하나님'이란 도움 없이 스스로 해결하라고 배워 왔다. 이러한 흐름은 학문과 예술과 윤리에 관련된 사안들을 다룰 때에 더 이상 이론의 여지가 없이 당연한 것으로 여겨지게 되었다. 지난 100여 년간 이러한 흐름은 계속되어 왔고 이제는 종교적 문제들에도 적용되기에 이르렀다. 만사는 '하나님'이란 개념을 전제하지 않아도 무방하며 무탈하게 흘러간다는 것이다. 학술적인 영역에서처럼 다른 모든 일상의 영역에서도 '하나님'이란 개념은 생명력을 잃은 채 유리되었다. 하나님이란 개념이 퇴출된 것이다." 이러한 흐름에 맞서 "세계 안에 종교가 자리 잡을 만한 공간이나 혹은 세속으로부터 종교를 보호하기 위한 공간을" 확보할 목적으로 모종의 종교적인 대항논리를 제시하기에는 이미 때가 늦었다. 본회퍼가 역설한 것은 종교적이지 않은 방식으로도 세계의 현실 속에서 하나님을 인식할 수 있어야 한다는 것이었다. 하나님을 점점 더 조연급으로, 부수 현상으로, 한계상황에 부딪혀서야 기억할 만한 대상으로 호도하며 하나님이란 개념을 억압하는 현대인의 의식 구조 속에서도 하나님을 인식할 수 있어야 한다는 것이었다.[37]

---

37) 1944년 6월 30일자 편지도 참조하라.

1944년 7월 8일자 편지에서 본회퍼는 자신의 견해를 다음과 같이 밝힌다: "내가 더 나아가 원하는 바는, 하나님이 이 세상에 마지막으로 신비스럽게 남아 있는 어떤 곳으로 모셔지는 것이 아니라 세계와 인간이 성숙해졌다고 인정받는 것이고, 세속 가운데 사는 인간이 '구더기처럼 여겨지는' 것이 아니라 인간이 가장 강할 때에 하나님과 대면하게 되는 것이며, 평신도를 겁박하는 성직자들의 농간에 더 이상 휘둘리지도 않고 하나님께 이르는 길을 심리치료법이나 실존주의 철학 속에서 찾고자 헤매지도 않게 되는 것이다."

1944년 7월 16일자 편지와 18일자 편지에는 새로운 시대를 향해 도약을 촉구하는 본회퍼의 유명한 문장이 등장한다: 우리는 이 마지막 시대에 어울릴 진솔함을 획득하고자 노력해야 한다. "바야흐로 이제는 '마치 하나님이 계시지 않다는 듯이'[38] 이 세상에서 살아야 한다는 것을 인식하지 못한다면 더 이상 진솔하게 살아갈 수 없게 되었다. 더구나 우리는 이 점을 하나님 앞에서 인식하고 있다! 하나님께서 손수 우리에게 이러한 인식을 재촉하고 계시다. … 하나님께서는 우리가 하나님 없이 삶을 영위해 나가야 하는 존재라는 것을 알게 해주신다. 우리와 함께 계시는 하나님은 우리를 떠나시는 하나님이시다…! 하나님이란 작업가설 없이 우리를 이 세상에서 살게 하시는 하나님 앞에 우리는 늘 서 있다. 하나님 앞에서 그리고 하나님과 함께 우리는 하나님 없이 살고 있다." 본회퍼의 유명한 문장들이 계속해서 이어진다: "하나님께서는 스스로를 세계로부터 십자가로 몰아내셨다. 세상에서 무력하고 약하신 하나님께서는 바로 그렇게 그리고 오직 그렇게만 우리와 함께하시고 우리를

---

38) *etsi deus non daretur.*

도우신다." 본회퍼는 바로 이 지점에서 그리스도교가 다른 종교들과 확연히 구별되는 차이점을 발견할 수 있다고 강조한다. 루터가 1518년 하이델베르크 논쟁에서 취했던 십자가 신학의 논점을 명시적으로 사용하지는 않았지만, 본회퍼는 영광의 신학과 십자가 신학 사이의 차이성을 강조한 것이다.

인간의 종교성은 영광의 신학을 추동한다. 영광의 신학은 곤고함 속에 처해 있는 인간으로 하여금 세계 안에서 역사하는 하나님의 권능을 바라보게 한다. 그러나 성서는 오히려 "인간으로 하여금 하나님의 무력하심과 고난당하심을 바라보게 한다. 오직 고난당하시는 하나님만이 도우실 수 있다. 왜곡된 하나님 이해를 청산함으로써 성숙해진 세계는 비로소 성서가 증언하는 바대로 하나님께서는 세상에서 무력해지심을 통해 권세와 나라를 취하신다는 것을 깨우치게 된다. 바로 여기가 '세속적 해석'이 수행되어야 하는 지점이다."[39] 본회퍼의 마지막 편지들은 그리스도교가 근본적으로 현세지향적임(Diesseitigkeit)을 강조한다.[40] 그뿐만 아니라 인간을 "예수 그리스도 안에서 겪으신 하나님의 메시아적 고난" 속으로 끌어넣고자 하시는 하나님 또한 현세지향적이심을 강조한다. "하나님에 관해 '비종교적으로' 말하려는 것은 세계가 하나님 없이 살아간다는 것을 숨기려는 것이 아니라 도리어 폭로함으로써 세상으로 하여금 경각심을 갖게 하려는 의도에서이다."[41]

본회퍼는 자신이 이러한 깨달음을 얻을 수 있었음에 대해 깊은 감사의 정을 느낀다고 술회하였다. 만일 본회퍼가 사망의 음침한 골짜기를

---

39) 1944년 7월 16일자 편지.
40) 1944년 7월 18일자 편지와 21일자 편지를 참조하라.
41) 1944년 7월 18일자 편지.

지나는 경험을 갖지 못했다면 이러한 깨달음에까지 이르지는 못했을 것이다: 하나님께서는 다차원적이고 다성 음악적인 삶의 현실 속에서 우리를 인도해 주신다. 그분은 전능하신 창조주로서뿐만 아니라 고난당하시는 그리스도로서, 또 보이지 않지만 다가오는 그의 나라 안에서, 그리고 그의 부활을 증언하는 사람들이 불완전하게 경험하는 그의 임재 안에서 우리를 인도하신다. 바로 이 지평 위에서 하나님에 대해 유신론적으로 사유하는 것이야말로 탁월한 선택이라고 맹신하는 종교적 형이상학의 태도가 부정된다. 또한 바로 이 지평 위에서 십자가에 달리시고 부활하신 분 안에서 계시된 하나님을 진지하게 받아들이게 된다. 승리에 빛나는 고난을 당하신 하나님과의 만남을 통해 비로소 우리는 현실 세계뿐만 아니라 참 하나님도 진지하게 받아들이게 된다. 이제야 비로소 "해방은 고난 중에 인간이 자기의 일을 전적으로 하나님의 손에 맡길 때 이루어진다"는 말이 이해되기에 이른다.[42]

신앙이 붙드는 하나님은 "침묵하는 운명의 신"으로서의 어두운 하나님이 아니라 가장 깊은 고난의 순간에도 함께하시는 하나님, 고난을 뚫고 자기 자리로 돌아오심으로 고난을 극복하시는 하나님, 바로 그 하나님이시다. 이 하나님께서는 종교적 형이상학의 지원을 필요로 하지도 않으시고 인간의 내면적 정신세계로부터 종교적으로 불러일으켜지는 것을 필요로 하지도 않으신다. 이 하나님께서는 그런 종류의 종교성에서 자유로우시며, 우리로 하여금 현실주의적인 신학과 종말론의 조언을 경청하며 현세지향적으로 또 심도 있게 하나님을 인식하게 하신다. 이 하나님께서 우리의 "마음을 은혜로 말미암아 강하고 담대하게 하신다."

---

42) 1944년 7월 28일자 편지.

하버마스와 라칭어
: 종교의 미래에 관하여

번역: 신준호(인천제일교회)

2004년 1월 19일 뮌헨에 있는 바이에른 가톨릭 아카데미에서 철학자 하버마스와 그 당시 로마적 신앙회의의 장이었던 추기경 라칭어(Joseph Kardinal Ratzinger) 사이에 토론이 개최되었다. 사람들은 "자유로운 국가의 정치 이전의 도덕적 토대들"이라는 주제에 관하여 경청했다. 대화 자체는 출판되지 않았지만, 그러나 그에 앞선 두 강연은 출판되었다. 두 강연들은 『세속화의 변증법, 이성과 종교에 관하여』(*Dialektik der Säkularisierung. Über Vernunft und Religion*)라는 제목으로 로마의 그레고리아나(Gregoriana)에서 교육을 받았던, 바이에른 가톨릭 아카데미의 감독인 플로리안 슐러(Florian Schuller)에 의하여 출판되었다.[1] 머리글에서 슐러는 "지성적인 (그리고 문화적·정신적인) 세계에 대하여 암호와도 같

---

1) Freiburg, Basel, Wien: Herder, 2005; in den Text (in Klammern) eingefügte Seitenzahlen verweisen auf diesen Band.

은 이름을 지닌 저 두 사람을 하나의 대화로 초대하는 일이 성공했다는 것"이 자랑스럽다고 말한다(11). 그는 한 '흥분시키는 강연' 그리고 '대화의 상황'을 약속하는데, 인간 실존의 근본적 성찰에 대하여 이보다 더 긴장을 주는 것은 거의 생각될 수 없을 것이라고 말한다(13 und 11). 대담하게도 그는 라칭어 안에서 '가톨릭적 믿음의 인격화'를, 하버마스 안에서는 '자유로운, 개인적인, 세속적인 사고의 인격화'를(12), 그리고 양자 안에서는 다름이 아니라 "우리의 고유한 세계의 미래가 어떻게 형성되는가를 오늘 우리의 시대에 결정하는 한 대화의 원형"을 인식할 수 있었다고 주장한다(14).

이와 같이 바이에른 아카데미의 학장이 세계적 정신 수준을 인정했던 그 대화는 프랑스, 이탈리아 그리고 독일에서 앞선 역사를 가졌다. 한편으로 라칭어와 슐러는 '그리스도교의 진리'에 대한 공적인 논의가 독일에서보다는 프랑스와 이탈리아에서 더 큰 지성적 열정으로 채워졌다는 분명한 인상을 받았다. 다른 한편으로 독일의 철학자 하버마스는 2001년 10월, 즉 뉴욕 세계무역센터의 테러가 있은 지 한 달 후에 프랑크푸르트에서 독일출판협회의 평화상을 수상하고 감사의 연설을 행하였다. 많은 평론가들은 이 연설이 교회에 대한 '강력한 제안'(Steilvorlage)이라고 여겼다. "믿음과 앎"이라는 제목으로 그는 교회의 '탈선한 세속화'를 경고하였으며, 계몽된 상식에게 학문뿐만 아니라, 종교에 관련해서도 배울 준비가 되어 있어야 한다고 권고하였다.

칸트의 저작 『이성의 한계 안에 있는 종교』[2]를 강하게 기억하는 한 계획안 안에서 그는 세속사회에게, 만일 그 사회가 "종교적 언어가 말하

---

2) Werke, *Weischedel*, Königsberg 1793, Ausgabe, Band VIII.

는 바에 대한 감각"을 보존하지 못한다면, 그 사회는 "의미를 형성하는
중요한 자연들"로부터 스스로를 고립시키는 셈이 된다는 것을 통찰할
것을 권고하였다.3) '지양'이라는 단어의 전체 의미가 칸트와 헤겔에 있
어서 이중적인 것처럼, 즉 한편으로는 문제화와 넘어가기를, 다른 한편
으로는 보존과 유지를 뜻하는 것처럼, 하버마스는 자유국가의 시민들에
게 그가 표현하는 대로 "자신의 고유한 생성의 역사의 분명한 이해의 수
준"을 회복하기 위하여 그 국가의 도덕적 토대의 종교적 기원을 숙고할
것을 충고한다. 그는, 그가 주장하는 바와 같이 "믿음의 진리들의 물론
세속화시키지만, 그러나 동시에 구원하는 해체"를 "종교적 내용들 비판
적 정신화(Anverwandlung)"라는 점에서 칭송하는데—이것이 다르게
표현된다고 해도 마찬가지다.

그러나 종교 및 종교 이후의 (인간과 문화가 테러와 자기비하에 의하여 추
진할 수 있는) 언어 상실에 직면할 때의 염려만이 아니라, 현대 자유국가
의 종교적·도덕적 토대들을 숙고하며 돌보려는 의도가 하버마스로 하
여금 칸트의 옹호자가 되도록 하였다. 또한 그는 인간의 인격적이고 사
회적 삶을 단순히 자연과정으로 환원시키고 다만 그러한 것으로써 학문
적으로 파악하고 서술하려고 하는 자연주의적·과학주의적 이데올로기
를 경고한다. 그는 그와 결합된 '열등한 철학'이 철학적으로, 학문적으로
그러나 또한 종교적으로도 계몽되는 것을 보고자 한다.

마지막으로 그는 '죄'와 '부활' 그리고 '하나님의 형상으로서의 인간'이
라는 주제들에 관련하여 구체적인 종교적 내용들의 상실을 올바르게도
막연히 숙고한다: "죄가 잘못한 것으로 변질되었을 때, 무엇인가가 상실

---

3) www.glasnost.de/docs01/011014habermas.html, die folgenden Zitate stam-
   men aus dieser Rede.

되었다." 그리고 "부활의 희망의 상실은 어떤 구체적으로 느낄 수 있는 공허함을 배후에 남긴다."[4] 결론적으로 "하나님 형상의 피조성은 또한 우리의 맥락 안에서도 종교적 불협화음에 대하여 무엇인가를 말할 수 있는 어떤 직관을 표현한다." 그는 이러한 배경 앞에서 '종교로부터 거리를 유지(추구)하지만, 그러나 종교의 전망에 대하여 자신을 전적으로 폐쇄시키지는 않는', '이성의 자세'를 충고한다.

비록 우리가 이러한 숙고들을 교회에 대한 직접적인 '강력한 제안'(Steilvorlage)이라고 말할 수는 없다고 해도, 어쨌든 다음은 명확하다. 하버마스는 유럽 계몽주의의 부분들과 그것에 결합된 이데올로기에 의하여 각인된 견해에 반대하고 있는데, 그 견해에 따르면 종교란 다름이 아니라 미신이며, 종교 현상들 중 일부는 박물관에 있어야 하고, 그 밖의 것은 인류 문화사의 오류와 혼동이라는 쓰레기 더미에 속한다고 한다. 이런 견해와는 다르게 하버마스의 충고는 최종적으로는 종교의 인식적 · 언어적 잠재력들을 거리를 두면서 그리고 지속적으로 세속화하면서 배울 것을 제안하며, 역사적으로 성공적인 시도였다고 평가받는 칸트와 헤겔의 프로그램에 연결하여 그리스도교의 창의적 구성력을 도덕적 · 해방적 교육 과정 안으로 인도한다. 많은 사람은 이러한 변형력을 가진 종교 비판의 프로그램이 유럽의 여러 지역에서, 우리가 포이어바흐, 마르크스, 니체 등으로부터 알고 있는 비난적 종교 비판의 공격적 형식들보

---

4) Vgl. zu diesen inhaltlichen Befunden: Sigrid Brandt u. a. (Hg.), *Sünde. Ein unverständlich gewordenes Thema*, Neukirchen-Vluyn: Neukirchener, 2. Aufl. 2005; Hans-Joachim Eckstein & Michael Welker (Hg.), *Die Wirklichkeit der Auferstehung*, Neukirchen-Vluyn: Neukirchener, 3. Aufl. 2007; Ted Peters, Robert Russell & Michael Welker (Hg.), *Resurrection: Theological and Scientific Assessment*s, Grand Rapids: Eerdmans, 2002; Würde des Menschen, *JBTh* 15, 2001, bes. 247ff.

다 더욱 강하고 더욱 지속적인 세속화의 추진을 시작했다고 말한다. 물론 그 사이에 그러한 변형적 종교 비판 프로그램의 (세계사적으로 영향력 있는 문화적) 힘에 대한 신뢰는 대체로 희미해졌다. 오늘날 대규모의 대중 매체들은 종교적 형식과 내용의 다채로운 '지양들'을 우리 앞에 이끌어 온다. 그러나 유희, 자극, 당혹, 흥분의 생성을 추구하는 종교의 네트워크화와 소모 이상의 어떤 것이 그곳에서 인식되지는 않는다.

왜 인류의 대략 80%는 오늘날에도 명백하게 종교와의 관계 안에서 살고 있는가? 중국의 발전에 기초해서만이 아니라, 전 세계적으로도 이러한 수치는 감소하지 않고 증가하는 추세에 있다. 비록 20세기가 소위 학문적인이고 기술적인 '세계의 비마법화'를 약속했음에도 불구하고 그러하다. 더 나아가 이 경향은 전 세계적인 식민주의와 문화 제국주의라는 바로 그리스도교의 범죄가 그럭저럭 처리되는 것과 함께 시작되었다. 이런 경향은 우리에게 한편으로 계몽주의, 다른 한편으로는 억압이라는 이중 전략 안에 있는 마르크스적 종교 투쟁을 가져다주었으며, 또 많은 종교 안에서 통용되어 온 가부장적 이데올로기의 확산에 대량의 비판을 가져다주었다. 결국 우리는 종교성과 자살 폭탄 테러의 끔찍한 결합 그리고 전쟁 헤게모니 정책의 근본주의적·종교적으로 은폐된 치장을 체험해야만 했다. 이것을 넘어서서 우리는 20세기 말 그리고 21세기 초에 그렇게 체험된 종교성의 광범위한 질병 증세를 특별히 서유럽과 중부유럽 그리고 호주에서 자기 세속화 및 자기 통속화의 형식으로서 만났다. 예를 들어 "하나님은 모든 것을 규정하는 현실성이다"라는 문장 형식으로 표현되는 환원주의적 신론, 그리고 막연한 의미 추구, 저속한 상징물, 건강의 제의화, 매스컴 우상숭배, 그리고 다른 공허 및 파괴의 현상들이 서로 겹치며 밀려들었다.

그런데 바로 이러한 맥락들 안에서 많은 사람은 놀랍게도 종교적 전통들에 확고하게 집착하였다. 그들은 영성과 종교성 그리고 학문적 성향 신앙의 옛날 형식과 새로운 형식들에 열정적인, 때로는 완고한 관심을 보여준다. 또 이것을 넘어서서 우리는 오순절 교회와 은사 운동들과 함께 인류 역사의 가장 큰 경건주의 운동을 체험하고 있다. 또 우리는 이전에 공산주의였고 무신론적 입장이었던 많은 나라들에서의 재그리스도교화의 진전을 목격하고 있다. 아프리카와 아시아, 라틴 아메리카에서 대규모의 종교적 발전들과 계층적 재편성이 발생하고 있으며, 이것들은 어쨌든 종교적 에너지와 종교적 삶에 대한 큰 관심에 우호적이다. 중국과 인도에서의 강력한 그리스도교적 발전들에 대한 학문적 고찰은 최근에 특별히 흥미로우며, 또한 풍부한 내용을 담고 있다. 하버마스가 "민주주의 법치국가의 정치 이전의 토대들"을 질문할 때, 그는 요셉 라칭어와의 토론에서 특별히 유럽·미국의 맥락들 안에서 자신이 진술했던 것에 주목한다. 그리고 이 점에서는 우리는 우선 그의 뒤를 따르고자 한다. 프랑크푸르트 연설에서와 마찬가지로 그 진술 안에서도 하버마스는 세속화를 '탈선'으로부터 보호하려고 한다. 한편으로 그는 동시대인들 사이에서의 '종교적 불협화음'이 그의 생각으로는 '우선적으로' 아직도 존속하고 있는 종교와 대화해야 한다고 권고한다. 다른 한편으로 그들은 헤겔적 이중 의미에서 (그 종교의) '지양'에 참여해야 한다. 이 참여는 그들이 의미 있는 종교적 진술들을 종교적 언어로부터 일반적으로 이해될 수 있는 언어로 번역함으로써 가능해진다고 한다.

I. 민주주의 법치국가의 정치 이전의 토대들?

1968년에 뵈켄푀르데(Ernst-Wolfgang Böckenförde)는 포르스트호프(Forsthof-Festschrift) 기념 문집에 "세속화 과정으로서의 국가"라는 논문을 기고하였다. 그 논문 안에는 20세기에 가장 많이 인용된 법학 진술로 기네스북에 기록될 법한 한 문장이 있다. 뵈켄푀르데의 이 언급이 하버마스와 라칭어의 대화 계획의 기초가 되었다. 하버마스는 명시적으로 그 문장을 언급한다: "세속화된 자유 국가는 그 자신이 스스로 보증할 수 없는 전제들로부터 살아간다."5) 하버마스는 질문한다: 세속화된 자유국가가 실제로 "토속적 세계관적인 혹은 종교적인, 어쨌든 집단-구속적인 풍습의 전승들에 의존하고 있는가?"(16).

이에 대하여 하버마스는 세속적인, 세계관적으로 중립적인 국가를 17세기와 18세기의 세속 철학적 원천들 안에서 적법하게 보아야 한다고 변호한다(비교. 18). 이 점을 인식하기 위하여 우리는 종교적인 혹은 다른 방식으로 길들여진 국가권력에서 출발해서는 안 되며, 오히려 현재의 사회 현실의 관찰 안에서, 연합된 시민들의 "포괄적·추론적 여론 형성 및 의지 형성의 … 민주주의적 과정"을 인지해야 한다는 것이다. 이 과정은 "사회-문화적 삶의 형식들의 의사소통 체계의 규범적 내용에 대한 다만 약한 전제들"만을 필요로 한다(19). 이러한 약한 전제들은, 하버마스에 의하면, 삶의 형식들의 토대에 대한 소통 결과에 대하여 그 전제들이 헌법의 근본 조항의 근거가 되기까지 합리적으로 수용될 수 있

---

5) E.-W. Böckenförde, Die Entstehung des Staates als Vorgang der Säkularisierung, in: ders., *Recht, Staat, Freiheit. Studien zur Rechtsphilosophie, Staatstheorie und Verfassungsgeschichte*, Frankfurt a.M., 1991, 92-114, 112.

어야 한다는 사실이 요청되고 전제될 수 있을 때 성취된다. 이러한 토대 위에서 국가 권력이 충실하고 지속적으로 법제화될 수 있다고 한다. 이로써 "종교적 혹은 그 밖의 자연의 더 높은, 저지하는 어떤 권력을 필요로 하지 않는 권력 순환"이 설립된다.

임마누엘 칸트가 이러한 초안 안에서 높은 정도로 하버마스의 논지를 이끌었다는 사실은 늦어도, "스스로를 법의 수립자로 이해하는 국가 시민들"이 "법의 수신자들인 사회 시민들"(22)로부터 구분될 때, 명확해진다. 하버마스가 희미하게 떠올리고 있는 민주주의 과정이란 "자신들 스스로의 고유한 복리를 염려하는 사회 시민들이 점점 더 스스로를 '국가 시민들'이라고 이해하고 그에 상응하여 행동한다는 사실"에 명백하게 공헌한다. 법의 수립자로서의 자신들의 권력을 의식하는 이러한 시민들은 "민주주의적 과정의 통일시키는 책"을 언제나 새롭게 삼키게 될 것이며, 더 정확하게 말하자면 그러한 과정을 합리적 수용·통제들로써 그리고 논쟁의 소지가 있는 헌법 원칙들의 해석에 대하여 내기를 거는 중에, 삶을 이어가게 될 것이다. 하버마스는 다음을 고백한다. 이러한 권리 주장의 과정은 그가 '정치 이전'이라고 부르는 역사적 원천을 가지고 있다. 그것은 종교적 배경, 공통의 언어, 언제나 새롭게 일깨워지는 국가 의식 (비교. 24) 등이다. 그는 문화적·정치적 진화가 충분히 강력해서 이러한 원천들 중의 몇 가지를 토론적·민주적 권력 순환 안에서 지양하고, 불필요하게 만들고, 최종적으로 또한 제거할 수 있을 것이라고 여긴다.

하버마스는 자기비판적인 '기억의 정책' 그리고 어떤 '헌법적 애국주의'를 긍정하는데, 후자는 헌법의 원칙들을 높게 평가하고 언제나 또다시 시대의 역사적 맥락 안에서 논쟁적으로 검증한다. 임마누엘 칸트가 범주적 명령법에 대한 충실한 순종과 함께 하나님 나라가 땅으로 임하는 것을 보았던 것처럼, 마찬가지로 하버마스는 자기비판적인 기억 정책, 헌법 애국주의, 국가 권력의 법제화 그리고 합리적인 수용·통제 등을 통하여 보호되는 '민주주의 과정' 안에서 '국가 시민들'의 더욱 밀도 높은 연대가 생성되는 것을 보았는데, 이 '국가 시민들'은 스스로를 법의 수립자로 이해하면서 "정의의 원칙들에게 문화의 가치 지향성의 더욱 빽빽한 그물조직 안으로"(25) 들어가는 입구를 언제나 마련한다.

점점 더 많은 사회 시민들을 국가 시민들로 변형시키는 어떤 과정의 비전(이 과정 안에서 스스로를 법의 수립자로 이해하는 점점 더 많은 국가 시민들이 보다 더 나은, 분명한 정의의 원칙들을 문화의 가치지향성의 그물조직 안에서 담론적이고 제도적으로 법제화하면서 닻을 내리도록 한다)은 칸트의 자율성의 이론을 시민사회적으로 또한 사교 이론적으로 파악된 영역 안으로 옮겨 놓는다. 이것이 가능한 한 최고로 환상에 적셔진 비전일 수 있다는 사실을 하버마스는 "사회적 벨트가 끊어질 때…"(26)라는 제목 아래서 숙고한다.

하버마스가 '현대화의 탈선'이라고, 시민적 연대의 부식이라고 두려움을 불러일으키는 것은 무엇보다도 시장의 권력이며, 특별히 "정치적으로 지배되지 않는, 세계 경제 및 세계 사회의 역동성"(26)이다. 그러나 『공공사회의 구조 변경』(Strukturwandel der Öffentlichkeit)이라는 1990년의 그의 저서의 신판의 상세한 서문 안에서 그리고 1992년의 논문 "사실성과 유효성"(Faktizität und Geltung) 안에서 그는 다음 위험을 긴급하게 서술하였다. 그것은 시민사회적 능력들 그리고 그것과 함께 "민주주의 과정이 전자적 대중매체들과의 상호 교류 안에서 왜곡되고 오류 안으로 조종된다는 위험이다. 대중매체들은 주제의 선택과 주제의 추방을 통하여, 교류 및 참여라는 환상의 생산을 통하여, 공적 공간을 무력화한다."

대중매체들은 공적 공간에게 자신의 형식들을 각인시키고, '담론 수준' 의 질적 저하를 초래한다.6) 극적으로 하버마스는 시민사회 안의 '폐쇄 된 격투기장들'(이것 안에서 행동을 불러일으킬 수 있는 소통의 흐름들의 조종 력, 즉 전략적 의도들 안에서 가능한 한 스스로를 은폐시키는 조종력이 대중매체 들을 통하여 획득된다)에 관하여 격렬하게 말한다.7) 그는 '사실성과 유효 성'의 저작 안에서 회의적으로 종합한다: "대량 통신 교류의 사회학은 우리에게 권력을 갖춘 대중매체에 의하여 지배당하는 서구 민주주의의 공적 현실에 관한 한 회의적인 상을 매개한다. … 시민사회의 그룹화는 비록 문제점에 민감하지만, 그 사회가 보내는 신호들 그리고 그 사회가 보여주는 추진력은 일반적으로 너무 약해서 정치 체계 안에서 단기적인 학습 과정을 일으켜내지 못하며, 결단의 과정을 변경하도록 조종할 수 가 없다."8) 사물들에 대한 이러한 더 이른―내 생각으로는 냉철하고 현 실에 더욱 가까운―시각 안에서 그는 다음을 인정한다: 시민사회적 연 합체들이 (그리고 그것들과 함께 '민주주의 과정'이) "대중매체들과 대규모 중개소들에 의하여 지배당하고, 시장조사와 여론조사 기관들에 의하여 관찰당하며, 공공 작업과 광고, 정치 단체들 및 협회에 의하여 설득당하 는 공적 현실의 가장 두드러지는 요소"는 아니다.9)

---

6) Jürgen Habermas, *Strukturwandel der Öffentlichkeit. Untersuchungen zu einer Kategorie der bürgerlichen Gesellschaft. Mit einem Vorwort zur Neuauflage 1990*, Frankfurt a.M.: Suhrkamp, 1990, 27ff.

7) ebd. 28; vgl. ders., Faktizität und Geltung. *Beiträge zur Diskurstheorie des Rechts und des demokratischen Rechtsstaats*, Frankfurt a.M.: Suhrkamp, 1992, 444f u.ö.

8) Faktizität und Geltung, 451; vgl. meine Kritik an der damals schon unsicheren Defensive gegenüber einer "Kolonisierung der Lebenswelt" in: M. Welker, *Kirche im Pluralismus*, Gütersloh: Kaiser, 2. Aufl. 2000, Kap. 1.

9) Faktizität und Geltung, 444.

라칭어와의 대화를 위하여 편집된 기고문은 물론 다른 방향으로 향한다. 하버마스는 스스로 자신에게서 자신의 발전의 토대를 빼앗으며, 그 토대 위에서 종교적 구원의 잠재력들에 대한 큰 기대들을 일깨우기를 현대적 이성의 양식(Stil) 안에서 '민주주의 과정'의 위기들과 위협들을 읽는 것을 경고한다. 그는 다음과 같이 진술함으로써, 하이데거(Martin Heidegger)와 칼 슈미트(Carl Schmitt), 레오 스튜라우스(Leo Strauß) 같은 문화 비평가에게서 명확하게 거리를 둔다: "'나는 애매모호한 현대 시대가 의사소통적 이성의 세속적 능력들로부터 스스로의 입지를 세울 수 있는가?'라는 질문을 이성적으로 첨예화하는 것이 아니라, 오히려 공개된 경험적 질문으로 취급하는 것이 더 낫다고 여긴다"(28). 그럼에도 불구하고 이제 그는—경험적 관찰을 추구하기 위하여—다원주의적 사회들의 권력 그물망 안에서 시민사회적 정의의 담론의 기회들과 위협들을 그것들 안에 존속하는 종교들을 포함하여 숙고하는 대신에 철학의 종교적 · 형이상학적 근원들에 관한 '추가적 설명'을 제공한다.

그는 아리스토텔레스의 『형이상학』12권으로부터 피히테, 헤겔, 슐라이에르마허의 후예들을 관통하는 명확한 철학적 사고 운동에 연결하여 다음과 같이 사색한다: 스스로를 향하는 이성은 "자신의 근원을 타자(이 타자의 숙명적 권력을 이성은 승인해야만 한다)에게서 발견한다…"(29). 자기 자신에 대한 이성의 이러한 반성은 예를 들어 슐라이에르마허에 있어서는 "인식하고 행동하는 주체의 자의식"과 비교될 수 있으며, 혹은 키에르케고르에서는 "각각의 고유한 자기 확실화의 역사성", 혹은 헤겔 및 헤겔 좌파에 있어서는 "도덕적 관계성들의 선동적 찢김"에 비교될 수 있다. 본래 신학적 의도는 없었지만 그러나 약간은 신학적으로 일치될 수 있으면서 자기 자신을 향하는 그리고 그 경계선을 인지하는 이성은 자기 자신을 넘어선다. 이성은 자기 자신을 넘어서서 "우주를 포괄하는 의식과의 신화적 융합", 혹은 "구원의 소식의 역사적 사건에 대한 절망적 희망 안"으로, 혹은 "메시아적 구원을 가속하려는, 낮아지고 모욕당한 자와의 긴급히 요청되는 연대"로 향한다(29).

하버마스는 삼중적인 '자신의 타자'를 향하는 이성이라는 그의 독창적인 구상 안에서 다름이 아니라 "스스로를 매개하는 인격적 신의 삼중의 익명성의 암호를 해독한다"(30). 그리고 그는—또한 그 자신의 고유한 유익을 위해서도—헤겔에게서 배우는 그와 같은 철학적 신학화가 기독교, 형이상학, 도덕 등에 대한 니체의 분노하는 비판을 계승하는 것보다 "아직도 여전히 더 큰 공감을 발견함"을 알아챈다. 삼위일체론에 대한 자신의 철학적 공헌에 이어서 하버마스는 칸트와 헤겔의 친숙한 사상들에 대한 자신의 고유한 주장과 그가 일반적으로 추천하는 철학적 태도를 누구나 배울 수 있게 서술한다. 종교적 주제들에 대한 철학의 우월한 통찰력의 과시를 포기하도록 요청하는 것은 다만 "명백하게도 고의적으로 종교적 확신들로부터 (삶과 인격의) 통합성과 확증성을 획득하는 인물들 및 삶의 방식들의 주목"(30)만이 아니다. 우리의 배후에 놓인 사회적·문화적 진보들에 대한 경험들과 사회적 공동 삶의 미래적 형식들의 계획들이 또한 철학과 종교가 지속적인 상호학습을 목표로 하도록 만든다는 것이다. 이러한 충고와 함께 하버마스는 평화상 수상 연설에서의 제안을 한 걸음 넘어선다: 그 제안은 "종교의 전망에 대하여 전적으로 자신을 차폐시킴 없이 종교로부터 거리를 유지하라는 것"이었다. 그러나 그가 다만 선별된 종교적 진술들의 관찰 및 번역의 억압적·관용적 시도들에 대해서만 그 말을 하려는 것인지, 혹은 그가 관찰 대상 및 대화 상대자의 발전에 진정한 건설적인 관심을 취할 수 있었던 것인지는 불분명하게 남아 있다.

평화상 수상 연설이 올바르게 진단한다면, 그리고 종교 안의 "의미수립의 중요한 원천들"과 "종교적 언어의 명확화"를 바르게 언급하였다면, 라칭어와의 대화에 대한 토론의 기고문에서는 다음이 명확해진다. 종교는, 어쨌든 그것이 교의주의와 양심의 압박 앞에서 스스로를 보존하려 할 때에는 윤리적으로는 절제하는 형이상학 이후의 사고로부터 탈선한 중요한 정신적 면역체계를 사용한다. 그것은 "결함이 있는 삶, 사회적 병리들, 개인적 삶의 과정의 실패들, 왜곡된 삶의 관계들의 파괴된 형태들 등을 위한 충분히 분화된 표현 가능성들 및 민감성들"(31)이다. 이에 더하여 서구 철학은 그것이 전개되는 역사 전체 안에서 "순수하게 그리스도교적인 내용들을… 무거운 짐을 지우는 규범적 개념의 그물망 안으로" 변형시켰다. 하버마스는, 말하자면 고양된 언어 안에서 철학을 통한, 종교적 내용들의 '구원하는 번역들'에 관하여 말하고 있다. 인간의 하나님 형상(Imago Dei)의 진술을 "모든 인간의 동일하고 무조건적으로 주목되어야 하는 가치"로 번역하는 것이 그에게는 그러한 '구원하는 번역'(32)의 대표적 본보기이다.

그는 '세속 이후 사회'의 시민들에게, 또한 국가적 헌법기관들에게 "모두와 함께 문화적 원천들을 조심스럽게 관계하기를 강조하면서 추천하는데, 시민들의 규범의식과 연대감은 바로 그 원천들을 먹고 자란다"(32f). 상호작용적으로 서로에게 배우면서 (전적으로 공개되고 철학적으로 의미화되고 각색된) 세속적 사고와 종교성은 민주주의 과정 안에서 양육된 사회적 연대성을 시장들 및 겉보기에 가치중립적인 행정기관들의 권력에 대항하여 보호하고 강화해야 한다. 이 과정이 하버마스의 견해에 따르면 계속해서, 멈출 수 없이 세속화를 향한 낙차를 제시한다는 사실은 그의 여러 가지의 어법들 안에서 암시된다: 종교 공동체들의 지속적 존속과 함께 현대화의 과정들을 파악하는 "국면 유예적, 종교적 및 세상적 정신성들"(33)이 계속해서 고려되어야 한다. 독일과 서유럽 주변 세계에 집중된, 학습 준비로 계획된 (대화를 위한 그의) 철학적·종교적인 기고문 안에서 칸트와 헤겔은 그들의 철학적 증손들에게 어깨 너머로 조용한 시선을 주는 듯이 보인다.

자신의 숙고의 마지막에서 하버마스는 한 흥미로운 질문을 던진다: 현대적인 "사회적 부분 체계들의 세분화"의 조건들 아래서 종교와 정치는 교회 공동체 지체들의 역할을 사회적 시민들의 역할들로부터 차별화한다. 만일 정치가 자신의 종교적 속박들을 포기해야만 한다면, 어떻게 정치는 (그리고 또한 시민사회적인 '민주주의 과정'의 행위들도) 정치적 충직성과 정의의 담론에의 깨어 있는 참여를 보장하지 못하는 종교적 의식의 태도들에 관여할 수 있겠는가? 첫 번째 대답은 이렇게 말한다: 정치는 관용을 행사해야 하고, 종교적 의미 진술들과 표현의 기회들을 또한 세속적 공간 안에서도 허용해야 한다. 두 번째는 상세하게 대답한다: 그러나 그 관용은 자유방임(laisser-faire)과 혼동되어서는 안 된다. 그 관용은 경우에 따라서는 대가를 치를 수도 있다. 자유로운 낙태 법규들과 그것과 함께 시작되는 공적인 자극들에 반대하는 격렬한 투쟁들 등이 그 예시이다. 세 번째 대답은 이렇게 덧붙인다: 그렇게 하는 중에 사람들은 종교 쪽에 자동적인—최소한 조용한—비이성성이라는 비난의 짐을 더 이상 부과할 수 없다. 그리고 사람들은 이데올로기에 저항력이 없는 '세계상들'에게, 예를 들어 과학주의적 자연주의에게, 더 이상 단순히 이성성이라는 보너스를 수여할 수 없는데, 왜냐하면 그런 상들은 고전적·종교적인 기원의 것이 아니라 오히려 학문 체계 안에서의 그것들의 자칭의 탄생을 주장하기 때문이다. 하버마스는 겸허하게 암시한다. 종교적으로 근거되고 세속적·아카데미적으로 도입된 진리 주장들 사이에서 흥미로운 논쟁들이 임박하여 기대되고 있으며, 그 진리 주장들 안에서 지성을 권리 주장하는 '국가 시민들'이 이제는 다만 구경꾼의 입장 그 이상으로 참여할 수 있게 되었다. 옛날에 칸트처럼, 오늘날에는 하버마스처럼,10) '국가 시민들'도 "의미 깊은 진술들을 종교적 언어에서 공적으로 통용될 수 있는 언어로 번역하려는 노력에 철두철미 참여 중이다"(36).

II. 세계를 결합시키는 것
: 자유국가들의 정치 이전의 도덕적 토대들

위르겐 하버마스의 프로그램은 자유국가와 그 국가의 사회 존속과 발전을 촉진하려고 하며, 그렇게 하는 중에 시민사회의 소통 과정들이 그리고 여기서 대단히 특별하게 자신의 과제를 의식하는 '국가 시민들'이 배태된다. 스스로를 '법의 제정자들'이라고 이해하는 국가 시민들은 명백하게도 '민주주의 과정'을 통하여 기적을 일으켜야 한다. 국가 시민들은 시장, 매체들, 과학주의적 이데올로기 등의 권세에 대항하여 정치, 법, 학문, 교육, 가정을 보호하고 강화해야 하는데—또한 고전적 종교들의 도움을 받아서 그렇게 해야 한다.

---

10) Nicht nur in der oben aufgenommenen Dankesrede für den Friedenspreis des Deutschen Buchhandels, sondern auch in ders., *Glauben und Wissen*, Frankfurt a.M.: Suhrkamp, 2001.

추기경 요셉 라칭어는 토론의 서문의 기고문 안에서 이러한 문제 서술을 수용하지 않는다. 하버마스와 같은 세계 시장(2004)에 대한 염려와 그것보다 더 큰 매체들의 권세에 대한 염려(1990ff) 없이—그는 태연하게 세계 사회의 현재 교육에 관하여 다양한 상호 종속성과 상호 의존성으로써 말한다. 물론 그도 인간의 가능성들, 특히 제작과 파괴의 권력의 증진을 우려하며 바라보는데, "그 권세는 지금까지 익숙했던 모든 것을 넘어서서 권력의 법적·도덕적 통제에 대한 질문을 던지고 있다"(40). 그가 표현하는 대로 "그 권력의 길들이기와 질서화의 법적으로 책임지는 형태를 그는 우선적으로 다중문화적 문제"라고 인지하는데, 왜냐하면 "(문화들의) 연대를 올바른 길로 인도하는 윤리적 토대들"의 중요한 추구는 한 사회 내적인 담론 그룹들에게만 맡겨질 수 없기 때문이다.

전 세계적인 전망 곁에서 라칭어의 윤리적 회의가 등장한다. "문화들의 만남과 상호침투의 과정" 안에서 전통적으로 지속되어 온 "윤리적 양심들이 계속해서 파괴"된다는 것이다: "선은 무엇이고, 우리가 비록 자신에게 해가 되는 경우라고 해도 선을 행하여야만 이유는 무엇인가?"라는 질문은 '계속해서' 대답 없이 머문다(40). 전통의 단절, 도덕적 지향점 상실, 희생정신의 결여 등이 심각한 문제들이라고 한다.

다중문화적 상호 간섭을 통한 전통적인 윤리적 양심의 상대화는 라칭어가 지적하는 시작의 문제들 중 다만 하나에 불과하다. 점증하는 다중 학제적인 학문적 인식들과 그와 함께 뒤따라오는 인간과 세계에 대한 상들의 변경도 또한 '옛 도덕적 양심들의 붕괴'에 참여하고 있다(41, 비교. 그 이후). 이러한 상황에서, 그의 견해로는 철학이 학문, 종교, 교회의 대화 상대자로 질문한다: 철학이 소위 학문적 진보들의 배후를 비판적으로 질문하고, 겉모습과 학문적인 것 및 학문이 아닌 것을 구분하고,

그렇게 함으로써—적극적으로는—"전체에 대한, 인간 존재의 현실성의 더 넓은 차원들에 대한 시각을 열어 주는 것"(41)을 도울 수 있다는 것이다. 학문적 진화 안의 비판적 동반자로서의 철학이 "전체에 대한, 인간 존재의 현실성의 더 넓은 차원들에 대한 시각을 열어 주기" 위해서, 우리는 어떤 철학이 어떤 학문적 연구 과정들에 있어서 그러한 과제를 심각하게 인지할 수 있는 위치에 있다고 볼 수 있는지를 대단히 정확하게 검증해야만 한다. 우리는 또한 스위스 신학자 칼 바르트(Karl Barth)의 상세하게 근거된 다음 비판과도 논쟁해야만 한다: 관념론적, 실존론적, 자연주의적 그리고 또 다른 철학들은 다만 (취사선택된) '인간의 현상'만을 인지하며, 현실적이고 참된 인간을 인지하지는 못한다.[11]

학문들의 진화 과정 안에서의 토론이 필요한, 철학의 역할의 규정 이후에 라칭어는 정치의 과제에 도달한다. 그는 멋지게 서술한다: "중요한 것은 강자의 법이 아니라, 오히려 법의 강력함이다." 그렇기 때문에 정치의 과제는 "권력을 법의 척도 아래 세우는 것"과 '공동으로 분배된 자유'를 가능하게 하는 것(42)에 달려 있다. 바로 이 자리에서 라칭어와 하버마스의 사고는 서로 접촉하며, 그럼에도 어떤 조심스러운 거리를 유지한다. 라칭어에 따르면 한편으로 법은 '정의를 실어 나르는 수레'이며, '모두의 공통적 이익의 표현'이다. "정치적 질서의 최적화된 형식으로서의 민주주의"라는 그의 판결(42 그리고 43)이 그것을 말해 준다. 다른 한편으로 그와 함께 주어지는 문제들은 다만 "첫째의 것으로써 … 민주주의적 의지 형성의 도구들을 통하여 해결"된다(42f). 다수 및 민주주의적으로 선택된 대의 기관들이 부패할 수 있다는 사실은 다만 결코 의가 될

---

11) Karl Barth, *Kirchliche Dogmatik*, III/2, § 44,2

수 없는 어떤 결정적인 불의가 존재하는지, 그리고 어떤 다수도 무력화할 수 없는 어떤 흔들릴 수 없이 확고한 법이 존재하는지의 질문만을 필연적으로 제기할 뿐이다(비교. 43).

라칭어는 현대적 인권 선언들 안에서 법의 그러한 토대들을 확고히 하려는 시도들을 발견한다. 이러한 인권이 세계의 상이한 문화들 안에서 마주치는 대단히 상이한 수용들의 지시 아래서 그는 진술한다: "이제 우리는 현재적 의식 안에서 이 가치의 내적 증거와 만날 수 있다. 그러나 질문의 그러한 자기 제한도 또한 철학적 성격을 갖는다. 말하자면 자체 안에서 성립하는 가치들이 존재하는데, 이 가치는 인간 존재의 본질로부터 유래하며, 그렇기 때문에 이 본질의 모든 소유자가 손댈 수 없는 것이다"(43f.). 내(저자 벨커)가 이 세 문장을 올바로 해석하고 있다고 한다면, 또한 철학의 정치적 · 법적 영역 안에서도 "전체에 대한, 인간 존재의 현실성의 더 넓은 차원들에 대한 시각을 열어 주는" 그리고 잠정적이고 상대적인 동의(합의)의 주장들 그 자체를 강조하는 과제와 능력이 인정되고 있다. 철학은 현재적 인식의 자리를 넘어서서 나아가야 하며, '인간 존재의 본질'로부터 제기될 수 있다는 어떤 상대적 가치들을 확인만 해서는 안 된다는 것이다.

전 세계적 전망 안에서의 민주주의와 인권에 대한 자신의 긍정과 함께 라칭어는 교황청의 사고와 판결 전통 안에 서 있다. 이 전통은 교황 피우스 XII의 1942년 성탄절 교시(국가들과 민족들의 내적 질서: Die innere Ordnung von Staaten und Völkern)와 1944년 교시(민주주의와 지속적인 평화: Demokratie und dauerhafter Friede)로 거슬러 올라간다.12)

---

12) Im Blick auf die folgenden Informationen habe ich von einem noch unveröffentlichten Text meines Harvarder Kollegen Francis Fiorenza gelernt: Free-

나치의 끔찍함에 반대하여 교황은 1942년 인간의 존엄성과 기초적 인권을 강조하였으며, 1944년 마찬가지로 평화를 지향하는 국제적 기관을 설립해야 할 필연성을 강조하였다. 요한네스 XXIII세는 1963년 교시 '땅의 평화'(Enzyklika Pacem in Terris) 안에서 명시적으로 1942년의 인권 확증에 관계하였으며, 그리고 유엔의 인권 정책을 지원하는 제2 바티칸공회의 길을 예비하였으며, 특별히 1965년 기쁨과 희망(*Gaudium et Spes*)의 본문 안에서 그렇게 하였다.

파울 VI세 그리고 요한네스 파울 II세도 전 세계를 지향하는 이러한 노선의 공표 안에 있으며, 특별히 요한네스 파울 II세는 최종적으로 또한 국가적 법체계 안에서 인권 법조항의 필연성을 권고한다.

"권력의 새로운 형식들과 권력 행사에 대한 새로운 질문들"(45)이라는 제목 아래서 라칭어는 2차 세계대전 이후의 시대들을 뒤돌아보며, '법과 윤리에 대한 질문' 안에서의 어떤 유예를 진단한다. 핵에 의한 세계 권력들의 상호파멸의 두려움은 사라졌으며, 모든 장소에 현존할 수 있는 '익명의 테러의 권세들'(46)에 대한 두려움이 그 자리를 차지하였다. 라칭어는 테러가 먹고 사는 원천들을 질문한다. 그는 먼저 '권력 없는, 억압당하는 민족들'의 무력감과 증오를 언급하는데, 이것은 테러를 "권력자들의 오만에 대한 응답으로, 그들의 신성모독적 자기 영화와 잔인함에 대한 정의로운 징계"로 본다. 다른 한편으로 라칭어는 종교적 광신주의를 언급하는데, 이것은 테러를 "서구 사회의 무신성에 대한 종교적 전통의 방어"(46)라고 표현한다. 이것은 라칭어의 견해에 따르면, 종교에 대한 자기 성찰적이고 자기 비판적 태도를 요청한다. 질문되어야 하

---

dom and Human Rights: The Cosmopolitan Context of the Justification of Rights in Roman Catholicism, 2007.

는 것은 "어떤 조건들 아래서 종교가 '치유하고 구원하는' 혹은 '진부하고 위험한' 권력을 전개하는가?" 하는 것이다(46f). 종교의 어떤 이성적인 해명과 자기 제한은 가능한가? 그리고 누가 이것을 수행할 수 있는가? 이러한 노선 위에서 "자유와 보편적 관용"을 향하는 문화적 진보에 도달하기 위하여, 종교의 점진적 지양이란 추구할 만한 가치를 가지는가?

라칭어는 핵무기 제작에 대해 그리고 그의 표현대로 "인간의 훈육과 선택에 기여해 온 이성의 잠재력에 대한 잘못된 믿음에 관하여" 경고한다. 그의 생각에 따르면 "권력의 상호간의 제한 및 자신의 고유한 생존에 대한 두려움이 … 구원하는 능력들"(45)로 스스로를 예증하였던 냉전의 모델에 따라 그는 종교와 이성 사이의 상호간의 제약을 추천한다. 양자는 서로에 대하여 "각각 자신의 제한을 지시하고 스스로 그 제한의 긍정적인 길 위에 서야 한다"(48)는 것이다. 또 그러한 상호간의 제한은 세계 사회적으로 보충되어야 한다. 그럼에도 불구하고 다음이 질문되어야 한다. 사람들과 정치적 기관들 그리고 다름이 아니라 학문과 종교를 그러한 프로젝트의 필연성과 실현가능성에 관련하여 설득할 수 있는 동기와 관철 능력은 어디서 발견될 수 있는가?

이러한 불붙는 질문에 대한 라칭어의 대답은 주저하는 것으로 들리며, 더 나아가 불확실하기까지 하다. 자연법이 가톨릭교회 안에서 "논증의 형태(Argumentationsfigur)로 남아 있다고 하며, 그 인물과 함께 가톨릭교회는 세속 사회 및 다른 믿음의 공동체들과의 대화 안에서 공통의 이성에 호소할 수 있을 것이며, 또 세속적 다원주의적 사회 안에서 법의 윤리적 원칙들에 대한 상호 이해의 토대를 추구할 수 있을 것"(50)이라고 한다. 그러나 그도 유감과 함께 다음을 확정하지 않을 수 없다: "그러나 이러한 도구는 유감스럽게도 무뎌졌으며, 그렇기 때문에 나는 이 대화 안에서 그쪽에 의지하지 않으려고 한다"(50). 그는 인권이 "자연법의 최종적 요소로서 … 유지되어 왔으며", 다시 말하여 그 지위를 유지하여 왔다고 주장한다. 그리고 그는 단순한 고안물로 여겨질 수 없는, 인간의 존재 안의 가치와 규범들을 상세하게 추적할 것을 호소한다. 인간 존재 안의 어떤 유지될 만한 자연법의 토대의 이러한 추적을 위하여 그는 그리스도교적 창조 신학과 철학에만 호소하는 것이 아니다. 그는 또한 세계의 다른 거대한 종교 전통들도 그러한 추적을 도전적으로 요청받고 있다고 여긴다.

그의 숙고는 '다중문화성과 그 결과들'에 대한 명상으로 마친다. 그는 그리스도교와 이슬람교, 불교와 힌두교, 또한 부족 종교들(Stammesreligionen)의 '문화적 공간들'에 관하여 언급한다. 이 모든 문화적 공간은 긴장들로써 각인되어 있다. 그리스도교적 공간 안에서 그것은 그리스도교적 믿음과 세속적 합리성 사이의 긴장이다. 이 긴장으로부터 그의 표현대로 상호간의 '순화와 치유'에 봉사할 수 있는 어떤 결실 맺는 관계가 생성될 수 있을 것인가? 라칭어는 이성의 돕는 힘을 필요로 하는 '종교 안의 병리학'을, 그가 그의 생각으로는 '더욱 위협적으로' 작용하는 '이성의 병리학'을 말하기 전에, 고백하기를 주저하지 않는다. 이러한 병리학에 기초해서 세속적 이성은 인류의 위대한 종교적 전승들에 귀를 기울이기를 배워야 한다는 것이다. 그가 말하는 대로 어떤 '다중 음성의 상관관계'와 같은 것이 그의 사고 앞에 떠돌고 있고, 그 관계 안에서 상이한 위대한 종교들은 세속적 합리성에 대한 구성적이고 평화적인 관계를 획득하며, 또한 상호간의 대화관계 안으로 입장할 수도 있다. 이러한 사건 안에서 자연법의 토대는 새로운 방식으로 인식될 수 있을 것이며, "모든 인간이 어떻게든 알고 있거나 혹은 예감하고 있는 본질적 가치들과 규범들이 새로운 조명력을 획득"(58)할 수 있게 된다는 것이다.

III. 하버마스와 라칭어, 정말로 대화하였는가?

　대단히 일반적인 관찰의 지평 위에서 우리는 하버마스와 라칭어의 기고들이 어떤 관련이 있다고 볼 수 있다. 그 관계는 바이에른 아카데미 감독 슐러와 출판 광고로 하여금 그것을 '대화'라고 부르는 것을 허용하였다. 신학자이며 교회 지도자인 라칭어는 철학과의 대화를 추구하며, 그래서 그들의 작업을 학문 안에서의 발전에 비판적으로 동반되기를 원한다. 그는 양자의 작업이 그가 말하는 대로 '인간 존재' 안의 규범적 토대들의 발견 혹은 재발견에 공헌하기를 원하는데, 그 토대들은 상대화될 수 없으며, "흔들릴 수 없이 확고한" 것이다. 철학자이며 시대정신의 예언자인 하버마스는 종교와의 대화 및 종교에 귀 기울임을 제안하며, 종교의 통찰들을 그의 표현대로 "사회적 삶의 형식들의 소통적 제도의 규범적 내용" 안에서 수용하고 세속 언어로 번역하기를 제안한다. 그러나 우리가 이러한—정당하게도 피상적인 관찰의 지평을 떠나자마자—양쪽 사상가들의 주장이 실제로 어떤 대화 안으로 옮겨지고 있는지, 공통의 진행 방향, 뒤따라 수행될 수 있는—최소한 핵심에서라도—의견 일치 혹은 서로 구별되는 견해들을 보여주고 있는지를 질문하지 않을 수 없다. 이 관점에서 숙고한다면, 우리는 다음을 오래 궁금해 하지 않을 것이다. 그 대화 자체는 출판되지 않았으며, 라칭어는 언론에게 그의 편에서는 다만 많은 '전략적 관점'(operativer Hinsicht)에서만 일치에 도달했다고 냉소적으로 언급했다.

하버마스는 소위 '민주주의 과정', 즉 시민 사회적인 및 사회 내적으로 소통적인 영역에 집중하며, 그 영역 안에서 "자유국가의 정치 이전의 도덕적 토대들"을 확인하고자 한다. 라칭어는 세계 정치적, 다중 문화적 그리고 다중 종교적으로 많은 위험을 지닌 상황을 직시하고 있으며, 권력의 법적·도덕적인 통제를, 더 나아가 '제어와 질서화'를 질문한다. 그렇게 하는 중에 그에게 가장 중요한 문제아는 과학적·기술적 진화인데, 이것은 스스로 확산시키는 도덕적 상대주의와 근본주의적·광신적인 종교적 태도들이다. "자유국가의 정치 이전의 도덕적 토대들"의 배려와 유지는 어쨌든 간접적으로는 시야에 들어오고 있다. 물론 국가도 권력들의 속박에 대해 법으로 도와야 한다. 물론 그도 민주주의적 질서와 사회의 부패 가능성의 위험을 본다. 자유주의 질서들을 창조하고 정치적·도덕적인 공적 담론들 안에서 동반되는 의로운 법의 발전을 가능하게 하는, 민주주의적이고 소통적 과정들은 그러나 그에 의하여 고려되지 않았다. 그 과정들은 명백하게도—어쨌든 세계의 많은 지역 안에서는—두말할 필요도 없이 주어져 있다고 전제된다. 그러므로 양쪽의 두 사상가는 대단히 상이한 관찰의 영역들 안에 있는 대단히 상이한 관심사와 염려에 몰두하고 있다.

찾아낼 수 있을 만한 하나의 접촉점은 아마도 과학주의에 대한 공통의 염려가 될 것이다. 과학주의는 학문적인 또는 소위 다만 자연과학적인 사고의 지나친 항구성과 자족성에 대한 믿음을 가리키는데, 이 믿음은 이데올로기적으로 고착화되어 있으며, 종교에 대한 비판 안에서 이것은 여전히 은폐되어 있다. 그것의 주장대로는 소박하고 지나간 시대에 속한다는 종교는 이러한 과학주의에 대하여 대비되는 은판으로서 봉사하며, 학문의 진리 독점에 대한 시대에 적절한 진보적 믿음을 과학주의에 반대하여 확산시키고자 한다. 이 지점에서 대화를 갖기 위해서는 양편의 근본적 주장이 검증되고 반드시 변경되어야만 한다.

하버마스의 애매한, 소위 "아직 배워야하는", 종교에게 아직도 세속화의 유예기간을 추인하는 지양의 전략은 반드시 개정되어야 한다. 올바르게도 그는 신학적 죄론 안에서 법적·도덕적 맹목성들, 또한 체계적 맹목성들의 비판을 위해 중요한 종교적 인식의 잠재력들을 예감한다. 환기되어야 하는 것은 신학적 종말론과 대단히 특별한 부활의 교의가 자연주의적 이데올로기들을 근본적으로 또 훌륭한 근거들로 의문시할 수 있는가 하는 질문이다. 하나님의 형상으로서의 인간론이 근본적 민주주의적 발전들을 지원한다는 것과 계급사회들 및 계급적 교회들의 종교적 칭의를 문제 삼는다는 것은 하버마스 자신이 언급한다. 종교의 이러한 및 다른 인식 잠재력들은 물론 계속되는 비판적 해석, 정신적 후원, 변경된 학문적·세계관적 조건들 아래서의 계속적 발전과 넓은 교육학적인 공적 매개 등을 필요로 한다. 그러나 우리는 종교의 계몽주의적 공허화와 추방을 다만 순화할 것인지 혹은 그것을 통찰력 있게 끝장내야 할 것인지를 이 시점에서 결정해야만 한다. 물론 이 결정은 근본적으로 긍정된 종교의 형식들과 내용들에 대한 지속되는 계몽주의적인 특수 비판을 배제하는 것은 아니다. 20세기 최고의 신학자들(바르트, 본회퍼 그리고 틸리히)이 종교 비판을 명시적으로 자신들의 신학 프로그램 안으로 수용하였던 것은 이유가 없었던 것이 아니다.

그러나 또한 과학적 진화론 및 그가 말하는 대로의 "이성의 병리학들"과 논쟁하는 라칭어의 프로그램도 더 이상의 발전을 필요로 한다. 시대사적인 맥락들과 학문 체계에 관계하는 철학자들 중 다만 적은 수만이 "이성"에 관한 라칭어의 기념비적인 진술에 공감할 것이다. 헤겔 연구자들 자신이 헤겔 학회의 토론을 현대 안에서의 "이성 개념"이라는 책으로 문서화하였다. 이성 개념을 "합리성"의 진술로써 대체하는 것은 다른 것들 중에서 정치, 학문, 종교 사이의—공산주의적 맥락들 안에서 때때로 불려졌던—냉전을 종식시키는 데 공헌하였다. 우리는 합리성의 연속체에 대한 믿음을 용감하게도 높이 평가함으로써, 학문적 체계 안에서 갈라져 온 분화를 되돌릴 수 없다. 라칭어는 세계의 분화를 종교적 색채를 지닌 다섯의 문화 영역으로 수용한 것처럼, 학문들의 서로에 대한 분화들도 "이성의 병리학들" 탓으로 돌려서는 안 된다. 학문에 대한 철학적이고 신학적 관점에서도 그리고 학제간 대화를 위해서도, 우리는 한 좌표 체계를 필요로 하는데, 그것은 라칭어가 약간 불행하게도 "다성적 상관관계"라고 불렀던 것이며, 그것으로써 그가 철학과 학문의 비판적 대립을 연구하려고 했던 것이다.

나는 이미 철학이 상이한 학문 영역들 안의 모든 진보를 유능한 비판자로서 동반할 수 있다고 취급할 수 있는지에 대한 회의를 언급하였으며, 그리고 이 회의를 20세기의 국제적이고 학제간의 성공적인 연구 협력에 기초하여 언급하였다. 나의 회의는 철학만이 홀로 신학과 교회를 세계적 종교간 대화로 내몰 수 있는 규범적 토대를 마련할 수 있을 것이라는 희망으로 이어지는데, 그 토대들은 동시에 정치와 법을 도덕적 상대주의에 저항하여 무장시킬 것이며, 과학주의적·자연주의적 이데올로기들을 문제시하거나 혹은 더 나아가 해체할 것이다.

나는 철학에 대한 라칭어의 환상에 젖은 과대한 기대에서만 문제를 보고 있지 않다. 나는 또한 자연법의 도구가 다만 무뎌졌으며, 다시 제대로 갈아져야 한다는 그의 견해에서도 문제를 발견한다. 그 문제에서 내게 중요한 것은 자연법의 전통들을 다시 강하게 만들려는 다소간에 절망적인 시도들이 슬프게도 좌초하였으며, 그래서 우리가 이 전선에서 어떤 화약도 더 이상 낭비해서는 안 된다고 진술하는 어떤 값싼 과도한 몸짓이 아니다. 철학도 또한 참여하였던, 자연과학들, 법학들, 신학들 안에서의 "법 개념들"이라는 몇 년간의 학제간 연구 프로젝트와 함께 우리는 최근에 자연법 사고의 몇 가지 관심사를 철두철미 재발견하려고 시도하고 있다. 나의 우려는 더 나아가 라칭어가 언급하였던 많은 세계적 문제들의 해소라는 비전 안에서의 방법론적이고 내용적인 협소화를 향한다.

그가 원했던 "이성과 종교"의 비판적 동반관계는 신학과 철학만의 대화 안에서는 수립될 수가 없을 것이며, 우리가 과학 그 자체에 대하여 과학주의의 의혹을 배양하거나 혹은 과학적 합리성에 세계적 기술적인 및 정치-이데올로기적인 자기 위협의 책임을 지울 때는, 더욱 그럴 수 없게 될 것이다. 상이한 학문 영역들과의 모범적 내용적인 담론들 그리고 그 학문들의 방법들 및 사고형식들에의 관여가 그러한 동반자 관계의 번성을 위해서 요청될 것이다.

라칭어가 애써 추구했던 "전체 그리고 인간의 현실성의 더 넓은 차원들"에의 집중은 다수 학제간의 접근을 요청하는데, 그 접근 안에서 자연과학적, 정신과학적 그리고 목표로 하는 내용적·신학적 전망들은 철학과의 대화 안으로 옮겨져야만 한다. 이것이 주목되지 못하는 곳에서는 학문들과 세속적 합리성들 안에서 예견되는 인식들의 수용만이 위험에 처하는 것이 아니다. 그곳에서는 또한 최종적인 종교적 방향 상실의 위험이 우리가 원했던 새로운 자연법 담론을—신학적으로 볼 때—위협한다. 왜냐하면 인간은 자연법에 관련하여 아마도 최종적으로는 다만 자기 자신과 대화할 수 있을 뿐이기 때문이다. 칼 바르트는 잘 알려진 대로 이것을 거대하게 구조적으로 조건화된 위험으로써 로마 가톨릭주의의 위험일 뿐만 아니라, 신학적·내용적으로 공허화된 신개신교주의의 위험이라고 보았다.

이 위험에 대하여 스스로를 "종교적 불협화음"이라고 지칭하는 철학자 하버마스가, 죄 개념의 상실과 부활의 희망의 상실을 경고했던 교황청 주교보다 더욱 민감하게 보이는 것은 흥미롭다. 어떤 근본적 형식 안에서 제시되든지 간에 자연법의 사고는 순수하게 그리스도교적·신학적인 인식의 근거를 우리에게 확증해 줄 수가 없다. 그러므로 자연법 사고는 세계의 대종교들과의 대화가 최종적으로 필요로 하는 기초가 아니다. 그 사고가 여기저기서 대화의 기초로 사용되고 있다고 해도, 그것은 조만간에 그럼에도 불구하고 철학적으로 은폐-장식된, 서구적 헤게모니적 사고의 유물로 재차 추방될 것이다. 라칭어가 예견하는 "다중 음성의 상관관계"(polyphone Korrelation)는 종교 간의 대화 안에서, 마찬가지로 또한 철학적과 과학적 합리성들과의 대화 안에서, 그가 생각했던 것보다는 상당히 소모적일 것이다.

라칭어에 있어서 불충분하게 형성된 목적-사고는 하버마스에 있어서 불만족스러운 출발의 좌표 체계에 상응한다. 후기 현대사회들의 구조화된 다원주의 권력의 그물망 안에서의 시민사회적 "민주주의 과정"의 수행 능력과 성취 능력은 정치, 법, 교육 안의 작용의 형식들에 의하여 틀림없이 대단히 명확하게 매개될 것이며, 시장과 매체들의 합리성들에 저항하여 윤곽을 드러내게 될 것이다. 우리는 하버마스가 도달했던 1990년대 초의 인식 수준에 미달해서는 안 된다.

그렇기 때문에 우리가 마지막에 다음 사실을 아는 것은 좋은 일이다. 라칭어는 한 극단적으로 중요한 '가톨릭적 믿음의 인물'이지만, 그러나 우리 중의 유일무이한 인물은 아니며, 또 하버마스는 대단히 좋은 가르침을 주는 '자유주의적, 개인주의적, 세속적 사고의 인물'이지만, 그러나 우리 중의 유일무이한 인물은 아니다. 그리고 또 다음을 아는 것도 좋은 일이다. 양자에 의하여 의도되었던 대화 또는 실제로 수행되었던 담론은—다행스럽게도—우리의 고유한 세계의 미래가 어떻게 이루어져 갈지에 대해서는 결정을 내리지 않고 있다.

하나님: 시와 진리

번역: 이상은(서울장신대학교)

『나의 인생으로부터: 시와 진리』, 잘 알려진 바와 같이 요한 볼프강 폰 괴테(Johann Wolfgang von Goethe)는 그가 사망하기 바로 전까지 20년 넘는 세월 동안 저술했던 자서전에 이러한 이름을 붙였다.[1] 대단히 섬세하게 그리고 사상적 깊이를 가지고 그는 자신의 삶의 초기 25년을 조명한다.[2] 그 스스로가 말하고 있지만, 무엇이 1809년에 60대가 된 시인으로 하여금 "스스로를 역사적으로 회고해 보도록"[3] 만들었던 것일까?

---

1) Erich Trunz, *Goethes Werke*, Hamburger Ausgabe, hg. München: C. H. Beck, Bd. 9: 7. Aufl. 1974; Bd. 10: 6. Aufl. 1976.
2) 그가 이를 통해 실제로 삶의 역사에 대한 문학 장르를 "삶에서 일어난 사건들의 건조한 모음들"의 의미로부터 떼어 놓았던 것인지, 하나의 "전기의 세기"를 도입했던 것이었는지에 대해 에리히 투른츠(Erich Trunz)는 그것이 맞다고 암시하고 있다(Bd. 9, 600f.).
3) AaO., 599.

괴테는 이때 막 12권으로 된『대시집선과 소시집선』을 출판했다.4) 그는 그의 벗들이 이처럼 다양한 시들이 어떤 연관을 가지고 있는지, 그것들이 어떤 조화를 이루고 있는지 질문을 던진다고 전한다. 실제로 한 인물이, 한 삶이, 한 명의 시인이 그토록 넓게 펼쳐 있는『로마의 비가』(*Römischen Elegien*),『베르테르』(*Werther*),『라이네케 푹스』(*Reinecke Fuchs*),『괴츠 폰 베를리힝엔』(*Götz von Berlichingen*),『이피게니』(*Iphigenie*),『파우스트 I』(*Faust I*),『타소』(*Tasso*),『애인의 변덕』(*Laune der Verliebten*) 그리고 수많은 시와 습작들의 뒷면에 서 있는 것일까? 괴테 스스로는 자신의 시 안에 어떤 질서 같은 것을 설정할 수 있도록 다양한 시도들을 받아들였다고 말한다. 그리고 마침내 그는 자신의 시의 배후에 놓여 있는 진리에 대한 질문에 대해 자전적 서술을 통해 대답하고자 결심했다고 한다.

괴테는 자신과 가장 가까운 친구들이 어린 시절부터 갖고 있던 "독일적 자연과 진리의 사랑"에 대해 거듭 이야기한다.5) 자연과 진리에 대한 이 사랑을 그는 만족스럽게 보지 않는다. 만일 자연과 삶이 단순한 물질로, 단순히 자연과학적 의미에서 측정 가능한 측량 값이나 사실들로 축소된다면 오히려 배반당한 것이라고 본다. 그라우젠(Grausen)과 그는 그들이 1770년 출판된 폴 앙리 티리 돌바크(Paul Henri Thiry d'Holbach)의『자연의 체계』(*Systeme de lure*)를 어떻게 보았는지 전하고 있다. 그들은 한마디로 암담하고, 죽음 같고, 망령 같고, 무미건조하다고 판단한다.6) "마치 공허하고 빈 것 같은 이 황량한 무신론적인 저녁에 우리에게

---

4) Goethe, *Dichtung und Wahrheit*, Bd. 9, 8.
5) AaO., 485.
6) Vgl. aaO., 490.

들었던 느낌, 여기에서 이 땅은 그 모든 구성물과 더불어, 하늘은 그 모든 별들과 더불어 사라져버렸다."7) 그는 돌바크가 "자연보다 더 높은 것, 혹은 그 속에서 더 높은 자연으로 나타나는 것을 물질처럼 둔중하게 움직이고 있지만 방향도 형태도 없는 자연으로" 변질시켜버렸다고 말한다.8) 그는 이러한 방식의 진리 추구를 통해 괴테와 친구들로 하여금 철학, 특히 형이상학에 깊게 반발감을 갖도록 만들었다. 그리고 그와 대조적으로 "살아 있는 지식, 경험, 행동 그리고 시"를 향해 아주 분명하게 도취되도록 만들어 주었다.

그러나 그러한 시에 어울리는, 그리고 어쩌면 그로부터 솟아나오는 진리에 대한 추구와 진리에 대한 인식에 맞서 시와 진리를 서로로부터 분리시키고 서로에 대항해 서도록 만드는, 어떤 전통이 대립해 서게 된다. 우리는 이미 주후 2세기 스토아 철학자 파나이티오스 폰 로도스 (Panaitios von Rhodos)가 '자연신학', '정치신학', '신비신학'과 시인의 신학을 구분하는 것을 발견한다.9) 또한 이 시기에 사모사타의 루키안 (Lukian von Samosata)이 말했듯 "시인의 거짓말"이라는 말이 속담처럼 받아들여졌다. 그가 국가적으로 받아들여진 황제 숭배의 정치신학과 신비신학들에서 시인의 거짓말과 벌인 논쟁은 서구 신학의 여러 분야에서 모범적 형식이 되었다. 시인이 가진 정치적 권력욕 그리고 개인적 환상에 따른 창작들에 반해 자연신학과 형이상학은 진리를 소중히 간직한다는 것이다. 그래서 "시 대신 진리"라는 표어가 받아들여졌다.

---

7) AaO., 491.
8) Ebd.
9) Vgl. Wolfhart Pannenberg, *Systematische Theologie*, Bd. 1, Göttingen: Vandenhoeck, 1988, 87, 86ff.

그리고 진리는 정치적 이론들이나 형이상학적 이론 안에서, 심리학적 연구에서, 후에는 역사비평적 연구와 마침내 정밀한 자연과학들에서 추구된다고 주장하였다. 흔히 말해지듯 고대로부터 오늘에 이르기까지 신을 "궁극적 사유" 안에서 파악하고자 하는 노력들이 인기를 끌었다: 신은 "모든 것을 포괄하는 현실"(die Alles bestimmende Wirklichkeit)[10]이며, 신은 "존재의 근거"(Grund des Seins)[11]이며, "절대 의존의 근원"(das Woher der schlechthinnigen Abhängigkeit)[12]이다. 이런 식으로 종교적 진리를 초점으로 다루고자 하는 정식들은 말한다. 그런데 계몽주의와 자연과학적인 연구가 개선 행진을 벌이면서 철학 이론들과 신학적 교의학적 사유의 산출들에도 강요가 주어졌다. 존재의 근거로서의 신과 같은 궁극적 사유에 도대체 어떤 현실이 상응하기는 하는 것인가? 이런 질문이 제기되었다. 그런 말과 결부된 진리에 대한 요구는 신화의 이야기나 마찬가지로 근거가 박약한 것은 아닌가?

프랑스에서 출판되었던 "유대교적 유머가 담긴 성서"에 등장하는 다음과 같은 일화는 이 주장에 대해 잘 보여준다. 한 계몽되고 세속화된 뉴욕에 사는 유대인 아들이 로마 가톨릭에서 설립한 명문 '성 삼위일체' 학교에 다닌다. 그러던 어느 날 그는 아버지에게 삼위일체, 즉 성부, 성자, 성령이 무엇인지를 배웠다고 말한다. 이 이야기를 듣자마자 아버지는 그를 나무란다: "이 녀석아, 내가 너에게 말하고 싶은 것은 말이지,

---

10) Rudolf Biltmann, *Welchen Sinn hat es, von Gott zu reden?*, in: ders., *Glauben und Verstehen*, Bd. 1, Tübingen: Mohr Siebeck, 6. Aufl. 1966, 26.

11) Paul Tillich, *Systematische Theologie*, Bd. 1, Stuttgart: Evangelisches Verlagswerk, 3. Aufl. 1956, 273 u.ö.

12) Vgl. Friedrich Schleiermacher, *Der christliche Glaube*, hg. Martin Redeker, Berlin: de Gruyter, 1960, §§ 4 und 5.

오로지 한 분 하나님 이외에는 계시지 않는다는 거다. 그리고 우리는 그분도 믿지 않는단 말야!" 이 말을 통해 우리는 그리스도교에 의해 특징지워져 있다는 오늘날의 문화 안에 있는 기본 태도를 보게 된다. 신에 대한 표상들이나 신에 대한 사유들은 반신반의의 대상이 된다. 단지 더 분명하고, 대체로 추상적인 덜 분명한 것들이 있다는 식으로이다. 그런데 이 모든 것에 깊은 회의가 동반되고 있다. 리처드 도킨스(Richard Dawkins)는 특유의 공격성으로 종교를 가지고 있다고 하는 세계 인구의 70-80%의 사람이 어떤 "신의 망상"을 품고 살았다고 주장한다.13)

게다가 신에 대해서 시적 형식으로 이야기되는 것이 거대 종교들에서는 여러 층의 모습으로 일반화되어 있다는 이야기가 받아들여지게 될때, 그런 식의 신에 관한 증언들은 동화나 정신 이상 이외에 아무것도 아닐 것이라는 의심이 빠르게 제기된다.

아래의 글에서 필자는 성서 전승 중에서도 특별한 불신과 회의를 받아 왔던 세 주제를 다루고자 한다. 그것은 곧 창조와 부활과 성령의 부으심에 대한 것이다. 우선 우리는 성경 서두에 나오는 제사장 문서(창 1장)의 창조 기사, 그리고 엠마오 도상에서의 기사(눅 24장)의 조명 가운데 부활의 증언을 다룰 것이다. 끝으로 성령의 부으심에 대한 기사(행 2장, 욜 3장)를 다룰 것이다. 마지막으로 우리는 삼위일체 하나님에 대한 교리, 삼위일체 신학을 향해 나아갈 것이다.

우리는 창조ㆍ부활ㆍ성령의 부으심이라는 말을 통해 단순히 "신의 망상" 혹은 시적 형식을 빌린 세 개의 허위적 산출물을 보고 있는가? 아니면 우리는 이러한 주제를 다루면서 성서적 전승들에 지향점을 갖는 가

---

13) Richard Dawkins, *Der Gotteswahn*, Berlin: Ullstein, 10. Aufl. 2007.

운데 하나님의 진리에 대한 인식을 얻을 수 있을까?

I. 창조

창조라고 하는 주제를 다루는 성서적 고전은 2,500년도 넘는 오래된 것이다. 그것은 아마도 이스라엘 사람들이 바벨론 유수를 보낼 때 생겼을 것이다. 그리고 그것은 훨씬 더 오래된 동방 문화의 창조 신화들에 널리 퍼져 있던 것들이다. 성서의 처음 장 본문에서, 즉 모세의 첫 번째 책인 창세기에서, 더 정확히 말해서 창세기 1장의 1절에서 2절까지, 그리고 4절의 본문은 7일간의 창조에 대해 이야기하는 가운데 진리에 대한 모든 요구를 애당초부터 무시하는 것처럼 보인다.

여기에서는 첫 번째 날에 대해 다음과 같이 말씀하고 있다: "태초에 하나님께서 천지를 창조하시니라. ²땅이 혼돈하고 공허하며 흑암이 깊음 위에 있고 하나님의 영은 수면 위에 운행하시니라. 하나님이 이르시되 빛이 있으라 하시니 빛이 있었고 빛이 하나님이 보시기에 좋았더라. 하나님이 빛과 어둠을 나누사 ⁵하나님이 빛을 낮이라 부르시고 어둠을 밤이라 부르시니라. 저녁이 되고 아침이 되니 이는 첫째 날이니라."14)

20세기 후반에야 우리는 비로소 우주의 나이가 130억 7,500만 년이 되었다는 것을 알았다. 우주와 생명의 오랜 진화를 통해 표상된 이 시간은 각각 24시간으로 이루어져 있는 7일간의 창조를 다루는 것과는 맞지 않아 보인다. 그러나 우리는 성서의 창조 기사가 그와 같은 창조의 표상

---

14) 번역문의 성경본문 구절 인용은 "개역개정판"을 따른다.

을 전달하고자 했던 것인가 질문을 제기해야 한다. 이 시에 담겨진 외형적으로 어긋나 있는 운율의 형식을 분명히 보게 될 때, 우리는 더 깊은 인식으로 향하게 된다. 이틀째와 사흘째 이루어지는 하늘과 땅의 창조를 서술한 뒤 네 번째 날에 대해 다음과 같이 말씀하고 있다.

"[14]하나님이 이르시되 하늘의 궁창에 광명체들이 있어 낮과 밤을 나뉘게 하고 그것들로 징조와 계절과 날과 해를 이루게 하라. [15]또 광명체들이 하늘의 궁창에 있어 땅을 비추라 하시니 그대로 되니라. [16]하나님이 두 큰 광명체를 만드사 큰 광명체로 낮을 주관하게 하시고 작은 광명체로 밤을 주관하게 하시고 작은 광명체로 밤을 주관하게 하시며 또 별들을 만드시고 [17]하나님이 그것들을 하늘의 궁창에 두어 땅을 비추게 하시며 [18]낮과 밤을 주관하게 하시니 하나님이 보시기에 좋았더라. [19]저녁이 되고 아침이 되니 이는 넷째 날이니라."

왜 밤과 낮의 구별이 첫 번째 날과 네 번째 날 두 번 이루어지고 있는가? 하나님은 어떻게 별과 연관을 짓지 않으시면서도 첫 번째 날에 빛을 창조할 수 있었을까? 낮과 밤의 구별은 하나님께서 직접적으로 이루신 것인가, 아니면 마지막 본문이 지시하는 것처럼 별을 통해서 이루어지는 것인가? 외면적으로는 소박해 보이는 이 시에 대해 이런 식으로 똑똑한 줄 알고 던지는 질문은 여기에서 전개되고 있는 섬세한 현실관을 간과하고 있는 것이다.

성서의 창조 기사는 두 시간 체계 안에서 생각하고 있다.[15] 한편으로

---

15) 그에 대해서는 다음의 책을 참조하라. Michael Welker, *Schöpfung und Wirklichkeit*, Neukirchen-Vluyn: Neukirchener, 1995; 같은 글쓴이., *Was ist Schöpfung? Zur Subtilität anktiken Weltordnungsdenkens*, in: *Jahrbuch der Heidelberger Akademie der Wissenschaft für 2006*, Heidelberg: Universitätsverlag, Winter, 2007, 84-88.

그것은 첫 번째 날에 대한 기사 안에서 하나님의 날을, 다른 한편 네 번째 창조의 날에 대한 기사 안에서 이 세계의 날들을 보고 있다. 그것은 하나님의 시간과 하늘 아래에서의 시간을 구분한다. "주의 목전에는 천년이 지나간 어제 같으며 밤의 한 순간 같을 뿐임이니이다"라고 시편 90편 4절은 말씀하신다. 그에 따르면 하나님의 날들은 그 안에서 현실들과 삶의 과정들의 아주 상이한 맥락들이 상술되는 아주 커다란 시간단위들이다. 오늘날 우리는 이 시간들이 우주적인, 생물적인, 문화적인 그리고 종교적인 연관 안에서 "창조"로 되어 가는 과정에 대해 말하고 있다. 빅뱅 같은 하나의 단순한 처음의 시작으로의 축소도, 단순한 자연으로의 축수도, 순수한 종교적 사실들도 창조의 현상을 설명하기 위해 정당한 것이 아니다.

이 텍스트에서 만나는 세 번째 당혹은 우리로 하여금 이 창조 기사의 섬세함을 깨닫도록 만든다. 한편으로 그것은 **하나님**께서 구분하시고, 만드시고, 창조하시고, 세우시는 일을 하신다는 것에 대해 말씀하신다. 다른 한편으로 **피조물**에게는 지배하고, 산출하고, 전개하고, 재생산되는 행위가 돌려진다. 말하자면 성서의 창조 기사에 따르면 창조와 진화는 양자택일의 것이 아니다. 특히 미국에서 자주 이 주제에 대해 번번이 행해져 온 종교-이데올로기적 싸움들은 성서의 증거들을 간과해버리는 것들이다. 이것들은 만일 우리가 진화를 인정하고 피조물로 하여금 그들이 발전의 능력을 갖고 있다고 인정해 주게 된다면 우리는 아마 하나님과 피조물들을 더 이상 구분하지 못하게 될지 모른다는 두려움으로부터 왔던 것들이다. 만일 우리가 일반적인 종교적 사유에서 유감스럽게도 특징화되어 있는 것과 같이 하나님과 세계, 하나님과 인간, 하나님과 피조물이라는 식으로 일대 일의 관계에서 생각하고자 한다면 그것은 실제로 문제가 된다. 그러나 성서의 창조 기사는 하나님과 창조를 일대 일의 관계에서 생각하지 않고 일대 다수의 관계에서 생각한다. 그에 따르면 피조물은 오로지 하나님의 창조성에 대해 여러 층으로 나누어진 방식 안에서 참여한다. 하늘은 구분하고, 별은 다스리고, 땅은 산출하며, 인간은 이른바 지배 위탁을 받는다. 그러나 하나님은 이 모든 다양한 과정을 오케스트라 지휘자처럼 지휘하신다. 거기에서 피조물에 대해서는 어쨌든 큰 힘과 자유가 주어진다. 그러나 하늘과 땅과 별들은 이러한 거대한 힘들에도 불구하고 다른 고대 신화들에서 그랬던 것과 같은 신으로는 생각되지 않는다. 성서에 따르면 그들은 단지 하나님의 피조물들일 뿐인 것이다.

그 다음 두 가지 당혹은 시적 창조 기사가 "모든 것을 결정하는 실재"로서의 신에 대한 종교적이고 형이상학적 담론보다도 하나님과 세계를 더 진리적으로 인식하고 있다는 것을 우리로 하여금 깨닫게 해준다. 만일 하나님이 피조물들에게 그토록 커다란 힘과 자유를 허여해 주신다면, 그러면 창조 안에는 엄청난 자기 위험과 자기 파괴의 위협이 나타나게 되지 않을까? 우리는 이 질문들은 냉철하게 받아들여야 하며, 동시에 하나님의 전능에 대해 가지고 있던 소박한 표상들은 내려놓아야 한다. 창조는 하나의 완벽한 기계장치를 만들어내신 것이 아니며, 신은 각 시공간의 자리에서 자동적으로 작동이 되는 하나의 초자연법칙을 의미하지 않는다. 하나님의 전능에 대한 적절한 이해는 하나님께서는 능력을 가지고 계실 뿐만 아니라 또한 고난과 곤경, 그리고 죽음으로부터 새로움과 선하심을 창조한다는 것을 신뢰한다. 그러나 그것은 또한 하나님께서 세계로 하여금 자신이 지닌 독단에 넘겨주실 수도 있다는 것을 인정한다. 하나님은 당신의 얼굴을 돌이키실 수도 있고 당신의 영을 되돌릴 수도 있으시다. 단지 현실과 진리를 왜곡하는, 하나님과 세계에 대한 종교적이고 형이상학적 이해만이 유한성, 허약함, 곤경, 불행, 고난 그리고 죽음을 외면할 수 있을 뿐이다.

그러나 한 가지 궁극적으로 잘못된 질문은, 그렇다면 어떻게 성서의 창조 기사가 "그리고 하나님이 보시기에 창조된 것들이 좋았다"라고 거듭해서 말할 수 있는가라고 묻는다. 이에 대한 대답은 히브리어 단어 "좋다", **토브**라고 하는 말은 "생명촉진적인"(lebensförderlich)이라는 말을 의미하며, 이 말은 "영광스러운", "신적인", "낙원적인"이라는 말과 교환될 수 없다는 것이다. 그런데 만일 그것이 어쨌든 파괴적이고 유한한 것이라면, 그 모든 삶이 다른 생명들의 대가를 치르는 가운데 영위되며, 심지어 하나님에 대해 공격적인 것으로 마쳐지게 된다면 어떻게 하나님에 의해 분명히 구분된 창조는 생명촉진적이라고 생각될 수 있을까? 창조가 생명촉진적이라는 말은, 모든 불충족성에도 불구하고 하나님께서 그 안에서 신적인 선과 영광을 계시하시고자 하신다는 면에서 그러한 것이다. 시적 형식을 취하고 있는 이른바 소박한 창조 기사는, 하나님께서 단지 유지하기만 하시지 않고, 그를 또한 구원하시고 구속하시고 승귀시키시는 사역을 보여주시는, 우리가 살고 있는 하나의 세계에 대해 말한다.

구속, 구원 그리고 인간과 창조의 승귀와 더불어 우리는 이제 우리는 두 번째 어려운 주제인 부활 앞에 서게 된다.

II. 부활

　부활에 대한 성서적인 말씀은 근본주의와 비판적 무신론에 대한 투쟁의 장을 불러온다. 이 양자 모두 같은 잘못을 저지르고 있다. 근본주의자들은 부활을 육체적인 재활과 혼동하면서 이를 맹목적으로 옹호하려고 하고 무신론자들은 비웃으며 질문을 제기하곤 한다. 그러나 성서 전승들이 보여주는 부활의 증거는 그 어디에서도 예수께서 부활절 이후에 그분이 십자가형을 당하시기 이전과 똑같은 방식으로 제자들과 사셨다는 환상을 위한 근거를 제공해 주지 않는다.16) 단지 누가복음에서 나타나는 두 가지 언급이 하나의 육체적 재활에 대해 생각하도록 만들어 줄 뿐이다. 동시에 우리는 하나님의 계시와 의심 사이, 부활하신 분의 감각적 자기 현재화와 그분의 혼령과도 같은 사라지심 사이의 갑갑한 긴장을 만나게 된다. "나의 주님이시요 나의 하나님." 요한복음 20장에 따르면 믿음이 없었던 도마는 부활하신 분이 그의 상처를 만지라고 그에게 요구하실 때 말한다. 그는 "용서하소서 예수여, 나는 당신을 곧바로 알아보지 못했나이다!"라고 말하지 않는가. 특별히 누가복음 24장의 이른바 엠마오 기사는 많은 시사점을 제공한다.

　예수의 십자가형이 있은 다음 두 제자가 예루살렘 옆에 있는 엠마오로 간다. 그들은 끔찍한 사건에 대해서 이야기하며, 말씀되어 있듯 "그에 대해서 묻는다." 거기에서 예수는 그들에게 가까이 하시고 그리고 그

---

16) 아래에 대해서는 다음의 책을 보라: Hans Joachim Eckstein u. Michael Welker (Hg.), *Die Wirklichkeit der Auferstehung*, Neukirchen-Vluyn: Neukirchener Verlag, 4. Aufl. 2010; Michael Welker, *Was geht vor beim Abendmahl?*, Gütersloh: Gütersloher Verlag, 3. Aufl. 2005.

들과 함께 가신다. "16그들의 눈이 가리어져서 그인 줄 알지 못하거늘." 그분은 그들에게 그들의 슬픔의 이유에 대해 질문하신다. 그리고 그들은 예수의 처형과 그의 무덤에서의 천사가 나타난 일들에 대해서 이야기한다. "25이르시되 미련하고 선지자들이 말한 모든 것을 마음에 더디 믿는 자들이여 26그리스도가 이런 고난을 받고 자기의 영광에 들어가야 할 것이 아니냐 하시고 27이에 모세와 모든 선지자의 글로 시작하여 모든 성경에 쓴 바 자기에 관한 것을 자세히 설명하시니라 28그들이 가는 마을에 가까이 가매 예수는 더 가려 하는 것 같이 하시니 29그들이 강권하여 이르되 우리와 함께 유하사이다 때가 저물어가고 날이 이미 기울었나이다 하니 이에 그들과 함께 유하러 들어가시니라 30그들과 함께 음식 잡수실 때에 떡을 가지사 축사하시고 떼어 그들에게 주시니."

많은 부활 현현들에 있어서 특징적인 것은 말씀된 바와 같이 증인들의 눈이 가리어져 있다는 것이다. 부활하신 분은 곧바로 인식되지 않는다. 그는 닫힌 문들을 통해 들어오시며, 하나의 혼백처럼 여겨지고 있다. 또한 부활하신 분은 그분이 인식되는 그 순간에 사라지신다고 하는 특징이 있다. 그러나 엠마오로 가는 제자들은 이제 하나의 혼백같이 나타나심에 대해 탄식하는 대신에 깨달음을 가진다: "길에서 우리에게 말씀하시고 우리에게 성경을 풀어 주실 때에 우리 속에서 마음이 뜨겁지 아니하더냐?"

이러한 사실상 시적 형식을 지닌 이야기들 속에서 우리가 얻을 수 있는 것은 무엇인가? 부활하신 분은 부활하시기 이전의 예수와 같은 방식으로 현재하지 않는다는 것이다. 그분은 평화의 문안을 주시는 가운데에서, 떡을 떼는 가운데에서, 세례의 명령 가운데에서, 제자들을 파송하는 가운데에서, 성서와 메시아의 비밀을 풀어 주시는 가운데에서 계시되신다. 하버드 대학의 신학자인 프란시스 피오렌자(Francis Fiorenza)는 이 계시들이 이미 초대교회의 기초적인 삶의 행위들 그리고 파송을 특징짓고 있다고 섬세한 감각으로 관찰한다. 부활의 현현들은, 마치 예컨대 떡을 뗌 그리고 성서를 풀어 주신 것이 보여주듯 한편으로는 예수의 부활절 이전의 삶에 연속성 안에 서 있다. 다른 한편으로 그분은 마치 나와 너와 같은 인간으로서 현재화하지 않고, 그분이 그를 통해 당신의 증인들을 당신의 부활절 이후의 삶 안으로 받아들이는, 그리고 그들로 하여금 당신의 현존의 담지자가 되도록 하는 당신의 능력 안에서 현재화시킨다. 그의 부활절 이전의 생물적인 몸을 그의 인격과 그의 생명은 이제 입지 않으신다. 그의 부활절 이전의 삶은 오히려 새로운 형태 안에서—바로 성령의 능력 안에서 보여진다. 그의 증인들은 그의 새로운 몸이 되며, 그들은 그의 삶 안으로 받아들여지며 그리고 그와 더불어 그의 몸에 참여한다.

우리가 인간적인 몸이 영에 의해 특징지어진다는 것을—"그가 흥분한 것처럼…", "그녀가 보고 웃는 것처럼…", "너희들이 말하는 바와 같이…"—곧바로 잘 표상할 수 있는 반면에, 우리는 영의 특징을 몸과 몸들을 통해 이해하는 데에는 훨씬 더 큰 어려움을 갖는다. 아마도 우리는 한 공동체의 영에 대해서, 한 학교의 영에 대해서, 한 시대의 영에 대해서 이야기할 것이다. 그러나 그때 우리 눈앞에는 이 영 안으로, 이 영들 안으로 필연적으로 육체적 생명과 실존들이 들어선다고 하는 것이 똑똑히 보이는가? 그러나 부활 안에서는 그리고 또한 이 지상적-생물적 삶을 넘어서는 하나의 삶을 향한 우리의 대부분 불확실한 희망들 안에서는 바로 그것이 중심이 되는 것이다. 성령의 능력 안에서 창조의 하나님과 부활하시고 승귀하신 그리스도는 창조와 인간에게로 향하셔서 그들을 유지하시고, 구원하시고 그리고 승귀토록 하신다. 어떻게 우리는 이 성령의 역사를 설명할 수 있을까. 어떻게 우리는 여기에서 단지 잘 만들어진 "경건한 거짓말"이 중심이 되고 있다는, 끝없는 진정하지 못한 소원의 표상들이 중심이 되고 있다는 생각들에 대해 반대 입장을 취할 수 있을까?

III. 성령의 부으심

20세기 들어 인간 역사의 지금까지 가장 거대한 경건의 운동이 도래한다. 대략 5억 명의 인구가 오순절 교회들의 카리스마적인 운동들의 추종자들로 평가된다.[17] 그들의 경건에는 이른바 성령 세례, 신앙을 향해 나아가는 인간들에 대한 하나님의 성령이 부어지심이 중심으로 부각된다.[18] 예수 그리스도는 메시아, 즉 하나님으로부터 성령을 통해 기름부음을 받은 분이시다. 그를 통해 그분은 하나님으로부터 진정한 왕으로, 진정한 예언자로, 진정한 제사장으로 위임을 받으시며, 그렇게 스스로를 진정한 하나님으로 보여주신다. 이 신적인 왕, 예언자이자 제사장이신 분은 그러나 신적인 영을 스스로를 위해서 갖지 않으신다. 그분은 성령을 부어 주시며, 인간으로 하여금 당신의 능력에 참여하도록 하신

---

17) 거기에 대해서는 다음을 보라: Michael Welker, *Gottes Geist. Theologie des Heiligen Geistes*, Neukirchen-Vluyn: Neukirchener Verlag, 4. Aufl. 2010; Peter Zimmerling, *Die charismatischen Bewegungen. Theologie- Spiritualitaet- Anstoesse zum Gespräch*, Göttingen: Vandenhoeck, 2001.

18) 거기에 대해서는 다음을 보라: Frank D. Macchia, *Baptized in the Spirit: A Global Pentecostal Theology*, Grand Rapids: Zondervan, 2006.

다. 그 어떤 초라함 가운데에서도 그들은 그의 몸으로, 그분이 다스리시는 영역으로, 그분의 나라로 받아들여진다. 그렇게 해서 하나님은 연약하고 위험에 처해 있는 당신의 창조 안에 새로움과 선하심을 창조하시는 역사를 보여주신다. 그렇게 해서 인간들 아래에서 그리고 그들 가운데에서 부활하신 주님이시자 왕이시고 형제이고 친구이신 분, 가난하신 분이자 배척되셨던 분은 역사하신다.

성령의 부으심은 사도행전 2장의 오순절 기사에서만이 아니라 구약에서도 이미 증거되고 있다. 특히 주전 4세기 혹은 3세기에 쓰인 것으로 추정되는 예언자 요엘의 시적 환상은 인상적이다. 오순절 기사는 이 환상을 상세하게 강조하며 인용하고 있다: 이제 예언자가 예언했던 것이 일어난다. 요엘은 그의 환상에서 무엇이라 말하는가? "28그 후에 내가 내 영을 만민에게 부어 주리니 너희 자녀들이 장래 일을 말할 것이며 너희 늙은이는 꿈을 꾸며 너희 젊은이는 이상을 볼 것이며 29그때에 내가 또 내 영을 남종과 여종에게 부어 줄 것이며"(욜 2장). 영의 부으심에 대한 말씀은 그 당시로서는 혁명적인 것이었고 오늘날에도 여전히 그러하다. 고대 가부장적인 환경 속에서 다음과 같은 말씀들이 주장된다: 하나님의 성령은 여자들에게도 또한 부어진다. 여자들도 역시 하나님의 진리에 관해 그리고 창조를 통한 하나님의 목적들에 대해 이야기할 것이다. 오늘날 우리는 말할 수 있다: 그들도 또한 이야기하며 기본 가치들이나 교육정책 그리고 교회적 정치적인 발전들에 대한 논의들 가운데에서 같은 권리를 가지고 함께 결정을 내리고 있다. 그런데 젊은 사람들의 목소리들 또한 오로지 연로한 사람들만이 발언권을 갖는 하나의 사회 안에서 무게를 가져야 한다. 특히 충격적인 것은 당시에는 일반적으로 노예들이었던 종과 여종들의 공동 발언권, 마치 모든 고대 사회에서 그러했던 것처럼 하나의 종을 가지는 사회에서의 공동 발언권에 대한 말씀이다.

이 환상 뒤에는 하나의 엄청난 폭발력이 감추어져 있는데, 그러나 그것은 단순히 실제로 이 환상으로부터 오늘날에 이르기까지 빛을 발하는 하나의 사회혁명적이고 급진민주적인 프로그램으로 변형되어 나타나기만 하는 것이 아니다. 성령은 자유의 영이고, 창조적인 동일성의 영이며, 사랑과 평화의 영이다. 그는 인간들에게 다양한 은사와 능력들을 부여한다. 이 카리스마들은, 성령의 은사들과 능력들은 상호간의 받아들임과 강화 그리고 사랑을 위해 봉사해야 하며, 그것들은 공동체의 "풍요로운 건설"에 봉사해야 한다. 신약의 본문들은 그를 위해 다양한 지체들로 이루어진 "그리스도의 몸"에 대한 그림을 이용한다. 여기에서 서로에 대해 그리고 상호간의 동정감에 대해 많은 상호적 관계로 이루어진 친구들로 채워진 섬김의 공동체가 눈에 들어온다. 우리는 위대한 시적 환상을 들여다볼 수 있고, 불신하며 비웃거나 혹은 심지어 조소를 던질 수도 있다. 그러나 우리는 또한 이 환상들이 단순히 종교적 공동체들만을 촉구하는 것에 머무르는 데 그치려 하지 않았다고 정당한 질문을 제기할 수 있다. 우리의 시대에 여러 저항의 형태로도 나타나고 있지만 얼마나 폭넓게 그들은 그리스도적인 환경 속에서 민주적 시민사회의 건설에 참여하고 있는가? 그들은 얼마나 폭넓게 법치사회와 사회국가를 향한, 가능한 모든 사회 구성원을 위한 교육과 보건 부문을 위한 우리의 노력에 참여하는가? 그들은 얼마나 폭넓게 국가 내에서의 폭력의 제거가 축복된 정치적 형태라고 하는 우리 사회의 굳건한 확신에 참여하고 있는가?

내가 염두에 두었던 세 시적 이야기는 그 다양성의 측면에서 괴테 스스로가 그의 친구들과 함께 그 뒤에 서 있는 진리에 대해 질문하도록 만들었던 다채로운 화환과 같은 그의 시들과 비교할 만한 것이다. 창조와 부활과 영의 부어짐이라고 하는 세 주제에 대한 세 시적인 이야기 배후에는 어떤 거대한 전기도, 어떠한 삶의 기술도 서 있지 않다. 그들 뒤에는 그러나 하나의 거대한 신적 서술을 향한 노력이, 하나의 진리에 적합한 신의 서술이 서 있다. 세 이야기는 생명과 삼위일체 하나님의 진리에 대해 삼중의 빛을 던진다.

일반적인 많은 기독교인에게 삼위일체 하나님의 예전적인 언급들은 어쩌면 불편하고 귀찮은 것들일 수 있다. 우리는 하나의 유일신적 종교에 속한 것이 아닌가? 우리는 신화적이고 시적인 것을 자신의 뒤로 내버렸던 교양 있고 계몽된 종교에 속한 것이 아닌가? 최근에 바로 삼위일체 하나님, 아버지, 아들 그리고 성자의 이름은 런던 왕실 결혼식을 통해 10억 명의 텔레비전 시청자 앞에서 거듭해서 증거되고 불려졌다. 세계의 시청자들 앞에서 만일 우리가 단지 "하나님", 모든 인간의 전능한 하나님에 대해서 이야기하는 데 멈추어버렸다면, 평화와 정의와 진리에 대해서 더 잘 기여할 수 없게 되었을까? 그러면 우리는 성서적 시가 만드는 얼음길로 빠지게 되었을까? 이성적 측면에 있던 사람들이 버리고자 했던, 낯설고 모험적이면서 궁극적으로는 진리에 적대적인 제의적 형태에 빠져 있던 표상의 세계로 빠지게 되었을까?

창조와 부활, 성령의 부으심에 대한 짧은 일별과 더불어 우리는 그러한 유보에 직면해서 최소한 생각에 잠겨 합의를 도출하고자 했다. 만일 우리가 하나님으로부터 구별된 창조 가운데에서 하나님의 현재에 관해서 이야기하고자 한다면, 우리는 단순히 하나님에 관한 모든 담론이 지닌 언어의 궁핍만을 염두에 두어서는 안 된다. 철학적이며 형이상학적인 추상들의 도움으로, 그러나 또한 시적인 언어의 능력으로 사유와 신앙은 하나님의 진리를 파악하고 또 그를 증거하고자 시도한다.

거기에서 우리는 종종 언어의 궁핍에 빠지기만 할 뿐 아니라, 삶의 깊은 곤경도 마주치게 된다. 우리의 세계는 하나님 찬양을 향해 그리고 감사를 향한 많은 동인을 하나님 앞에 내어놓는다. 그러나 그것은 또한 하나님과 그분의 선하심에 대한 비탄과 의심, 의혹을 향한 좋은 근거도 내어 주고 있다.

이 의혹들을 우리는 높은 추상들, 빛나는 신적 사유들과 그와 결부된 진리의 추구들을 통해 배제해버릴 수 없다. 우리는 또한 역사적인 그리고 시적인, 세계의 곤경을 향한 하나님의 개입하심을 파악하고자 시도해야만 한다. 예수 그리스도와 성서적 증거에 집중하는 것 가운데에서, 그리고 하나님의 영에 대한 집중 안에서 이 진리를 추구하는 시들은 하나님과 하나님의 의지를 보다 분명히 파악하도록 추구한다. 어떻게 하나님께서는 세계를 얻고 구원하고자 하시는가? 어떻게 하나님께서는 당신의 피조물들에게 모든 무상성 안에서, 그리고 삶의 곤경 안에서 방향을 주시고, 위로를 주시며, 축복하시고 고양시키고자 하고 계시는가? 이 질문들을 회피하지 않고자 하는 자는 시적인 진리가 담고 있는 증거들을 향해야만 한다. 그것들은 첫눈에는 종종 하나의 꿈의 세계로부터 나온 단어들과 같이 나타난다. 그리고 우리는 종종 의심을 벗어날 수 없을 것이다: 여기에서 우리는 최소한 실제로 종교적 시가 가진 단순한 소원의 표상들과 마주치게 된다. 그러나 만일 이 시적인 증거들이 진리의 증거들이라고 한다면, 그렇다면 그들은 현실적인 삶과 논쟁을 벌이게 된다. 그것들은 그의 곤경들 그리고 그의 약속들을 우리에게 계시할 것이다. 그들은 바로 시적 형식 속에서 하나님 인식 그리고 진리 인식의 길로 이끌어 가고 있다.

신학과 법

번역: 김재진(케리그마신학연구원)

법학과 신학 사이에는 많은 학제간 연관성이 있다. 국가교회법(Sta-atskirchenrecht)—오늘날은 종교헌법(Religionsverfassungsrecht)이라고도 부르지만—1)과 교회법은 양측 두 원리의 종합을 필요 불가결하게 절대적으로 요구하고 있다.2) 인권이라는 복합적인 주제(Themenkom-plex)는—마치 자연법적으로 논증하고자 하는 노력 없이는 함께 작업할 수 없는 것과 같이—3) 법학과 신학 사이의 상호협력 없이는 역사적으로

---

1) Christian Walter, *Religionsverfassungsrecht. In vergleichender und internationaler Perspektive*, Tübingen: Mohr Siebeck, 2006; Hans Michael Heinig und Christian Walter, *Staatskirchenrecht oder Religionsverfassungsrecht?: Ein begriffspolitischer Grundsatzstreit*, Tübingen: Mohr Siebeck, 2007.
2) 여기에 덧붙여 규범적인 저술을 보라: Gerhard Rau, Hans-Richard Reuter, Klaus Schlaich (Hg.), *Das Recht der Kirche*, Bd. I-III, Gütersloh: Kaiser, 1994-1997.
3) Karl Peter Fritzsche, *Menschenrechte. Eine Einführung mit Dokumenten*, UTB Schöningh, 2004.

는 전혀 해명이 불가능하고, 조직적으로도 거의 해명될 수 없을 것이다. 그리고 또한 법 윤리(Rechtsethik),[4] 평화 윤리(Friedensethik)[5] 혹은 시민사회와 시민 종교(Zivilreligion)[6]와 같은 주제의 영역은 양(兩) 학문, 곧 법학과 신학의 공동작업과 상호 상대방으로부터의 배움 없이는 생산적인 작업이 거의 이루어지지 않을 것이다. 법, 종교, 정치 그리고 교육의 상호의존은, 인류사의 여러 시대에서 아주 명백히 드러나고 있으므로, 이러한 것들의 역사적 재구성 속에서 학제간 공동 작업을 요청하고 있다. 법학과 신학에 있어서 고대인들은, 곧 그때그때 다른 원리들로 현실에 적합하게 자기 자신들을 이해해 왔던 사람들은, 항상 새롭게 가르치고 있는 해석(이해)에 편승하였다. 그래서 문제의 영역과 주제의 영역들이 고갈되지 않았는데, 거기에는 법학자들과 신학자들이 공동으로 서로 양측 영역에서 동시에 요구되고 있는 경험의 영역, 신학의 영역 그리고 연구 영역에서 활동할 수 있었고, 혹은 활동해야만 했다.[7]

그러나 무엇이 이러한 다양한 내용적 연관성과 주제의 상호 교차에 기초해 있는가? 그래서 아래의 논문에서는, 서구 전승들과 문화들 속에

---

4) Wolfgang Huber, *Gerechtigkeit und Recht. Grundlinien christlicher Rechtsethik*, Gütersloh: Gütersloher Verlag, 3. Aufl. 2006.

5) Wolfgang Huber u. Hans-Richard Reuter, *Friedensethik*, Stuttgart, 1990.

6) Wolfgang Vögele, *Zivilreligion in der Bundesrepublik Deutschland*, Gütersloh: Kaiser, 1994; Robert N. Bellah, *The Broken Covenant: American Civil Religion in Time of Trial*, 2nd ed. Chicago: University of Chicago Press, 1992.

7) 이 주제의 분파가 가지고 있는 폭은, 단지 유럽의 현대 사회 속에서만은, 아래의 출판들을 주목할 수 있을 것이다: Christoph Strohm, *Calvinismus und Recht: Weltanschaulich-konfessionelle Aspekte im Werk reformierter Juristen in der Frühen Neuzeit*, Tübingen: Mohr Siebeck, 2008, 그리고 뮌스터 법-신학적 박사과정 세미나에서 출판된 책: Werner Krawietz u. Michael Welker (Hg.), *Kritik der Theorie sozialer Systeme. Auseinandersetzungen mit Luhmanns Hauptwerk*, stw 996, Frankfurt: Suhrkamp, 1992; 2. Auflage 1998.

있는 인류 도덕과 종교와 법이 가지고 있는 역사적이고 조직적이며 근본적인 연관성을 풀어 헤치는 일을 시도하고자 한다. 법-역사적 그리고 법-윤리적 흥미를 가졌던 신학이라는 전망에서 형식의 연관성이 주목될 것이다. 곧 법적, 종교적 그리고 윤리·도덕적으로 합리성 있는 것들(Rationalitäten)의 근본적인 상호의존이 이해될 수 있을 것이다. 누군가 이러한 상호의존을 파악하고 심사숙고한다면, 그는 법학과 신학 사이의 학제간 공동 작업과 세심한 토론이 적어도 우리의 문화 영역 안에서는, 공동의 내용적·조직적인 발전 기반(Entwicklungsgrundlagen)에 기초하여 오랫동안 포기되지 않고 유지되었다는 것을 인식하게 될 것이다. 왜냐하면 이러한 형식의 연관성은 곧바로 우리 서구 문화의 골격(Rück-grat)을 설명하고 있기 때문이다. 즉 "서구적인 가치관"에 관한 언설로 말미암아 항상 일축되었던, 그러나 거의 분석적으로는 이해되지도 않았던, 그 어떤 규범적인 심층적 연관(Tiefenzusammenhang)을 설명하고 있기 때문이다.

따라서 필자는 법적, 윤리·도덕적 그리고 종교적 인식과 문화적 업적들(Errungenschaften)을 조직적으로 얽어 짜 맞춘 것에 대한, 2,500년 이상 된 오래된 성서적 인식들에서부터 출발하고자 한다. 기껏해야 2,000년 전에 신약성경의 마태복음은 "가장 중요한 것"으로, 그리고 율법의 가장 핵심적인 것으로서 "법, 은혜 그리고 신앙, 곧 믿음(pistis)"(마 23:23)을 지시하고 있다. 사실 구약성서적 전승들인 '타낙'(Tanach: 구약성경은 5경Torah, 예언서Neviim, 성문성Ketuhvim의 순서로 배열되어 있다. 유대인들은 이 세 문서의 머리글자 T.N.K.에 모음을 붙여, 'Tanach'이라고 부른다—역주)이라는 방대한 율법전서(Gesetzeskorpora)—계약법전(출 20:22-23:33), 신명기 법전(신 4-26장; 29장 이하) 그리고 제사법전(출 25-31장; 레

1-7장; 11-26장 그리고 민수기 1-3장)8)—는 다양한 관계들과 결정 속에 율법적 규정들에 관한, 그러나 명백히 구분되는, 세 가지 구룹(Gruppen, 세부 법령들—역주)을 포함하고 있다.

그것은 바로 이런 것들이다:

1. 기초질서를 위한 규정과 동등한 사람들 사이에서 일어난 충동을 치리하는 과정 속에서 생긴 법을 진흥하기 위한 것(헌법)(*the legal code of the law*).

2. 약자들을 반복적으로 보호하고, 약자들의 관심을 조직적으로 감지(感知)하는 것을 목적으로 하는 규정. 필자는 이러한 규정을 "약자보호법"(Erbarmensgesetze)이라고 부르기를 추천한다(*the mercy code of the law*).9)

3. 종교규범들: 곧 제의에, 더 자세히 말하면 하나님과의 공적이면서도 일반적인 교분(交分)이 가능한 관계에, 관한 것(제의법)(*the cultic code of the law*).

규정들에 관한 이러한 세 가지 분야는 결코 간단히 겹치기 식으로 첫 번째 분야(법령)로 회귀하거나 소급될 수 없다. 1) 첫 번째 분야에 속하는 것: 법을 규정하는 일은 근원적으로 동등한 사람들의 공동의 사귐을

---

8) 이 밖에 구약성경의 "율법"에 긴요한 본문들은, 소위 율법시편이라고 하는, 시편 1, 9 그리고 119; 예수 시락(Jesus Sirach) 24, 바룩(Baruch) 3, 그리고 십계명은 물론이고, 다시 두 번째 기록된 "십계명"(출 20:2-17 그리고 신 5:6-21)이 있다.

9) Michael Welker, "Security of Expectations. Reformulating the Theology of Law and Gospel," in: *Journal of Religion* 66 (1986), 237-260; 동일 저자, "Recht in den biblischen Überlieferungen in systematisch-theologischer Sicht," in: H.-R. Reuter u. a. (Hg.), *Das Recht der Kirche*, Bd. I, 1997, 390-414.

위한 것으로부터 출발하고, 충돌의 상황에서는 어떻게 동등한 사람들이 새롭게 관계를 회복하느냐, 혹은 이를 위해서 어떠한 평등화작업들(Ausgleichoperationen)이 필요한가를 조절하는 것이다. 2) 두 번째 분야에 속하는 것: 약자 보호법은, 동등하거나 동등하지 않은 사람들의 공동의 삶에서 출발하지 않고, 강한 자들이 자기제어를 하도록 하는데, 어떤 형식들이 약자들을 위하여 기대될 수 있는지를 규정한다. 그리고 3) 세 번째 분야에 속하는 것: 제의와 관련된 규정들이―언제든지 피상적인 것으로 간주되고 있지만―공적으로 상호에게 적용된, 하나님과 인간의 교제를 통제한다. 이러한 세 가지 법적 분야의 구분에도 불구하고, 규정들의 세 가지 분야 사이에는 다양한 조직적 연관성이 존재한다. 그리고 이 연관성들은 법이라는 놀랄 정도로 규범적인 결속력을 요구한다.

그러므로 아래에서 필자는 이러한 복합적인 연관성 가운데서 몇 가지를, 그리고 복합적 연관성들로부터 결과로 주어지는 규범적인 결속력들을 해설하고자 한다. 여기서 필자는 소위 "계약법전"(출 20:22-23:19)을 다루고자 한다.[10] 여기서 얻어지는 인식들은 또한, 왜 "성경의 율법"이 (그리고 그 율법에서 세속적으로 파생된 법령) 제의 역사의 긴 세월을 넘어서서―단지 불필요한 종교적·도덕적 추측이 아니라―인간들의 자유로운 공동의 삶의 규범으로 간주되었는지 이해되도록 할 것이다.

계약법전은 그 중심에, 사람들이 "고대의 법(archaisches Recht, 가장 오래된 법 형태를 의미함. 역자)"이라고 부르는―충돌이 생겼을 때 이를 조

---

10) 연구자들 가운데 한 부류는―물론 토론의 여지가 있지만―출애굽기 23장 33절까지의 전체를 계약법전으로 규정하고자 한다. 그렇지만 계약 책은 성경의 율법전서 가운데서 가장 오래된 것이라는, 오랫동안 지배하고 있는 합의된 의견은 그 사이에 논의의 여지가 있게 되었다. 그러나 아래에서 숙고하는 데에는 계약 책의 발전사적 연대설정은 그렇게 중요하지가 않다.

정하기 위한—법규들의 수집물을 포함하고 있다(출 21:12-22:19). 이러한 법문들의 수집물은 두 가지 측면에서 "약자 보호법(Erbarmensge-setzen, 언어적 의미는, '자비, 긍휼'을 뜻하지만, 내용상으로 '약자보호법'이다—역주)"에 의해서 덧입혀져 있는데, 그보다 선행하고 있는 것은 "노예법" (출 21:1-11)에 관한 것이고, 그 다음에 뒤따르고 있는 것은, 긴박하거나 혹은 만성적으로 연약한 자, 예컨대 과부, 고아, 가난한자 그리고 이방인과 같은 사람들을 위한 법적 통치에 관한 수집물이다(출 22:20-23:12). 다시 말해서 "약자 보호법"은, 계약법전의 시작부터 끝까지—보다 넓은 의미에서는—예배와 관련된 율법들로 골격을 이루고 있다(출 20:22-21: 11; 23:13ff).[11] 따라서 필자는 아래 3개의 장에서 이러한 율법의 세 가지 요소를 아주 간략히 제시하고, 이것을 또한 율법의 법적, 윤리·도덕적 그리고 종교적 요소로 적시(摘示)하고자 한다.

I. 고대(古代) 법

계약법전(출 21:12 이하)의 중심에 있는 초기 법문들은 명백히 평등한 사람들의 사귐을 위임하는 것으로부터 출발하며, '성문에서' 공식적으로 법을 선포함으로써, 충돌의 상황 이후에 생기는 평등화를 재건하는 일을 규정하고 있다. 초기 법문들은, 가끔 서로 다르게 표현된 전문(前文,

---

11) 계약 책에 관한 일반적인 안내: Ludger Schwienhorst-Schönberger, *Das Bundes-buch (Ex 20,22-23,33). Studien zu seiner Entstehung und Theologie*, Berlin/New York: de Gruyter, 1990; Cornelis Houtman, *Das Bundesbuch: Ein Kommentar*. DMOA 24, Leiden: Brill, 1997.

vordersatz), 곧 "정황을 정의하는 문장"(Tatbestandsdefinition)과 부칙 (Nachsatz), 곧 "결과에 따른 법적 규정"(Rechtsfolgebestimung)으로 구성되어 있다. 그런데 이러한 양 문장들은 "만일 ~하면, 그러면 ~하라" (Wenn-so) 양식에 의해서 서로 결합되어 있다. 예컨대:

— 출 21:33 : 만약 어떤 사람이 구덩이를 열어 두거나, 구덩이를 파고 덮지 않아서, 소나 나귀가 거기에 빠지면, 그러면 그 구덩이의 주인이 보상금을 주어야 한다.
— 출 21:35하 : 만약 어떤 사람의 소가 다른 사람의 소를 받아서, 다른 사람의 소가 죽으면, 그 때 살아 있는 소의 주인은 그 소를 팔아서 그 값을 반으로 나누고, 또한 죽은 소도 반으로 나누어야 한다.

연구하는 데 있어서 그 어떤 폭 넓고 확장된 견해에 따르면, "경우의 법문은12) … 본래 그 어떤 법적 투쟁과 그에 따른 중재에 관한 설명이었다."13) 추상화 과정을 통하여 반복적으로 시험되고 적합한 것으로 확증된 중재는 법조문의 차원으로까지 수용되었다. 목적했던 바의 규정을 그 어떤 교제를 통하여 다양하게 인정하는 일은 충분히 의미 있는 일이었다. 한 걸음 더 나아가, 초기의 법문들이 이미 인식되었기 때문에, 반

---

12) "경의 법"에 대한 적용에 관하여는 다음을 보라: Albrecht Alt, Die Ursprünge des israelitischen Rechts (1934), in: 동일 저자, *Zur Geschichte des Volkes Israel. Eine Auswahl aus den "Kleinen Schriften"*, hg. S. Herrmann, München, 1979, 203-257; 또한 Ralf Rothenbusch, *Die kasuistische Rechtssammlung im 'Bundesbuch' (Ex 21,2-22.18-22,16) und ihr literarischer Kontext im Licht altorientalischer Parallelen*, AOAT 259, Münster: Ugarit, 2000, 408-73.

13) Hans Jochen Boecker, *Recht und Gesetz im Alten Testament und im Alten Orient* (NSB 10), Neukirchen-Vluyn: Neukirchener, 2. Aufl. 1984, 132f (zit.: Boecker).

복적으로 공식화된 동의(同意)에 의한 확증뿐만 아니라, 여러 가지 다양한 법문들 사이에 있는 적합한 검정과 불변성과 조화에 대한 관심도 또한 나타나기 시작하였다. 그래서 예컨대, 단순 가축 도둑과 (거래를 통하여 혹은 가축을 잡아먹기 위한) 사실을 은폐하려는 가축 도둑은 구별되었다. 이러한 것들은—비록 경고를 위해서라도—아주 다양하게 강조된 평등화 작업들을 통하여 구별되고 있다.14) 혹은 살인(Mord)과 살해(Totschlag)가 구분되었고, 다양한 평등화 작동들이 필요하다는 것이 예감되었다(비교. 출 21:12-14).

이러한 소위 고대(古代) 법사상에서 주도적인 많은 법이념들 혹은 법의 원리가 인식될 수 있다.15) 이러한 것들은 특별히, 우리가 저 유명한 탈리온 양식(Tailonsformel)(출 21:23-25)에서 출발할 때, 분명해 진다. 신체적 추돌로 인하여 생기는 특별한 상해에 관한 경우들에 있어서, 법은 이미 선포되어진 상급법정의 판례에 의존하였다: "만일 어떤 상해가 생기면, 너는 생명에는 생명으로, 눈은 눈으로, 이는 이로, 손은 손으로, 발은 발로, 덴 것은 덴 것으로, 상하게 한 것은 상하게 한 것으로, 때린 것은 때린 것으로 갚을 지니라." 사람들이, 많이 인용되고 있는 "눈에는 눈으로, 이(齒)에는 이(齒)로"라는 양식을, '보복(報復)사상'을 표현하는 것으로, 잘못 이해하였다. 즉 '탈리온 법'은 상해 당한 주체의 법적 감정에 의해서 상대적으로 가해지는, 그리고 상해 당한 사람의 요구가 보상

---

14) "사람들이 도둑맞은 것, 곧 소나 나귀나 양이 아직 살아있고, 도둑질한 사람의 소유가 되었다면, 도둑질한 사람은 갑절을 배상할지니라"(출 22:4). — "만일 누군가 소나 양을 도둑질하여 잡거나 팔면 그는 소 한 마리에 소 다섯 마리로 갚고 양 한 마리에 양 네 마리로 갚을지니"(출 22:1)라.

15) 필자는 이러한 표현들을 Josef Esser에게서 수용하였다: Josef Esser, *Grundsatz und Norm in der richterlichen Fortbildung des Privatrechts*, Tübingen: Mohr, 2. Aufl. 1964.

된 이후에도 원칙상 결코 마음이 흡족해 지지 않는, 그 어떤 보복사상으로 잘못 이해되었다. 따라서 "눈에는 눈, 그리고 이(齒)에는 이(齒)"라는 것은—잘못 이해되어—그 어떤 복수를 지시하는 것으로, 그리고 보복을 지시하는 것으로 곡해되고 있다. 즉 '눈에는 눈, 이에는 이'라는 것은, 다름 아니라, 씨족간의 싸움과 지속적인 전쟁을 점증적으로 상승시키는 프로그램으로 잘못 기술되었다. 그러나 사실상 이와는 반대로, '탈리온 법'은 오히려 복수와 보복을 격동하거나 점증적으로 상승시키는 것에 대하여 즉각 중단시키고자 하는 데 있었다. 그것은 '손상을 입는 것'을 제한하고, 보복을 제한하고, 그리고 무엇보다도, 일체의 상승된 보복을 제한하는 것을 목표하고 있다. "그것은 상해로 인하여 발생된 피의 보복이란 메커니즘을 단 한번으로 제한하고자 하는 것에 관한 것이다. 즉 관련된 무리들 중 살아남아 있는 사람들이 실행할 수 있는 보복의 정도를 제한하고자 하는 것이다. … 보복의 상승이 … 탈리온 법의 적용을 통해서 저해되기를 바랐다. 그래서 사람들은 탈리온 양식을 다음과 같은 식으로 의역할 수 있었다: 하나의 생명에 대하여는 단 하나의 생명만을, 하나의 눈에는 단 하나의 눈만을, 하나의 이에는 단 하나의 이만을…."16) 이와 같이 탈리온 형식은 인간적인 해결에 이르는 긴 여정의—보상을 계산하는 양식의 하나로—중요한 한 단계가 되었다.17)

---

16) Boecker, 152f.d

17) 여기에 덧붙여 다음을 보라: Konrad Schmid, The Monetarization and Demone-tarization of the Human Body: The Case of Compensatory Payments for Bodily Injuries and Homicide in Ancient Near Eastern and Ancient Israelite Law Books, in: Jügen von Hagen und Michael Welker (eds.), *Money as God-Term? The Monetization of the Market and the Impact on Religion, Politics, Law and Ethics*, Cambridge: Cambridge University Press, 2011; Otto, Eckart. "Zur Geschichte des Talions im Alten Orient und Israel," *In Ernten, was man sät,*

그렇지만 충돌을 제한하고 충돌을 끝내고자 하는 전략만으로는 아직은 법적 규정의 차원에까지 이르지는 못한다. 그러한 충돌을 제한하는 것들은, 다른 한편 또한 잔인하게 위협하는 처방을 통해서도 그 목표에 도달할 수도 있었다. 이러한 위협적인 처방은 스스로 불의와 타협적으로 포기하는 데는 유용하다. 그렇지만 단지 "평온한 대중사회"만이 기발한 합법적 통치의 기준은 아니었다. 왜냐하면 대중사회는, 잘 알려져 있듯이, 충돌의 국면에 있어서는 적잖이 계몽적이고 감정적으로 반응을 일으킬 수 있고, 보다 정당한 차원의 "위안"이 없이는, 보다 낮은 수준의 '위안'뿐만 아니라, 체념적인 억압의 감정들로부터도 분리될 수 없기 때문이다. 결과적으로 충돌을 조절하는 데 있어서도 또한, 대중 사회가 그 어떤 방법으로든 능동적으로 관여하는 것은, 그 자체로는 합법적인 조정을 제출하기 위한 그 어떠한 기준도 되지 못한다. 유비적인 경우들을 기억하는 것에 따라서 그리고 확고하게 굳어진 습관에 따라서, 그 어떤 충돌사건을 너무 일반적으로 만족해하는 것으로 끝맺고자 하는 대중사회 그 자체는 그 어떠한 정당한 통치에도 그 목적에 아직은 도달하지 못할 것이다. 그러한 통치는, 합법적인 것에 가까이 이른 것처럼 보일지는 모르지만, 분명히 지금까지 언급한 추상적인 성과들을 가져왔을 뿐이다. 그럼에도 불구하고 그러한 것들은, 법의 수준에는 미치지 못하지만, 협정의 차원에 머물러 있는 것은 사실이다.18)

Festschrift Kurt Koch, hg. Dwight Roger Daniels et al., 101-30, Neukirchen-Vluyn: Neukirchener, 1991; 동일 저자, *Körperverletzungen in den Keilschriftrechten und im Alten Testament: Studien zum Rechtstransfer im Alten Orient*, AOAT 226, Kevelaer: Butzon & Bercker und Neukirchen-Vluyn: Neukirchener, 1991.
18) 보다 두드러지게 현재의 중요성에 관한 조직적인 이러한 숙고가 있을 수 있다는 것이 가리키고 있는 바는, Armin von Bogdandy와 Robert Post 사이에 있는 토론이다. 왜냐하면 이들은 "(초고) 법정과 백성들과 그들의 대표자 사이에 있는 지배적인 대화들"

법의 수준은 (추상적으로) 주제화된 충돌 사건과 그 사건의 결과가 하나의 형식으로 파악됨으로써 형성될 것이다. 그런데 그 형식은 또한 충돌 사건들의 다른 양태에 그리고 그 결과에 적용될 수 있어야 한다. 단지 가축 도둑뿐만 아니라(a, b, c. d), 곡식 도둑도(a, b, c, d) 그리고 더욱이 사람 유괴 혹은 신체 상해들은, 그 범죄가 실행되고 있는 관점 아래서, 확연히 관찰되고 통제되어야 한다. 예컨대 **평등**의 원리와 같은 것에 의해서 말이다. 그래서 추상적으로 파악된 "사건들"에 대한—두 번째 추상화 차원에서—하나의 원리가 주장되었다. 즉 여러 상황에서 생긴 사실 규정들과 법적 결과의 규정을 하나로 묶고 있는 원리가 주장되었다. 철저히 모호하게 규정하고 있는 법의 이념들 혹은 법의 원리들이, 이제는 그들의 편에서, 규정과 헌법과 이해와 검증된 법적 사건들의 한계에 반작용하고 있다

우리들이 관찰한 사건들에서 **평등화 작업**은—경우의 법문 내지는 탈리온 양식에서 주목할 수 있었던 것은—다툼의 요소를 제한하는 역할을 하고 있다. 즉 구체적인 평등화가 사건의 도입 부분에서 필연적으로 설명되었고, 그리고 평등화를 실행하는 것으로 사건은 매듭지어졌다. 더 자세히 말하면, '평등화 작업'을 고려해서 사건은 파악되고, 규정되고, 제한되었다. 평등화 된 것을 평등화하는 것은 문제가 되지 않았다. 평등화를 통하여 이미 종결된 법적 사건은 더 이상 계속될 수 없었다. 그러나

에 관한 이상(理想)에 비하여, 법을 학문의 구조 속에서 형태로 꼴 짓는 학문적 법률학을 정당하게 높게 혹은 오히려 불확실하게 의미한다는 것에 관하여 토론하고 있기 때문이다. 비교: Armin von Bogdandy, *The past and promise of doctrinal constructivism: A strategy for responding to the challenges facing constitutional scholarship in Europe*; Robert C. Post, Constitutional scholarship in the United States, in: *International Journal of Constitutional Law*, Vol. 3, 2009, 364-400 und 416-423.

평등화로 유도된 대상화와 추상화는, 고대법이 제정 되는 데 있어서, 일반적으로 충돌 이전의 상황을 재건하는 것을 목표로 하든지, 혹은 대칭적 침해나 혹은 문제를 야기한 사람 편에서의 배상을 목표로 하고 있다. 초기 법 제정은, 예컨대 우리가 구약성경에서 발견하는 법 제정, 개인적인 혹은 개인으로 간주될 수 있는 공격, 곧 다른 사람의 안전을 기대할 수 것들을 위협하는 공격에 대하여 반응하고 있다. 이렇게 구체화된 충돌을 법 제정은 제거하고자 하였다. 즉 법 제정은 충돌 이전의 상태를 재건하거나, 혹은—이러한 일이 가능하지 않는 곳에서는—충돌을 평등화하는 것으로 제한하고자 하였다.

따라서 지나간 과거의 충돌들은—적어도 문서적으로는—사적이고 구체적인 일에 있어서 열정과 고난을 유발시키고자 하는 의도에서—충돌이 그물망처럼 결합되어 있는 것들 속에 있는, 충돌이 서로 결속되어진 것 속에 있는, 그리고 다양한 삶의 관계들 속에 있는—모든 서술적 은사들과 환상들을 제공하기 위해 기술되지는 않았다. 그래서 지나간 과거의 충돌들은 그 사건의 의미심장한 유일성, 비교 불가능성과 결코 끝날 수 없는 미-종결성에 있어서, 그리고 기원과 결과에 있어서, 헤아릴 수 없이 신비한 것으로 그리고 간과할 수 없는 것으로 깊은 인상을 남겨 놓았다. 그래서 지난 과거의 충돌들은 고립되고, 이미 종결되고 제한된 사건들로 간주되었고, 그 사건들은 유형화되었다. 이러한 일들은 단지 추상화 과정을 통해서만이 아니라, 법의 원리 아래서—예컨대 평등화라는 법의 원리 아래서—규범화되어야 하는 "기억된 사건들"에 대한 이해를 통해서 이루어졌다. 규범화와 객관화라는 이러한 두 번째 단계의 차원에서 현존하는 구체적인 그리고 도래할 수도 있는 충돌은 이제, 소위 "읽을 수 있는" 그리고 법적으로 연구될 수 있는 것이 되었다.

그러므로 우리는 이제 초기 법 사상에 의해서 가장 인상 깊게 각인된 업적들 앞에 서 있다: **구체적인 충돌이 법적으로 유형화된 것으로 파악됨으로써, 그 충돌과 연관된 것과 그 충돌의 출발점이 광범위하고 총체적으로 이미 예측될 수 있었다. 구체적인 충돌들은—법의 규범화와 객관화에 근거하여—원칙적으로 과거의 충돌과 같은 것으로 취급되었다.** 충돌들은, 그것이 일단 법적인 것으로 파악되면, 이미 있었던 그 어떤 것과 동일시되었다. 그리고 그 충동에 대한 해결은 단지 신뢰뿐만 아니라, 이전처럼 선하게 실행되었다. 그래서 충돌들은 판단될 수 있었고, 그렇게 해결될 수 있었다. 이러한 일은, 이미 충돌 사건에 대한 기록에, 즉 충돌사건에 대한 진단 속에, 견고히 자리 잡고 있다. 이것은, 비교될 수 없는 개성(Individualität)과 간과될 수 없는, 짜 맞추기(조작) 식의 그 어떤 것을 뜻하는 것이 아니라, 오히려 발생한 사건들을 의미한다. 그런데 이 사건들은 고백된 것으로서, 이미 그 곳에 현존해 있었던 것(Schon-Dagewesennes)과 동일시될 수 있는 사건들로서, **또한 이미 지나간 현재가 그 현재의 지나간 미래로 그래서 현재가 그 지나간 미래의 연속으로 간파될 수 있기에 믿어졌다. 그래서 지나간 현재의 종결은 이제 반복될 수 있고, 재생산될 수 있다.** 법의 차원에서 파악되고 유형화된 사건들(Fälle)과 문제들은, 이러한 이해로 이미 판단될 수 있고, 또한 해결될 수 있는 문제들이다. 그래서 바로 여기서는, 그 결과가 "그 어떤 권위와 습관에 의한 규정을 통해서" 확정되는 것에 단순히 귀속될 수 있는 것이 아니라, 그보다는 언제든지 지혜와 "권위"의 전횡(Willkür)과 짧건 혹은 오랫동안 지속되어온 사회적 관례(Routinen)가 이러한 발전 속으로 들어가는 입구를 발견할 수 있는, 바로 그런 경험 과정과 발견 과정이 여기서 다루어진다. 법의 발전은, 그것이 여기에서 최종적으로 "사건의 본질에서 발견되는 것"이 되지 않는 한, 전진과 후퇴가 장시간에 걸쳐서도 구별될 수 없는 규범적인 오류와 혼잡스러운 과정이 될 수도 있을 것이다.[19]

II. 긍휼이란, "공평한" 법적 대우(待遇)와 인도주의적 도덕을 위한 규정을 획득하는 것이다

소위 "노예에 관한 법"은 계약 법전의 법적 규약에 우선하고 있다. 율법의 이러한 일차적이고 긴요한 규정은 다음과 같다: "**네가 히브리 종을 사면 그는 여섯 해 동안 섬길 것이요, 일곱째 해에는 몸값을 물지 않고 나가 자유인이 될 것이며…**"(출 21:2). 또한 비록 이 율법이 평등화 작업을 기대하고는 있지만, 이 율법은 행위 규정 안에서 범행으로 칭(稱)하고 있는, 그리고 법의 결과 규정에서 책벌로 칭(稱)하고 있는, 계약 법전의 다른 경우의 법문들과는 구별된다.[20]

계약 법전은 제의에 대한 규정으로 시작하고 끝나기 때문에 사람들은 "혹시 노예에 관한 법이, 우리가 고찰해 온 법(法) 규약들을 둘러싸고 있는 두 번째 영역에 있지 않는가"라고 물을 수 있다. 그러나 이것이 의미하는 바는 계약 책을 끝맺고 있는 제의에 관한 규정 앞에, 제의에 관한 규정들 가운데—곧 한편으로는 법 규약에 관한 규정과, 다른 한편으로는 명백히 드러나야 하는 제의 관한 규정들 가운데—그 어떤 층이 발견

---

19) 이것은 다음과 같은 주제 아래서 이루어진 수십 년간의 국제적이고 간학문적 연구 주제였다: "학문에서의 법 개념, 법률학, 그리고 신학". 이것들에 대한 문헌들은 그때그때 주어질 것이다.

20) 비교. Boecker, 135ff.

되어야 한다는 것을 뜻한다. 실제로 출애굽기 22장 29절 이하는 이러한 기대들과 정확히 일치하는 규정들을 연속해서 제공하고 있다. 이 규정들은 **이방인들**(출 22:20; 23:9), **고아와 과부들**(출 22:21하), **가난한 자들**(출 22:24 이하; 23:6 이하 그리고 10절 이하), **권력 없는 사람들과 영향력 없는 사람들** 내지는 **소외된 사람들**(출 23:1 이하)을 보호하는 것에 관한 것들이다. 그리고 더욱이 이러한 규정들에는 **적군**(Feind) 혹은 대항하는 자들(출 23:4하)의 대한 처우에 관한 것들도 있다.

이러한 규정들은, 대부분 소위 "정언적 법문들"(apodiktische Rects-sätz)[21]로 표현되어 있는 것으로서, 한편으로는 제의적이고 정당한 규정들을 명백히 제한할 수 있는 것이고, 다른 한편으로 이 규정들은 개별적인 경우에 있어서는—솔직히 말해서 혼합된 형식으로 진술되고 있는 것들과 결합된 채—잘 짜 맞추어져 있다(그래서 예컨대 안식년과 안식일과 관련되어 있는 제의적 조절들은 노예들과 이방인들에게도 또한 분명히 유익하게 되었다). 이런 점에서 약자 보호법에는 다음과 같은 공통점이 있다. 즉 절박하고 만성적으로 약한 자들을 위하여 강자들의 참여와 권리 포기를 염두에 두고 있다는 것이다. 비록 약자 보호법이 일반적으로는 종속적인 특징을 가지고 있지만, 약자 보호법은 결코 단순히 적당히 선하게 처신하는 것을 호소하지 않는다. 긍휼(자비)이 율법의 주제가 됨으로써, 긍휼(자비)이라는 것이 사랑하는 태도, 즉 개인들과 상황에 억매인 단지 우발적이고, 단지 애착심에서 우러나오는 행동에서 벗어나게 되어졌다. 그래서 긍휼(자비)은 기대를 보장해 주는 것 아래 있게 되었다. 절박하거나 혹은 만성적으로 약한 자들에 대한 처우는, 기대하고자 하는 그 어떤

---

21) Alt, 같은 책, Boecker, 166ff; Moshe Weinfeld, *The Origin of the Apodictic Law*, VT 23 (173), 63-75.

압박감 속에서, 평등화된 법적 관계를 지향하는 것으로 전이(轉移)되었다.

약자 보호법은 새로운 형태의 가능성들을 발견함으로써 법의 혁명을 유도하였다. 이러한 일들은 이미 앞에서 언급된 "노예 법"—곧 "**네가 히브리 종을 사면 그는 여섯 해 동안 섬길 것이요, 일곱째 해에는 몸값을 물지 않고 나가 자유인이 될 것이며**"(출 21:2)—의 첫 번째 그리고 근본적인 규정 속에서 이미 명백해졌다. 따라서 노예를 가지고 있는 사람들의 사정은—즉 자신들의 경제 질서와 사회 질서를 포기할 수 없는 상황이 고대 근동사회에서는 자명하였지만—형식상으로는 율법에 의해서 조정되어야 하는 충돌의 차원으로 넘겨졌다. 이것이 의미하는 바는 율법은 단지 긴급하게 짧은 기간 내에 해결되어야 하는 법률 사건들을 해결하는 것뿐만 아니라, 오랜 기간 동안에 걸친 변형의 과정들, 곧 불평등한 관계를 평등한 관계로 변형시키는 것을 또한 주목해야 한다는 것이다. 그러나 여자 노예들이나 남자 노예들에게 이러한 것이 의미하는 바는 그들은 법률을 통해서—그들 소유주의 후견을 통해서가 아니라—잠재력 있고 자유로운 인간으로 취급되어야 하고, 또 동등하게 취급되어야 한다는 것이다. 또한 이러한 결과를 다양한 법령들 속에 있는 법들은 목표하고 있다. 예컨대 출애굽기 21장 20절: "**사람이 매로 그 남종이나 여종을 쳐서 당장 죽으면 반드시 형벌을 받으려니와**"와 같이, 이제는 노예도—그의 소유자가, 사랑해서든지 그리고 단지 그들에 대한 착취에 관심이 있어서든지, 자신의 노예를 죽일 수 있다는 것에서—더 이상 단지 "말하고 있는 도구"로만 간주되어서는 안 된다는 것을 뜻한다.

율법 안에서 정의와 긍휼을 조직적으로 결합하는 것은 두 가지 관점에서 형식을 제시하고 있다. 즉 조직적 결합은 법을 진화시키기 위한 발전의 방향을 제시하고 있다. 발전의 방향이 약자 보호법과 그에 상응하는 정황적 합성(Kontextsensibilität)을 상호 결합시키는 것은 '정의롭고', '인간적인' 법의 발전을 명백히 특징짓는 것이다. 약자 보호가 법과 결합되는 과정에서 아주 다양한 형태로 제도화되는 길이 확장되었다. 즉 가난한 자와 이방인들을 위한 토지 휴경 제도에서 시작하여 고아와 과부들을 위한 규칙적인 세금 징수를 넘어서서 현대의 빈민 구제와 개신교회의 구제 사업 그리고 보편적으로 보장된 의료와 교육을 위한 제도적 세금 징수로 확장되었다. 법과 긍휼(자비)의 이러한 결합이 가지고 있는 거대한 형식적인 힘을 독일에서는 아주 인상 깊게 다음과 같은 것에서 읽어낼 수 있었다. 즉 독일 국가는, 1945년 제2차 대전에서 패전 이후, 자신을 '법치국가'로 그리고 '사회국가'로 국내 정치적으로 그리고 국제적으로 새롭게 드러내고자 시도하였다.

III. 제의, 역사 그리고 복합적, 개인적 그리고 사회적 정체성 교육

법을 밖으로부터의 전망에서 우선적으로 관찰하면 제의는 그 어떤 자유롭게—고난을 통해서가 아니라—함께 운집된 공중(公衆: Öffentlichkeit)을 발전시킨다. 이러한 모형적인 일반 대중(大衆)은, 가장 최초의 율법 전승들에 의하면, 단지 노예가 되지 않은 남자들만 관련되어 있다. 그러나 이러한 주민들의 내부에서 남자들은 결코 사다리 계층으로 구성되지 않는다. 출애굽기 23장 17절은 다음과 같이 증언한다. "모든 남자들은 매년 세 번씩 주 하나님 앞에 보일지니라."

후대의 전승에 따르면, "하나님 앞에" 축제를 위해 모인 일반 대중에는 여자들과 어린 아이들뿐만 아니라, 심지어는 남자 노예와 여자 노예들 그리고 외국인들 또한 포함되어 있다(비교, 신 16:11, 14). 일반 대중의 비계층적의 구조는 모든 주민들을 포함하는 것을 넘어서 발전한다. 그렇지만 필자의 생각에 의하면, 불필요한 질문일지 모르겠지만, 혹시 그러한 공중의 창발적 확대가 평등을 목적으로 하는 그 어떤 법적 구조로 회귀되는 것인지, 아니면 혹은 그러한 창발적 확대가 일반 대중 속에서 실제화 된 법의 의무로 회귀하는 것인지, 아니면 그 어떤 상응하는 제의적인 일반 대중이 저 법문화를 제한하고 있는 것이 아닌가, 하는 다소 무효한 질문이 생길 수도 있다. 제의에 있어서 그 어떤 평등하고 모범(범례)적인 대중은 평등화로 신분이 강등된 판결에 종속되든지, 아니면 평등하게 내려진 판결(Rechtsprechung)로 역행하였다. 법 테두리 안에서도 다른 운세가 엄연히 존재하는 것처럼 조직적인 전망에서도 상호연관성들과 상호-진화(Ko-Evolution)를 위한 성경 본문들이 선포되고 있다.

우리는 일반 대중의 초기 제의적 구조에 대하여 별로 알고 있는 바가 없다. 그렇지만 율법 전승 자체가 제공하고 있는 근거(Anhaltspunkt)는 다음의 사실에 관하여 이야기하고 있다. 즉 하나님 앞에 있는 공동체의 단지 규범적인 것뿐만 아니라, 역사적 자기 관계가 설립되었든지, 아니면 보전되고 새롭게 되었다는 것이다. 전혀 의심할 여지없이, 제의적 일반 대중은 일차적으로 백성들에게 그리고 공동체에 합법화되었다. 이 공동체를 하나님께서는 "권능의 팔로" 애굽으로부터 그리고 그와 같은 노예 신분으로부터 이끌어내셨다. 소위 동기 구문 **"너희도 애굽에서 이방인이었다"**이라든지, 강조하는 보완 구문 **"너희는 분명 알고 있을 것이다. 이방인의 설음이 어떠한지를"**(출 20:2; 23:9; 비교 출 22:20)이라는 본

문들이, 특징 있게 변형된 것으로, 단지 계약 책에서뿐만 아니라 모든 율법전서에서 발견된다.[22]

그래서 "하나님 앞"에 있는 공동체의 자기 관계와 자기 이해는 하나님의 실질적인 역사 개입을 통해서 공동체 삶(생명)의 연관성(Lebenszu-sammenhänge)으로 규정되었다. 이러한 개입은 공동체의 자기 이해와 현실에 대한 그들의 시계(視界)에 각인되는 역사적인 경험을 야기(惹起)하였다. 인간들의 생명 연관성 속으로 들어가는 하나님의 개입은 제의적 교제라는 주도권적 사건이 되었다. 동시에 하나님과 함께 만들어낸 이러한 경험들은 구체적인 체험들과 제의적 공동체의 체험 가능성들을 훨씬 넘어간다. 또한 개인적으로 애급에 전혀 있지 않았던 사람들도 자신들은 애급에서 노예였고, 하나님의 손에 의해서 해방되었다고 간주할 수 있었다. 그래서 그들도 경험의 연대감 속으로 그리고 공동체의 한 구성원이 될 수 있었다. 이러한 경험의 연대감은 그들이 감각적으로 느껴서 뒤따라가 잡을 수 있는 경험들의 영역을 훨씬 넘어갔다. 이렇게 제의적 소통이라는 범례적 공동체는 시간들을 넘어가는 공적인 자기관계와 인간의 경험 수준을 확정하였다. 이것은 일종에 결과적인 사건이지 결코 흠 없는 사건은 아니다. 자유로운 구조가 일반적으로 평등한 일반 대중 속에 있는 것처럼, 바로 그처럼 이러한 사건은 법과 긍휼의 발전이라는 상호연관성 속에 있는 것이다.

준비는 곧 자신을 규정한 낯선 경험들과 경험의 연관성을 단지 개인적인 관심에 따라서 그때그때 받아드리는 것이 아니다. 오히려 특정한 조건들 아래서 결속된 것으로 간주되는 준비는 법의 문화와 약자보호법

---

22) 신 4:34; 5:15; 7:19; 11:7; 26:8; 또는 레 19:34; 26:13. 또한 비교 신 5:6 그리고 15절.

을 제공하는 데 있어서는 포기될 수 없는 것들이다. 그러나 왜 이중의 일체감, 곧 "너희도 이방이었다. 그런데 이제 너희는 자유인이다"가 낯설지 않고, 혹은 야유처럼 밀쳐 거부되지 않는가? 왜 약자보호법에 대한 법적·도덕적 기대와 요구가 쌀쌀하게 혹은 니체식(nietzscheanischer)의 격분으로 거절되지 않는가? 왜 이스라엘은 이러한 역사적 세계 공간으로 이루어진 정체성 확장을, 그리고 공간적으로 확장된 시간의 차원 속에 있는 "삶"을 단지 즐겨 허락하지 않고, 오히려 공적으로 기쁘게 수락할 수 있었는가? 왜 "율법"이 곧바로 범례적으로 기억을 보존하는 담지자가 되었는가?[23]

내가 생각하기에는 이것은 이러한 관점에서 보면 또한 그 어떤 "발견"이다. 곧 위대한 종교적 중요성이며, 주목할 만한 해석 능력을 가진 것에 대한 발견이다. 모든 순간을 수용하는 것을 주시할 때 인간들은 숨이 막힐 정도로 불평등하다. 이러한 것은, 우리가 시간의 연장을 수용하고, 어린 아이들, 노인네들, 병자들 그리고 약자들을 우리 아래 있는 사람들로서가 아니라, 우리 가운데 있는 사람들로서 감지한다면, 아주 자명한 일이다. 모든 인간들의 삶이 위험에 처해 있다는 것에 대한 민감한 느낌에 일단 사로잡히면, 그러한 생각은 우리가 성서적 율법에서 만나는 종교적, 법적 그리고 긍휼을 베푸는 도덕적 상호 발전을 선호하게 된다. "숨어있는 동기"를 가지고 이스라엘은 이러한 자연스러운 삶의 근본적인 경험들을 역사적 차원 넘어서까지 확장하고 있다. 이것은 가족적인 연대공동체라는 민감한 느낌들을 역사적·사회적 차원으로까지 전이(轉移)시키는 것이다.

---

23) 분명 또한 오경 전체는, 엄밀한 의미에서, 율법전서를 넘어서는 "율법"으로 지칭되었다.

제의(Kult), 법(Recht) 그리고 긍휼(Erbarmen)이라는 양식들의 연관성 속에서 발전의 역동성을 재구성하는 것은 결국 제의의 현상들과 기능들을 역사적으로 그리고 조직적으로 확고히 규정해야하는 수많은 어려움들을 감수하는 일이다.24) 어떠한 방식으로 제의 속에서 문화적 기억들이 보호되는가, 그리고 규범적인 기대 보장이 안전하게 자리매김할 수 있는가? 어려움이 있다. 그렇지만 포기할 수 없는 과제는, 곧 규범적인 가능성들을 변형하고 그리고 이때에 이들의 결속력을 파괴하지 않으면서25) 보다 좋게 개선해야 하는 과제는, 법과 긍휼 사이에 있는 긴장을 통하여 실행이 가능하다.

— 긍휼이라는 차원에서 법을 조직적으로 소개하는 것은 법 문화를 지속적으로 세분화하는 데 필요하고, 일반적 추세로 볼 때 법 문화를 보편화하는 데도 긴요하다.

— 법이라는 차원에서 긍휼을 조직적으로 소개하는 하는 것은, 긍휼을 탈-감정화하고 규제(規制)화하는 일에 이르게 되었으며, 그리고 수많은 사회적이고 교회 사회사업적인 기관들을 발전시키고 있는 "도우미 문화"를 형성하기 위하여 노력하고 있다.

---

24) 이 점에 대하여 Jacob Taubes이 잘 설명해 주고 있다: Jacob Taubes, *Vom Kult zur Kultur. Bausteine zu einer Kritik der historischen Vernunft*, München: Fink, 1996; 그리고 역사적으로 아주 자세히 설명하고 있는 안내는: Patrick D. Miller, *The Religion of Ancient Israel*, Louisville: Westminster John Knox, 2000, bes. 62ff.

25) 비교. 이러한 "종교의 기능"에 관하여: Jan Assmann, Bernd Janowski & Michael Welker, Richten und Retten. Zur Aktualität der altorientalischen und biblischen Gerechtigkeitskonzeption, in: dies. (Hg.), *Gerechtigkeit. Richten und Retten in der abendländischen Tradition und ihren altorientalischen Ursprüngen*, München: Fink, 1998, 9ff.

— 법과 긍휼(자비)로부터 독립된 제의(Kults)의 상호 영향은 의로우시고 긍휼이 풍성하신 그리고 심판하시고 구원하시는 하나님과 그리고 하나님께서 인간에게 그 기억을 교육하시고, 양육하시는 역사에 대한 문화와 경전에 대한 기억 속에서 파악될 수 있다.

그러나 남아 있는 그 밖의 방대한 성경의 율법 전서들 속에는 법을 각인(刻印)할 수 있는 능력이 퇴색되어 있다. 제의의 중요성과 긍휼의 법에 일치하는 도덕의 중요성이 증대되어야 한다. 그러나 이것은 전적으로 모험적인 것이다. 왜냐하면 종교 그리고 스스로 제도화된 긍휼 그 자체는, 그 어떤 윤리에도 그리고 그 어떤 도덕에도 표면상으로는 결코 만족스럽게 통제되지 않는, 그래서 그저 생색이나 내면서 억압하는 계층들과 고위층사회 공동체의 구조에 도움을 줄 수 있을 뿐이기 때문이다. 모든 율법을 받치고 있는 세 가지 "기본 버팀목"은 서로 필요로 하고 있는 것이지, 규범적으로 다른 고귀한 것에서 포기될 수는 있는 것이 아니다. 따라서 우리들은 자선을, 곧 제의와 긍휼(자비)을 법과 하나로 묶음으로써—사실상 이것은 우리들 문화의 뒷전으로 밀려나 있지만—가치 있게 만들기 위해서, 언제고 다시금 "올림픽 게임과 같은" 혹은 "니체가 주장하였던 것과 같은" 윤리를 관철시키려는 실질적인 위험들을 처음부터 주목하지 않으면 안 될 것이다.[26]

물론 종교는 또한 모든 선한 율법들을 좌초시키고, 그 율법을 모든 새

---

26) 비교. 여기에 덧붙여: Wolfgang Huber, *Die tägliche Gewalt. Gegen den Ausverkauf der Menschenwürde*, Freiburg: Herder, 1993, 46ff; Hermann Barth, Die Würde des Menschen kennt keine Einschränkungen. Wider den Götzendienst am Starken und Leistungsfähigen, in: *Brennpunkt Diakonie*, 같은 책, 65ff.

로운 차원에서 새롭게 할 필연성에 시선을 돌리고 있다. 그러나 새롭게 하는 그 어떤 창발적인 힘이 다양한 전통들 속에서 또한 파악될 수 있다면, (하나님의 영[27], 하나님의 나라[28], 사랑[29] 그리고 진리가 바로 그러한 힘들이다) 종교와 법과 도덕의 상호의존은 모든 종교적 변형들 속에 내포된 채로 형식을 제공하고 있다. 그러므로 인간이 인간다운 사회 공동체에서 살고자 하는 한 우리들과 우리 이후의 세계는 신학과 법의 관계를 지속적으로 연구해야 할 것이다.

27) 비교. Michael Welker, *Gottes Geist. Theologie des Heiligen Geistes*, Neukirchen-Vluyn: Neukirchener, 4. Aufl. 2010.

28) Michael Welker und Michael Wolter, "Die Unscheinbarkeit des Reiches Gottes," in: *Reich Gottes*, Marburger Jahrbuch Theologie XI, hg. W. Härle u. R. Preul, Marburg: Elwert, 1999, 103-116.

29) John Polkinghorne (Hg.), *The Work of Love: Creation as Kenosis*, Eerdmans, London: Grand Rapids und SPCK, 2001.

복음적 신학의 미래 과제들
— 위르겐 몰트만의『희망의 신학』40년 이후

번역: 강태영(장로회신학대학교)

I. 감격적인 그리고 감격시키는 한 신학에 대한 기쁨과 감사

위르겐 몰트만(Jürgen Moltmann)의 신학은 감격적(begeistert)이고 그리고 감격하게 한다(begeisternd). 그리고 그의 희망의 신학은 이 감격됨(Begeistertsein)과 이 감격의 능력(Begeisterungskraft)을 특히 고도로 발산한다. 그 때문에 그것은 세계 널리 그렇게 반향이 풍부하고 성공적이 되었다.

위르겐 몰트만은 살아 계신 하나님에 대한 신앙의 의해 감격되었고 그리고 감격되어 있다. 그는 신학적 발견의 기쁨에 충만했었고 충만해 있다. 신학의 대상과 내용—하나님 자신—이 그를 매료시킨다. 학술적 풍문에, 대학 정치적 그리고 교회 정치적 권력 놀음에 그는 결코 별난 관심을 보이지 않았었다. 또한 철학적 그리고 인식비판적 이론—기교에 그는 단지 이따금씩 끼었다. 그러나 하나님과 하나님의 활동에 관한 새롭고, 흥미로운 실질적인 인식들을 획득하는 기회들이 항상 그를 사로잡았다. 이 신학적 인식 탐구, 이 실질적·신학적 열정을 우리는 일반적인 신학적 과제로 만들 수는 없다. 신학의 핵심에 몰두하는, 신학의 내용과 대상에 헌신적인 열정은 하나의 선물, 하나님의 선물이다. 그렇지만 그러한 열정을 감사하며 환영하는 것, 그런 열정에 전염되게 하는 것, 그런 열정으로부터 배우는 것을 요청하는 것은 일반적으로 신학의 그리고 특별히 복음적 신학의 중대한 과제들 중의 하나이고, 하나로 남아 있다. 교회의 영향력이 아니라, 학문의 정교함이 아니라, 교회정치적 걸작이 아니라, 방송매체 혹은 예술에 의해 엿보여진 공감의 성과(Resonanzerfolg)가 아니라, 하나님에 대한 열정, 하나님의 말씀 그리고 드물지 않게 어렵사리 인식되고 그리고 공감할 수 있는 세계 안에서의 하나님의 활동에 대한 집중력이 그리스도교적, 복음적 그리고 교회일치적(ökumenisch) 신학을 근거지우고, 강화하고 그리고 새롭게 한다. 신학의 핵심에 의해, 신학의 내용에 의해, 신학의 대상에 의해 감격된 신학자들을 감사하며 환영하는 것, 그들을 모범으로 삼는 것, 그들로부터 배우는 것, 그들에게 전염되게 하는 것, 그것이 복음적 신학의 하나의 전적으로 우선적인 과제이다.

위르겐 몰트만의 신학적 열정은 자신의 버림받음, 속수무책 그리고 회의의 심각한 경험들에서 비롯되었다. 그는 그 동안 종종 함부르크의 화공(Feuersturm) 그리고 그의 포로생활에 대해서 말하고 그것에 관한 글을 썼다. 그는 요한 밥티스트 메츠(John Baptist Metz) 그리고 한스 에크하르트 바(Hans Eckart Bahr)와 함께 전쟁에서의 자신의 잔혹한 고난의 파멸적인 경험들을 나누었다. 단지 자신의 죽음의 극도의 공포를 견디어 내야만 하는 것뿐만이 아니라, 또한 한평생 고통스런 질문과 함께 살아야만 하는 경험들: 무엇 때문에 친구들이 내 곁에서 죽어야만 했는가? 그의 세대의 많은 사람들과 함께 그는 그것을 넘어서 젊음의 상실의 경험과 그리고 단지 젊음을 헛되게 하는 정치 이데올로기에 현혹된 사람이었다는 것뿐만이 아니라, 또한 죄지은 전쟁 선동자 그리고 나치의 민족에 속해 있다는 가슴 조이는 인식을 나누었다. 그러한 깊이를 헤아릴 수 없는 고난의 심연으로부터 정의의 하나님 그리고 구원하시는 하나님에 대해 질문하는 비길 데 없는 열정을 지닌 독일의 전후 시대의 가장 절박한 신학적 구상들이 생겨났다.

이러한 경험들로부터 그러나 또한『위기 시대의 신학』(*Theologie in kritischer Zeitgenossenschaft*)을 하려는 의지가 생겨났다.『탈출』(*Exodus*),『궐기』(*Aufbruch*),『저항』(*Widerstand*),『이의』(*Einspruch*),『비판』(*Kritik*) 그리고『항변』(*Widerspruch*)에로의 호소들은 몰트만, 메츠 그리고 바의 신학의 문체에 각인되어 있다. 그러나 위르겐 몰트만 신학의 특별한 능력은 그가 칼 바르트(Karl Barth) 그리고 디트리히 본훼퍼(Dietrich Bonhoeffer)와 마찬가지로 하나님의 계시와 하나님의 활동에서 우리 인간에게 저항과 궐기의 능력을 주는 것이 무엇인지를 묻고자 한다는 점에 있다. 자신의 절대적 권력으로 정치 비판, 종교 비판 그리고 도덕 비판을 발전시키는 것이 아니라, 새출발(Neuanfang)과 궐기를 위한 비판과 능력을 추적하는 것, 그것들은 하나님의 계시로부터, 십자가와 부활로부터, 창조와 새창조로부터, 약속과 성취로부터, 성령의 은사로부터 나오는바 그것이 이 신학의 생명의 중추(Lebensnerv)이다. 바로 성서적으로 정향된 내용적인 신학으로서의 조직적이고 그리고 비판적―동시대적인 신학을 행함에로 거듭되는 새로운 초대와 도전 가운데 위르겐 몰트만의 작품들은 일반적으로 그리고 그의 희망의 신학은 특별히 전형적으로 존재한다.

이 논문의 제2부에서 필자는 어떻게 성서적으로 정향된 내용적인 신학이면서 동시에 비판적-동시대적인 신학을 발전시키고자 하는 노력이 희망의 신학에서 반영되어 나타나는지를 보이고 그리고 어떻게 몰트만의 신학의 이 자극이 그리스도교 종말론의 갱신을 위해 신학적 작업에서 오늘날까지 계속 작용하고 있는지를 보이고자 한다. 제3부에서는 몰트만의 바르멘선언의 수용과 해석에 의거해서 이 신학의 거북한 이중의 도(Doppelintention) 가운데 있는 긴장들에 대한 주의를 환기시키게 될 것이다. 이 긴장들은 몰트만으로 하여금 학제간 대화, 철학적 구상들 그리고 역사 이론들과의 토론을 보류하게 하고, 관여된 학술적 담론 형식들, 주석적인 전문 토론(Fachdiskussion) 그리고 교회일치적 토론 가운데 있는 신앙고백적인 특색의 대리와 조직신학간의 긴밀한 결합을 느슨하게 만들게 한다. 제2부의 끝과 그리고 제4부에서 위르겐 몰트만의 신학의 기본의도들을 수용하는 것과 그 신학의 자극을 계속해서 작용하게 허락하는 복음적 신학의 미래적 과제들이 거명되어야 할 것이다.

제2부에서는 학제간 협력적인 "성서 신학"의 지속적인 발전 그리고 학제간 대화 가운데 있는, 몰트만 또한 거기에 참여했던 신학을 넘어서서, "현실적인 종말론"(realistische Eschatologie)을 위한 노력이 관건이다. 제4부에서는 현대사적 참여(Engagement) 가운데서 그리스도론적 기본 방향을 놓치지 않는 것과 그 가운데서 그리스도교 신학이 설득력을 얻어야만 하는 다원주의적인 주변 환경을 고려하는 것이 관건이다. 나의 성찰은 우리가 오늘날 복합적인 환경 속에 살고 있다는 데서 시작

된다. 그 환경 가운데서는 정치적이고 종교적인 그리고 도덕적인 의사소통 그리고 예를 들어 '공공성' 혹은 이중적 구조들(예를 들어 '교회와 국가', '교회와 사회')에서 출발하는 토론의 관습적·현대적인 형식들이 단지 공적인 담론의 표면에서만 경우에 따라서는 예외적인 경우에서만 효과적일 수 있다.

미래의 신학은 시장 권력 그리고 대중매체 권력이 한편으로는 세계화(Globalisierung)와 포스트모던적인 방향 설정 위기와 결합되어서, 다른 한편으로는 민족적인 권력 국가 정치(Machtstaatpolitik), 단일 위계적(monohierarchisch) 교회 지배 그리고 강화되는 이데올로기적 그리고 종교적인 원리주의(Fundamentalismus)와 결합되어서, 결국은 구조화된-다원주의적인(strukturiert-pluralistisch) 생활양식의 발전이 사회들과 교회들안에서, 교회일치 가운데서 그리고 문화 간 그리고 종교 간의 상황들 속에서 서로 간에 충돌과 경쟁 가운데 있는 환경들 속에 자리해야만 하고 그 신학의 과제는 그 환경들 속에 자리해야 한다. 그것과 더불어 신학의 성서신학적인, 학술적인 그리고 교회일치적인 특징과 결합력을 그것의 내용적·신학적인 감격 그리고 비판적인 동시대 사람들 가운데서 다시 획득, 강화, 육성하는 것이 중요하다.

II. 『희망의 신학』[1)]을 통한 그리스도교 종말론의 갱신

이미 『희망의 신학』의 첫 페이지들에서 그리스도교 종말론의 개정에

---

1) 본문 가운데 그리고 괄호 속에 있는 페이지표시는 이 책에 해당한다.

있어서 거의 모든 중요한 결정들이 인식된다. 몰트만은 '마지막의 일들', 즉 역사의 피안으로부터 침입해서 이 땅의 역사를 끝내는 '최후사건들'(Endereignissen)에 관한 관습적인 교리를 비판한다. 그는 '최후심판의 날'(Jüngsten Tag)에 관한 추상적인 말을 비판한다. 그는 "땅을 위한 메시아적 미래희망으로 온통 가득 찬"(11) 성서적인 증언들을 살피는 가운데 이 비판을 쓴다. 관습적인 종말론에 대한 그의 결정적인 대응책은 다음과 같다: 종말론은 사실 여느 때와 같이 더 상세히 규정되어진 마지막의 일들과 관계있는 것이 아니라, 그리스도교의 희망과 관계가 있다(사실은 그러나 종말론은 기대된 것das Erhoffte뿐 아니라 그에 의해 움직이는 희망하는 것das von ihm bewegte Hoffen도 포함하는 그리스도교의 희망에 관한 교리이다)(11f.). 신학적 종말론의 중점은 역동적으로 희망하는 것 안에 있다: "그리스도교는 전적으로 종말론이고 그리고 단지 부록으로서가 아니다. 그것은 희망(Hoffnung), 가망(Aussicht) 그리고 앞을 향한 지향(Ausrichtung)이다. 그 때문에 또한 궐기이며 현재의 변화이다. 종말론적인 것(das Eschatologische)은 그리스도교에 **부수적인**(am Christentum) 어떤 것이 아니라, 그것은 전적으로 그리스도교 신앙의 매개체(Medium)이다"(12).

그리스도교 신앙의 매개체로서의 종말론적인 것―그것과 함께 **종말론은 특별한 내용으로부터** 신학의 **일반적인 형식**이 된다. 실제로 몰트만은 종말론적인 것을 그리스도교 신앙의 **매개체**로 밝힘으로써 신학의 새로운 형식의 토대를 확립했다. 혹은 또한 그가 명확히 표현한 것처럼: "(종말론을) 모든 그리스도교적 선포의, 저 마다의 그리스도교적 실존의 그리고 전체 교회의 특성"으로 (표현함으로써 그리한다)(ebd.). 피안성과 초월성으로 인해서 종말론적인 것은 초월적인 것으로 된다. 그것은 무엇을 의미하는가? 초월성(Transzendenz)과 초월적인(transzendental), 이 두 개념들은 종종 혼동된다. 초월적인 것에서 무엇이 관건인가 그리고 무엇 때문에 몰트만이 종말론을 초월적인 것으로 되게(transzendentalisiert) 했다고 말할 수 있는가? 칸트는 초월적인 것의 명확한 규정을 발전시켰다: "초월적인 것"(tranzendental)을 그는 "그것(인식 방법)이 모든 경험 이전에 가능하다는 전제하에서 대상들의 인식 방법"의 조사(Untersuchung)라고 불렀다. 우리가 그 속에서 대상들을 받아들이고, 우리가 그 속에서 경험들을 하게 되는 필수불가결한 형식의 조사를 초월적이라고 부른다. 종말론적인 것은 시간들의 끝에 기대된 대상의 전체(Gegenstandskomplex)에서 희망하는 것(das Hoffen) 자체로 옮겨진다. 그것과 더불어 신앙의, 그리스도교 실존의, 선포의 형식과, 매개체와 특성이 된다. 그 결과로, 만일 우리가 전문용어를 사용하기 원한다면, 종말론의 초월화(eine Transzendentalisierung der Eschatologie)라고 할 수 있다. 이것을 몰트만이 수행했다.

엄청난 장점들이 그것과 결합되어 있고, 그러나 또한 문제점들도 그러하다. 우선 종말론이 이제는 신학의 모든 학습극들(Lehrstücke)로 확장되었다. 다음으로는 종말론의 관련 시점(Bezugspunkt)이 이제는 더 이상 모든 시간들의 피안이 아니라, 가깝게 혹은 더 먼 미래(Zukunft)가 되었다. 그것이 위르겐 몰트만의 종말론의 두 번째 결정적인 새로운 단초(Neuansatz)이다. "그 때문에 그리스도교 신학의 대상으로부터 그것에 제공되었고 그리고 그것을 통하여 인간성과 인간의 사고에 제공된 그리스도교 신학의 단지 한 실제적인 문제가 있다: 미래의 문제"(12). 몰트만은 이 미래에로의 집중(Zukunftskonzentration)을 추상적인 초월 표상들, 또한 내재 개념들과 명백히 대조를 이루게 한다. "여기에서 말하는 하나님은 세계 내재적인 혹은 세계 외적인 하나님이 아니라, '희망의 하나님'(롬 15:13), '존재의 속성으로서의 미래(Futurum)'를 지닌 하나님(Ernst Bloch)이다. 그는 엑소더스와 이스라엘의 예언으로부터 알려진 것처럼, 그 때문에 사람이 자기 자신 안에서 혹은 자신 너머에서가 아니라, 원래적으로 항상 자신의 앞에서 그를 가질 수 있는, 그가 그의 미래의 약속들 가운데서 사람을 만나시고 그리고 그 때문에 또한 사람이 그를 '가질' 수 있는 것이 아니라, 단지 활동 중에 희망하면서 그를 기다릴 수 있다."

이 시종일관된 미래 지향으로 몰트만은 종말론의 추상적인 초월 사고를 피하고, 더 정확히 말해서 초월을 실제적인 경험의 영역 안으로 맞아들이고 되찾아 오는데 성공했다. 미래는 그러나 경험 속에서 출현하지는 않는다. 그 때문에 그는 이 하나님은 우리 안에 있을 수가 없고, 항상 우리 앞에(voraus) 있다. 미래는 우리의 건너편에 있는 것이 아니라 우리의 체험, 생각 그리고 행동을 움직인다. 이 기본 사고는 경험 신학(Erfahrungstheologie) 해방과 활성화에 이바지하지만 그러나 또한 그것은 우리가 보게 되는 것처럼, 아주 특별한 문제점들과 연결되어 있다.

몰트만의 종말론의 세 번째 중요한 관점은 그가 20세기 신학의 그리스도론적 집중을 그의 『희망의 신학』에서 시종일관 지속하려 한다는데 있다. "그리스도교적 종말론은 결코 미래에 관해서 말하지 않는다. 그것은 일정한 역사적 현실로부터 나오고 그리고 그것의 미래, 그것의 미래의 가능성과 미래의 강력함을 알린다. 그리스도교의 종말론은 예수 그리스도와 그의 미래에 대해서 말한다. 그것은 예수의 부활의 현실성을 인식하고 부활하신 분의 미래를 선포한다. 그 때문에 그것에게 예수 그리스도의 인격과 역사 속에 있는 미래에 관한 모든 진술들의 의미는 종말론적이고 유토피아적인 근본 사상들의 시금석이다"(13). 몰트만은 그것과 더불어 오직 이 학습극(Lehrstück)이 종말론의 초월화(eine Trans-zendentalisierung der Eschatologie)와 미래에의 집중을 전적으로 세속적이고 종말론적인 사고 안으로 흡수할 수 있을 것이라는 것을 명확히 했다. 그 때문에 그는 그리스도교 종말론에서는 임의의 희망 그리고 미래에로의 임의의 지향이 중요한 것이 아니라, 오히려 예수 그리스도의 부활의 의해, 그리스도의 미래에 의해, 부활하신 분의 미래에 의해 각인된 지향이 관건이라고 강조한다. 그는 신학에서 모든 희망의 교의와 미래의 약속들의 그리스도론적 집중을 요구한다. 그는 모든 그리스도 술어들(Christusprädikate)이 골로새서 1:27과 함께 말한다고 주장한다: "그는 우리의 희망입니다." 종말론과 그리스도론은 이런 방법으로 융합된다.

이 결정에 근거해서 네 번째 중요한 특징이 희망의 신학 안에 나타난다. 그리스도에게로 정향된 희망은 일반적으로 사실은 부활의 희망이다. 그것은 부활의 희망으로서, 몰트만이 간결하게 표현했듯이, "그 안에서 약속되고 보증된 죄에 맞서는 정의의, 죽음에 맞서는 생명의, 고난에 맞서는 영광의, 분열에 맞서는 평화의 미래의 반대(Widerspruch) 속에 있는 그것의 진리를" 입증한다(14). 몰트만은 "이 반대 속에서 희망은 그것의 능력을 입증해야만 한다. 그 때문에 종말론은 멀리로 방황해서는 안 되고, 오히려 고난의, 악의 그리고 죽음의 경험하고 있는 현재에 대한 반대 가운데 있는 희망의 교의를 명확히 표현해야만 한다"는 것을 단언한다(14).

— '마지막의 일들' 대신에 - 모든 신앙의 경험의 형식으로서의 희망.

— 피안에로의 지향 대신에 - 미래에로의 지향.

— 미래에로의 지향 가운데서 - 그리스도의 부활과 부활하신 분의 미래
  에 집중.

— 부활의 현실성에로의 정향(Orientierung) 가운데서 - 현재의 고난에
  반대.

그것으로 그리스도교 신학에 하나의 새로운 형식을 추천할 힘 있는
신학적 단초가 발전되었다. 신중하게 몰트만은 이제 이 네 요소의 결합
을 전개한다. 그리스도교 신앙과 그리스도교 희망은 그리스도교적 실존
과 경험의 두 개의 서로 다른 형식들이 아니다. 모든 신앙은 희망에 의해
삼투되어 있고 각인되어 있다. "신앙은 십자가에 달리신 분의 부활에 의
해 발현된 선취되는 희망 안에서 한계들을 뛰어넘는 것이다"(16). 물론
신앙 없는 희망이 있기는 하지만, 그러나 이 그리스도인식 없는 희망은
"허공 속으로 뻗은 유토피아"로 된다. 몰트만이 단언한 것처럼. 그 반대
로 희망 없는 신앙은 "작은 믿음 그리고 마침내 죽은 신앙으로" 쇠퇴한다
(ebd.).

희망은 그러므로 신앙의 능력이다. 그리고 신앙은 몰트만의 확신에
따르면 희망에 구체성과 확실성을 준다. 그것은 희망을 그리스도께 집
중하게 함으로써 희망에 확실성을 준다. 그리스도와 부활에로 집중은
그러나 몰트만에 의하면 주어진 현실에서의 고난과 그것에 대한 항의에
서 나타난다. 그 때문에 그는 명확히 표현한다: "그리스도께 희망을 건
사람은 더 이상은 주어진 현실에 만족하지 않고, 오히려 그것에 고난당
하고, 그것에 항의한다. 하나님과의 화목은 세상과의 불화이다. 왜냐하
면 약속된 미래의 가시(Stachel)가 모든 성취되지 않은 현재의 살(Flei-

sch)을 파 뒤집기 때문이다"(17).

몰트만은 이 희망에, 미래에, 부활에 그리고 현재에 대한 항의에로 집중과 함께 자칫하면 세상을 등진 신학의 가능성이 있다고 여긴다. 도입부『희망에 관한 명상』에서 몰트만은 그는 그 때문에 명확히 질문한다: "희망이 인간을 속여 현재의 행복을 가로채는가?"(21). 그는 바로 미래 없고 희망 없는 현재가 절망이 되고, 실로 지옥이 된다는 것을 보이려고 시도한다: "까닭 없이 단테의 지옥의 입구에 다음의 문장이 있는 것이 아니다: '여기 지옥으로 들어오는 모든 희망을 놓아주라'"(27). 그것에 비해서 희망은 현재를 살리고 행복하게 한다. 몰트만의 신념에 따르면 신약성서의 '지금'(das Jetzt) 그리고 '오늘'(das Heute)은 약속으로, 그리스도의 도착(Ankunft)으로, 시간을 정체시키지 않고 살아 있는 미래를 현재 속으로 침입하게 하는 역동성으로 충만하다. 희망은 "스스로 현재의 행복이다. 그것은 가난한 자들이 행복하다고 말하고, 고통스러운 사람들, 짐 진 사람들 그리고 무시당하고 모욕당하는 사람들을 떠맡는다. 왜냐하면 그들을 위해 나라(Reich)의 오심(Parusie)을 알기 때문이다. 기대는 삶을 행복하게 만든다. 왜냐하면 인간은 기대하면서 그의 모든 현재를 받아들이고 그리고 기쁨 가운데서 만이 아니라, 슬픔 가운데서도 기쁨을 발견하고, 행복 속에서만이 아니라, 고통 가운데서도 행복을 찾는다"(27).

그와 동시에 몰트만은 희망이 창조적이고 성령론적인 능력을 갖게 된다고 본다. 그는 이 희망의 신적능력이 모든 경험의 환경들 가운데서 활활 타오르고 활동적이 된다고 본다. 희망은 "종말론적 희망으로서 인간의 삶에서 작고 도달할 수 있는 목표들과 볼 수 있는 변화들을 지향하는 희망들이 한 다른 나라로 가도록 지시하고, 그것들의 고유한 미래를 초월적인 그리고 순수한 영적인 본성으로 간주하는 것을 통해서 그것들과 멀지 않은 거리를 둔다"(28). 그럼에도 불구하고 몰트만은 그리스도교적 희망을 단순히 그때그때마다 우연적인 미래의 기대와 현재적인 경험들과 고난들과 연결 지으려 하지 않고 그 속에 편입되어 있는 것으로 알고 있지 않다. 고전적인 종말론의 차원은 그의 희망의 신학에서 사라져 버리지 않는다. 왜냐하면 그리스도교적 희망은 최종적으로 "궁극적 새로움(novum ultimum), 그리스도의 부활의 하나님을 통한 모든 만물의 새창조를 향하고 있기 때문이다. 그것은 그와 더불어 포괄적인, 죽음 또한 포괄하는 미래의 지평을 연다. 그것은 깨우면서, 상대화하면서 그리고 지향하면서 삶의 갱신(Erneuerung)을 향한 제한된 희망들 또한 그 속으로 받아들일 수 있고 받아들여야만 한다"(28).

이 넓은 지평을 몰트만은 두 가지 방식으로 명명한다. 그는 한편으로 바울이 "피조물의 기대"(exspectatio creaturae)에 관해서 말하는 로마서 8:19을 모범으로 한다. 그는 다른 한편으로 희망은 "가능한 것을 위한 열정"(Leidenschaft für Mögliche)이라는 키에르케고르의 명제에 관심을 둔다. "피조물의 전망"과 "가능한 것을 위한 열정"(vgl. 30,15 u.ö)은 동시에 피안이 아니고, 경험과 무관하지 않고, 전적으로 다른 것이 아니면서, 오히려 현재의 변화의 능력으로서, 항의로서 그리고 진정한 행복으로서 신앙의 경험 속으로 닥쳐오는 궁극적인 미래의 넓은 지평을 다른 말로 표현한다.

이러한 근거위에서『희망의 신학』에는 발견자의 기쁨과 말의 힘이 번득이고 있다. 그 점에 있어서 바르트의 로마서 강해와 비교된다. 그러나 감동적인 수사학적 능력이 이 책의 학제간 대화의 역량을 간과하게 해서는 안 된다. "부록: '희망의 원리'와 '희망의 신학'"(313ff.)을 통해 심화된 에른스트 블로흐(Ernst Bloch)와의 집중적인 대화, 칸트와 헤겔의 사상과의 논쟁들, 바르트, 불트만 그리고 판넨베르크와의 토론들(43ff.) 그리고 역사철학적 기본사상들과 구상들의 수용(218ff.)은 이 작품에 또한 신학적·학술적 본질을 부여한다. 제3장 §5 '하나님의 죽음 그리고 그리스도의 부활'(152ff.)에 있는 8포인트 활자로 인쇄된 문장이 이미 몰트만과 융엘이 몇 년 후 십자가 신학적 토론을 위해 그것을 출간한 가장 중요한 사고들의 다수를 선취한다. 『희망의 신학』은 2장 그리고 3장(85ff. 그리고 125ff.)에 있는 신학적 주석과의 대화를 통해서 특별한 중요성을 얻는다.

몰트만 자신이 『희망의 신학』의 회고에서 그가 이 책으로 원래는 학술지 「복음적 신학」(Evangelische Theologie)에서 넓은 지면에 걸쳐 행해진 20세기 60년대의 '약속과 역사'에 관한 토론에 참여하기를 원했다는 것을 표명했었다. 이 토론은 '구약성서의 신학'의 탁월한 독일 대표자들 사이에서 진행되었는데, 특별히 게르하르트 폰 라트(Gerhard von Rad), 발터 침멀리(Walther Zimmerli), 한스 발터 볼프(Hans Walter Wolff), 한스 요아힘 크라우스(Hans-Joachim Kraus) 그리고 상대편에는 '신약성서의 신학'의 대표자들, 특히 루돌프 불트만(Rudolf Bultmann), 에른스트 케제만(Ernst Käsemann) 사이의 긴장감 넘치는 관계 속에서 진행되었다. 누군가는 몰트만이 이 토론에 관여함으로써 또한 이어지는 수십 년간 국제적으로 방법론적으로 반영되었고 내용적으로 발전된 학제간의 '성서적 신학'을 위한 기여를 했다고 말할 수 있을 것이다.[2]

---

2) 참조하라. Bernd Janowski/Michael Welker (Hg.), *Jahrbuch für Biblische Theologie*, Bd. I: Einheit und Vielhalt Biblischer Theologie, Neukirchen-Vluyn, 1986 (3. Auflage 1991); 동일 저자, *Jahrbuch für Biblische Theologie*, Bd. 12: Biblische

나의 생각으로는『희망의 신학』의 이러한 특징들이 40년 후의 회고에
서 몰트만이 마지막 장(280ff.)에서 그것에 부여한 종교 비판적, 사회·
정치 비판적 첨예화보다 더 탁월한 의미가 있다. 여러 특징에서 바르트
의 유명한 "탐바허 강연"(Tambacher Vortrag)과 헤겔 좌파적인 시대 비
판을 연상하게 하는 이 장으로 몰트만은 바르트와 본훼퍼(Bonhoeffer)
의 종교 비판을 60년대에 현실화 했다.『정치 신학』을 위한 이어지는 시
기의 그의 노력 그리고 해방 신학의 상이한 형식들을 위한 그의 고무적
인 기여들이 여기에서 이미 예견될 수 있다.

　"신학적 사고의 경험들. 그리스도교 신학의 방법과 형식들"3)이란 제
하의 그의 신학 여정에 대한 총계적인 회고에서 몰트만은 희망의 신학
의 기초 닦기 그리고 그것의 비판의 방향을 "희망의 해석학"4) 그리고
"해방 신학의 투영상들(Spiegelbilder)"5)이란 제하의 중심부로 가져온
다. 그 스스로 다연관적(polykontextuell) 해방 신학이 "연관들 사이에
서" 쉽사리 자리상실(Ortlosigkeit)에 빠지게 되는 위험을 보았고 그리고
한탄했다. 여러 해방신학자들이 그것으로 몰트만의 기여들을 끌어댔던
보람 없이 작용하는 해체의 태도(Ablösungsgestus)는 단순히 제자들의
능력 발휘욕에 분류해 넣어서는 안 되고, 오히려 적어도 다수의 유럽-아

Hermeneutik, Neukirchen-Vluyn, 1998; 그 사이에 JBTH의 19권까지가 출간되었
다. 또한 보라 M. Welker, *Biblische Theologie. Fundamentaltheologisch*, RGG 4. Aufl.
Tübingen, 1998, 1549-1553; 동일 저자, Sola Scriptura? Die Autorität der Bibel
in pluralistischen Umgebungen und die interdisziplinäre Biblische Theologie,
in: F. Schweitzer/M. Welker (Hg.), *Reconsidering the Boundaries Between Theo-
logical Disciplines*, Münster, 2004.
3) Gütersloh, 1999.
4) Ebd. 85 ff.
5) Ebd. 166 ff.

메리카적인 환경들에 대해서 사회적으로 그리고 문화적으로 각인되어 있는『다원주의의 세력범위의 진행』(*Machtkreislauf des Pluralismus*)(Habermas)에 비교해서, 개념적인 속수무책에 편입되어야 한다. 이 다원주의적 환경은 기층지역적(basisgemeindlich)으로 적합한 삶의 환경적인 것으로 영접될 수도 없고 현대의 종교-정치-도덕적인 사고와 함께 단지 그 단초에서 이해될 수 있는 것도 아니다.

단지『희망의 해석학』에서 뿐만이 아니라, 또한 신학적 종말론의 내용들에서 몰트만은『희망의 신학』의 출간 이후 40년 동안 집중적으로 작업을 계속했다. "하나님의 오심. 그리스도교 종말론"6) 그리고 "종말에 – 시작. 작은 희망론"(*Im Ende – der Anfang. Eine kleine Hoffnungslehre*)7) 은 주제에 대한 가장 중요한 출판물이다. 그는 또한 종말론의 문제에 관한 국제적인 그리고 학제간의『희망의 신학』의 충격들을 받아들이고 그리고 그와 동시에 그것의 결과의 상황을 변화시킨 토론들에 참가했다.8) 새로운 종말론적 논쟁은 '현재적' 그리고 '미래적' 종말론 사이의 긴장을 상대화시켰다. 그것은 성서적 전승들에서 "상호보완적인 종말론"을 발굴해냄으로써 그리하였는데, 그것은 한편으로 ("하나님의 나라" 혹은 "예수 그리스도의 부활에 참여"와 같은 종말론적인 내용들 가운데서) 현재적인 또한 마찬가지로 미래적인 차원들을 인식하게 하고, 다른 한편으로 소위 "종말 신현(Endtheophanie)"(그리스도의 출현Parusie Christi, 최후심판 등)에서 단순히 "미래"(Zukunft)로 귀속시킬 수 없고, 또한 단순한 총체성의

---

6) Gütersloh, 1995.

7) Gütersloh, 2003.

8) 참조하라. Jürgen Moltmann, Is there life after death?, in: (Hg.), *The End of the World and the Ends of God: Science and Theology on Eschatology*, Herrisburg, 2000, 2. Aufl. 2000, 238-255.

사고(Totalitätsgedanken)로 파악될 수 없는 "시간들의 충만"(Fülle der Zeiten)을 생각하게 한다.9)

『희망의 신학』과 그것의 "부활의 현실성"에로의 강한 집중을 통해서 활기차게, 그러나 또한 불트만과 뤼데만 같은 신약성서 신학자들의 공적으로 작용하는 그리고 잘못된 부활신앙에 대한 비판을 통하여 도전적으로, 지난 20년 동안 학제간 연구에서 부활의 현실성에 대해서 집중적으로 질문되었다. 또한 여기에서 신학적 연구의 최전선이『희망의 신학』에 비해서 옮겨졌다. 왜냐하면 자연과학자들과의 대화에서 부활의 현실성의 특수한 속성에 관한 정보들이 주어져야만 하기 때문이다. 다른 한편으로 신체적 소생에 대한 찬반양론에로의 자연주의적이고 과학만능주의적인 고정은 시대에 뒤떨어진 것이고 그리고 "영과 신앙 가운데 있는" 부활의 몸의 "현실성"이 새로운 방법으로 파악되고 이해되어야 한다.10) 제4부에서 우리는 그 주제로 되돌아온다. 여기에서는『희망의 신학』에 대한 연속성과 불연속성 가운데서 내용적인 인식의 발전들을 목

---

9) 그것에 관해서 참조하라. J. Polkinghorne/M. Welker, Introduction: Science and Theology on The End of the World and the Ends of God, in: *The End of the World and the Ends of God*, 위에 인용한 곳에서 1-13; M. Welker, Theological Realism and Eschatological Symbol Systems: Resurrection, the Regin of God, and the Presence in Faith and in the Spirit, in: T. Peters/R. Russell/M. Welker (Hg.), *Resurrection: Theological and Scientific Assesments*, Eerdmans: Grand Rapids, 2. Aufl. 2005, 31-42.

10) M. Welker, Auferstehung, *Glauben und Lernen* 9, 1994, 39-49; *Resurrection: An Interdisciplinary Symposium on the Resurrection of Jesus*, ed. St. Davis et al, Oxford, 1997; Joachim Ringleben, *Wahrhaft auferstanden. Zur Begründung der Theologie des lebendigen Gottes*, Tübingen, 1998; H.-J. Eckstein/M. Welker (Hg.), *Die Wirklichkeit der Auferstehung*, Neukirchen-Vluyn, 2002; 2. Aufl. 2004; T. Peters/R. Russell/M. Welker (Hg.), *Resurrection: Theological and Scientific Assesments*, Eerdmans: Grand Rapids, 2002; 2. Aufl. 2005; N. T. Wright, *The Resurrection of the Son of God*, London, 2003.

표로 하고 그리고 동시에 신학적 종말론의 미래 과제들을 연구해서 소화했다면, 연속되는 숙고들은 복음적 신학의 미래과제들의 목적 속에 있는 몰트만의 신학의 두 기본 관심사의 편입에 관계하는 차이를 드러낸다: 어떻게 내용적·신학적인 열정과 비판적인 동시대성(Zeitgenossenschaft)이 서로 관계될 수 있는가?

III. 내용적·신학적 방향 설정에 관한 신학적 비판의 우선시 ― 위르겐 몰트만의 바르멘신학선언 신 해석과 그 문제점[11]

바르멘신학선언은 알려진 대로 철두철미 그리스도론적으로 집중되어 있고 그리고 방향 설정되어 있다: "**예수 그리스도는**… 우리가 그것을 듣고, 삶속에서나 죽음 가운데서나 그것을 신뢰하고 그리고 순종해야만 할 하나님의 유일한 말씀이다." 바르멘선언의 첫 논제가 그것을 말한다. 예수 그리스도를 통해서 우리는 의롭게 되었고 거룩하게 되었다. "**그를 통해서** 우리에게 이 세계의 무신적인 연결들로부터 그의 피조물에 대한 자유롭고, 감사한 봉사에로의 기쁜 해방이 우리에게 일어났다." 그것이 제2논제이다. 만일 교회가 "그 혼자만이 그의 소유이고, 홀로 **그의** 위로와 **그의** 명령에 의해 그의 현현의 기대 속에서 살아가고 살아가기를 원한다"고 증언한다면, 교회는 자신을 예수 그리스도의 소유물로 그리고 그에 의해 정말 둘러싸여 있다고 이해한다. 바르멘 고백교회의 제3논제

---

11) 다음의 상술은 넓은 범위에서 다음 텍스트와 동일하다: M. Welker, *Die freie Gnade Gottes in Jesus Christus und der Auftrag der Kirche*. Die VI. Barmer These: 1934, 1984, 2004, epd-Dokumentation 29/2004, 9-18.

의 보고가 그러하다.

네 번째 논제는 만일 교회의 서로 다른 직제들이 다른 것들 위에 하나의 지배권을 수립하지 않는다는 것을 강조한다면 함축적으로 **교회의 머리로서의 예수 그리스도**에 관해서 말한다. 예수 그리스도는 유일무이한 교회의 머리이다. 교회의 직무는, 바르멘 IV가 그렇듯이, 전 공동체에 맡겨진다. 왜냐하면 공동체의 각각의 지체는 직접적으로 그리스도의 주권 아래에 있기 때문이다. 모든 지체가 그의 형제 혹은 그의 자매이다. 또한 다섯 번째 논제의 교회가 국가에게 "하나님의 나라, 하나님의 계명 그리고 정의"를 상기시킨다는 것의 강조는 첫 번째 논제의 밝게 비추는 그리스도론적 빛 안에서 이해되어진다. 하나님의 나라의 오심 그리고 사람들 사이에 하나님의 정의의 수립은 그리스도의 주권의 빛 가운데서 보게 된다. **부활하고 고양된 그리스도의 오심**(*Parusie*)의 대망은 "당신의 나라가 오소서, 당신의 뜻이 하늘에서와 같이 땅 위에서도 이루어지소서"라는 청원과 동반한다.

바르멘신학선언의 여섯 번째이자 마지막 논제는 다시금 명백히 그리스도론적으로 집중되어 있다. "교회의 자유가 그 안에 근거를 둔 교회의 사명은, **그리스도 대신에**, 그리고 **그의 고유한 말씀과 사역 안에서**, 설교와 성례 가운데서 하나님의 자유로운 은총의 소식을 모든 민족에게 전하는 것에 있다." 교회의 중심적인 사명은 그의 선포의 사명이다. 그리스도 대신에 그리고 그의 고유한 말씀과 사역의 봉사 가운데서 교회는 소식을 전한다. 바르멘은 교회가 부활하고 고양되신 그리스도의 명령을 따르기 때문에 교회는 그의 소식을 '모든 민족'에게 전한다. 그리고 그것은 1934년의 배경에서 강조되었다: 단지 독일민족에게만이 아니다. 그것은 오늘날과 마찬가지로 그 당시에도 다음을 의미한다: 단지 정치적인 책임을 지고 있는 사람들에게만이 아니고, 단지 시장이나 방송매체를 지배하는 사람들에게만이 아니고, 단지 오늘날 소위 역할 특권층(Funktionseliten)에게만이 아니고, 단지 각양각색의 자칭 지도권 집단(Führungszirkel) 그리고 영향력이 큰 이익단체들에게만이 아니다. '모든 민족', 그것은 그러나 독점적으로 가난한 자, 고난당하는 자 그리고 눌린 자들이다. 그렇게 중요해서, 그들은 성서의 복음 선포에서 중심적이고 우대받는다.

위르겐 몰트만은 20년 전에 바르멘신학선언 50주년 기념 축하모임에서 질문을 제기했다. "이 '모든 민족'이란 표현은 어떤 '민족'을 의미하는가?" 그는 대답하기를, "그 당시의 독일 그리스도인들은 '독일 민족' 그리고 그의 '민족성'이라고 생각했다." 그러나 바르멘 논제 VI은 성서적으로 고양되신 그리스도의 선교 명령을 생각한다. "가라 그리고 모든 민족을 제자로 삼아라…" 몰트만은 거기에 덧붙이기를 "나는 '예수와 민족'에 되돌아감으로써, 그것을 보완하고 그리고 첨예화시키고 싶다. 예수 곁에서 어둠으로부터 메시아의 빛 속으로 들어선 민족은 아직 '민족들'(ethne)이 아니고, 또한 단지 하나님의 백성(laos)이 아니라, **오클로스**(ochlos)이다: 그것은 '피와 땅'의 민족이 아니라, 목자가 없는 가난하고, 고향을 상실한 민족, 민족적, 국가적 그리고 종교적인 정체성을 지니지 못한 다수의 사람들(eine Menge), 주변으로 밀려난 사람들, 억눌린 사람들 그리고 착취당한 사람들의 무리(die Masse), 거대도시들의 쓰레기 더미 가운데 사는 사람들, 제3세계의 슬럼의 비인간화된 사람들, 데려와지고 그리고 내쳐진 외국인 노동자들(Gastarbeiter), 그야말로 '모든 민족'이다."

몰트만은 마태복음 9:36을 참조하도록 지시한다. "예수께서 무리

(*ochlos*)를 보셨을 때, 그들을 불쌍히 여기시니 이는 그들이 목자 없는 양과 같이 고생하며 기진함이었다." 그는 계속한다. 예수는 "이 민족의 구원자이다. 아돌프 히틀러의 민족의, 독일 민족의 구원자가 아니라, 동유럽 노동자들의(Ostarbeiter), 외국인 노동자들의, 추방당한 사람들의, 쓸모없게 된 사람들의 그리고 권리를 갖지 못한 사람들의 민족의 구원자이다. 우리 이름을 상실하고 번호가 매겨졌던 포로수용소에서 우리는 오클로스, 민족이 무엇인지를 경험했다."[12]

위르겐 몰트만의 의도된 보완과 첨예화는 유용하고 동시에 불확실하다. 그것은 다음을 말함으로써 유용하다. 만일 이미 '모든 민족에게' 선포를 위한 사명의 집중과 제한, 그 경우 확실히 독일 그리스도인들에게 그리고 결코 무자비한 나치에게 제한이 아니고, 당시나 오늘이나 독일에서 그리고 모든 세계 도처에서 자비를 필요로 하는 억눌린 자들과 고난당하는 자들에게 제한이다. 유용한 첨예화는 그럼에도 불확실하다. 왜냐하면 그것이 실제로 부활하신 이의 '모든 민족에게'로 선교 명령을 확실히 하는 바르멘선언의 소식에 대한 제한이기 때문이다. 물론 몰트만 또한 '갈릴리에 있는 가난한 자들'로서 오클로스를 향한 역사적 예수의 특별한 관심을 거대 도시의 쓰레기더미 속에 사는, 제3세계의 빈민가에 사는, 수용소에 사는, 비참의 다른 장소들에 사는 모든 사람들에게로 확장한다. 그러나 이 빠른 걸음 가운데 다음의 진술이 표현된다: "예수는 *이* 민족의 구원자이다. 아돌프 히틀러의, 독일 민족의 구원자가 아니

---

12) Jürgen Moltmann, Zum Abschluß, in: 동일 저자 (Hg.), *Bekennende Kirche wagen. Barmen 1934-1984*, München, 1984, 260ff., 261f.(인용 몰트만). 이 사회 비판적 예수 생애 연구와 민중신학에 의해 예리해진 이 시선은 중요하다. 그러나 국가사회주의 이데올로기 아래에서 그리고 후에는 전쟁 선동적인 만행 속으로 끌려들어간 독일 민족의 구출의 필요성을 사라지게 해서는 안 된다.

라…" 그것으로 바르멘신학선언의 효과가 큰 신 해석에 이른다. 왜냐하면 바르멘은 실로 명시적으로 아돌프 히틀러의 민족 **또한**, 독일 민족 **또한**, 구원하고 바로잡는 그리스도의 다스림 아래에 있다고 보기 때문이다.

누군가는 이 신 해석에 의문을 표할 수 있다. 예수는 단지 명백히 위기, 압박 그리고 박해 가운데 있는 사람들만의 구원자인가? 혹은 그는 또한 죄악에 연루된, 이데올로기와 허위 가운데서 어쩌면 우매하고 몽매해서 고난당하고 있는 사람들의 구원자이기를 원하는가? 그는 또한 모두의 재판장 그리고 희망컨대 또한 적어도 폭력과 잔혹의 대양 가운데서 나치 독재에 대한 막대한 책임과 공동책임을 떠맡은 많은 사람들의 구원자이기를 원하는가? 유대인, 신티 그리고 로마 그리고 무수히 많은 다른 사람들을 박해하고 그리고 살해했던 국가사회주의자들의 살인적인 테러에 직면해서 거기에 책임이 있고 그리고 공동 책임이 있는 사람들의 명백한 제외를 위한 노력은 너무나도 이해될 수 있다. 그러나 바르멘신학선언은 예수 그리스도를 실제로 단지 위기로부터의 구원자로서 명백히 표현하는가 혹은 또한 잘못, 패배한 유혹, 죄 그리고 악의 권력 아래에서 노예로부터의 구원자로서 표현하는가?

나는 예수의 해방의 소식이, 그렇게 확실히 그는 그것이 우선적으로 의지할 데 없는 '가장 작은 형제와 자매'에게로 향하게 했지만, 오직 단지 그들에게만 관련되었다고 생각하지 않는다. 십자가와 부활의 빛 안에서 오클로스의 의미에서 민족은 선교 그리고 세례 명령의 의미에서 또한 '모든 민족'에게로 확장되어야만 한다. 왜냐하면 십자가에서 종교 그리고 법, 정치 그리고 여론 또한 죄의 권세 아래에 있고 그리고 그리스도를 통해서 해방이 필요한 권력과 폭력으로서 드러났기 때문이다.

'모든 민족'에 관한 해석에서의 차이는 한편으로 1934년과 이후 수년간의 바르멘의 소식의 해석과 다른 한편으로 50년 후, 1984년의 해석에서 차이에 상응한다. 교회는 바르멘신학선언 후 어느 소식을 지향해야만 하는가? 여섯 번째 논제는 말한다. **하나님의 자유로운 은총에 관한 소식**이 관건이다. 하나님의 자유로운 은총, 그것은 무엇인가? 여섯 번째 바르멘 논제의 해석에서 칼 바르트는 1947년에 그것으로 하나님의 신성보다 적지 않게 명명되었다고 강조했다. "낱말들 **'자유로운 은총'**은 그 구성에서 처음부터 끝까지 다름 아닌 성서에서 **'하나님'**이라고 불리는 분의 본질을 묘사한다. 그것에 관해 성서가 우리에게 직접적이고, 확실하고, 충분한 증거를 주는 그리고 그것의 축제와 선포 가운데 그리스도 교회가 그의 존재 근거를 가지는 **'위대한 행위들'**의 주체. 바르멘선언의 여섯 번째 논제 안에 사용된 표현, **'하나님의 자유로운 은총에 관한 복음'**은 그러므로 다름 아닌 로마서 1, 2장에서 가장 짧은 공식 '하나님의 복음'이라고 불리는 것을 의미한다. 하나님 자신이 자유로운 은총이다. 그리고 그렇기 때문에, 자유로운 은총이 기쁜 일이기 때문에, 그 때문에 그리스도 교회의 소식은 복음, 기쁜 소식이다."[13]

　　모든 민족에게 하나님의 신성에 관한 소식, 이것은 실제로 기쁘고 해방하는 소식인가? 이것은 사실상 결정적이고, 항상 다시금 새로이 수행하는 교회의 소식인가? 무엇 때문에 이것이 모든 소식들과 사명들이 그 아래에 자리하고 있는 중심 사명이어야 하는가? 이 소식의 우월적 지위는 그리스도교 신학에서 처음부터 끝까지 논쟁거리였다. 심지어 신학자

---

13) Karl Barth, Die Botschaft von der freie Gnade Gottes. These VI der Barmer Erklärung, Juni und August 1947, in: 동일 저자, *Texte zur Barmer Theologischen Erklärung, mit einer Einleitung von Eberhard Jüngel und einem Editionsbericht*, hg. von Martin Rohkrämer, Zürich, 1984, 137ff., 137(바르트 인용).

들과 여성신학자들 사이에, 더구나 자신들이 바르멘의 전통에 서 있다
고 여기는 신학자들과 여성신학자들 사이에서 (그러했다).

개혁교회 연합의 바르멘의 50주년 기념 문서 속에서 그리고 20년 전
이 자리에서 복음적 신학을 위한 학회 안에서 위르겐 몰트만은 바르멘
이 단지 연합되었을 뿐만 아니라, 또한 나누어져 있다는 것을 밝혔다.
그는 명백한 분리를 공식들로 경계를 그었다: "교회는 교회로 지속되어
야만 한다!" "교회는 예수 그리스도의 교회가 되어야만 한다!" 몰트만은
"고백교회를 감행한다"라는 제하에서 열정적으로 **방향 전환**(Umkehr)의
교회를 지지한다. 그는 명백히 단언한다. "단지 개인적이고 그리고 공동
체적인 방향전환이 우리를 해방할 수 있다."[14] 위르겐 몰트만, 개혁교
회 연합과 복음적 신학을 위한 학회의 회의는 바르멘 이후 50주년에 "고
백하는 교회가 **되라**"라는 제하에서 기본 노선을 공식화했다. 이 중심 노
선은 고백적인 방향 전환 그리고 교회의 갱신을 위해 봉사해야 한다. 큰
흐름에서 이스라엘과 교회의 관계의 갱신, 지구와 세계 경제 질서의 관
계, 대량 살상 수단에 직면한 교회의 평화 증언 그리고 법적 그리고 사회
복지 국가적인 민주주의 안에서 주의 깊은 그리고 비판적인 그리스도인
의 태도가 요청되어진다.[15]

몰트만은 이 방향 전환과 각성에로의 위대한 그리고 전 세계적인 부
름에 대한 반대의 목소리와 반대의 입장을 아주 분명히 인식한다. 그는
또한 그 당시 누군가가 그들을 '바르트 우파'(Rechtsbarthianer)라고 불
렀던 이들의 목소리도 파악한다. 그는 "'교회는 교회로 지속되어야만 한
다'고 많은 사람들이 말한다. 그러나 그들은 그것으로 첫 번 발자국 앞에

---

14) Moltmann, 21.

15) 참조하라. Moltmann, 267 ff.

서 두 번째 발자국을 내디딘다. 교회는 맨 먼저 예수 그리스도의 교회가 되어야만 한다. 그 후에 그의 교회로 지속될 수 있기 위해서(이다)"라고 쓴다.16) 바르멘의 교회가 독일 그리스도인의 이단에 의한 포위를 돌파하려 시도한 것과 꼭 같이, 몰트만은 바르멘 이후 50년의 교회가 독일연방공화국 안에 있는 시민 종교로부터 탈출하는 것을 보기를 원한다. 모든 사회 윤리적이고 그리고 정치적인 참여 **이전에** 첫 번째의 그리고 가장 중요한 교회의 사명으로서 선포의 사명의 강력한 강조를 그는 위험으로 간주한다. 이 강조는 단지 현상 유지(Stabilisierung des status quo)를 위해서 봉사하는 것이 아닌가? 선포의 사명의 간청은 단지 회개하는 기색이 없는 공식(Formel)의 형식이 아닌가. 교회는 교회로 지속되어야만 한다. 그러한가? 이 공식은 예수 그리스도 안에 있는 하나님의 약속과 요청에 의해 움직이는 것을 허용하지 않는 태만한 교회의 보호외투에 불과한 것은 아닌가? 교회는 교회로 머물러야만 한다! 이 공식은 세계의 무신적인 결박들로부터 자유롭고 감사한 하나님의 피조물들에게 봉사로 해방되기를 원치 않는 교회를 위한 부재 증명(Alibi)이 아닌가? 교회는 교회로 머물러야만 한다! 이 공식은 실제로 예수 그리스도의 말씀과 사역의 봉사 가운데 있지 *않은* 회개할 기색이 없는 변화가 없는 교회의 예의범절이 아닌가? 몰트만과 또한 20년 전의 기념판의 다른 저자들은 이 위험을 저지하려 했다.

　교회는 교회로 지속되어야만 한다—이 공식에 1984년의 "바르멘 고백 오늘"은 반대한다. 교회는 예수 그리스도의 교회가 되어야만 한다—방향 전환 그리고 이스라엘과의 대화, 세계 경제 질서의 토론, 대량 살상

---

16) Moltmann, 21.

수단들에 직면한 교회의 평화 증언 그리고 법적, 사회복지 국가적인 민주주의 안에서 주의 깊은 그리고 비판적인 그리스도인의 태도에 참여를 통해서—. 이 참여들 가운데서 교회는 예수 그리스도의 교회가 되어야만 한다. 그와는 달리 바르멘 1934는 실제로 보장했었다. 교회는 예수 그리스도의 교회로 **지속되어야만** 한다! 바르멘은 말한 적이 없다. 교회는 우선 독일 그리스도인의 무신적인 교회로부터 탈출해야만 한다, 예수 그리스도의 교회가 되기 위해서. '교회'와 '예수 그리스도의 교회' 사이의 구별과 분리의 위험에 바르멘은 정확히 맞섰다. 우리가 선한 종교 간의, 도덕적, 정치적인 그리고 다른 노력들로 예수 그리스도의 통치 바깥의 영역으로부터 그의 통치 영역 안으로 우선 들어설 수 있다는 견해에 그것은 반대한다. 바르멘은 그것들의 성취가 거짓 교회를 참된 교회가 되게 하는 그런 사명들을 공식화하지 않았다. 바르멘 1934는 어떤 조건하에서 교회가 예수 그리스도의 교회로 지속되는지를 확언했다. 그 때문에, 바르멘 1934에 따르면, 하나님의 자유로운 은총에 관한 소식을 모든 민족에게 지향하게 하는 사명이 근본적이고 그리고 포기할 수 없이 우선적이고 중심적이다.

복음적 신학을 위한 학회와 개혁교회 연합의 회원들의 압도적 다수에 의해서 가결된 호소들과 간청들은 그렇게 절박했다. 전체 항목은 20년 후 경우에 따라서는 70년의 세월의 간격을 두고 공개적으로 입장이 표현되어야만 하는 칼 바르트의 바르멘선언의 해석에 대해 현저한 긴장 가운데 있다. 그것과 더불어 1984년의 새로운 해석은 신뢰도가 떨어지지 않아야 한다. 무엇보다 바르트 자신이 몸소 모든 바르멘 정통주의(Barmen-Orthodoxie)와 모든 바르멘 로만틱(Barmen-Romantik)에 대해 격렬하게 경고했다. 그러나 새로운 해석을 얻게 된 것—그것으로 상실하게 된 것이 명백히 되어야만 한다. 단지 그렇게 해서 우리는 1934년의 바르멘 로만틱과 바르멘 정통주의로부터 자유로울 수 있고, 또한 1984년의 신-바르멘 정통주의(Neo-Barmen-Orthodoxie)와 신-바르멘 로만틱(Neo-Barmen-Romantik)으로부터도 자유로울 수 있다.

1947년에, 바르멘선언의 출간 후 13년에 바르트는 그의 여섯 번째 바르멘 논제 해석에서 명백히 강조하기를, 하나님의 자유로운 은총과 그것의 선포는 교회에게 그것의 소식에서 다음을 주의할 것을 당부한다: 교회의 소식은 "그 어떠한 인간적인 필요, 관심, 염려, 곤경들 그리고 문제들로부터 나올 수가 없고 또한 그것들에 의해 채워지고 또 지휘 받게 할 수도 없다. … (그것은) 해도 되고 그리고 해야만 한다. … 그 모든 것에 비해서 하나님의 영광, 그의 이름, 그의 명예를 선포한다. 그의 일을 자랑한다. 그의 법, 그의 지혜, 그의 나라를 알린다. 그렇게 확실히 예수 그리스도(빌 2:11), 주님이 아버지 하나님의 영광이시고 그리고 그렇게 분명히 우리는 무엇보다도 그의 발자국들 안에서 그의 친구들로 변화될 수 있다."17)

그것으로 비참여적이고 비정치적인 교회, 종교 간의 경제적, 군사적 그리고 정치적인 자유방임주의를 승인하기 위해서 순수한 선포의 의미를 맹세하는 교회가 변호되는가?

이 자리에서 잘못된 반대, 위험한 양자택일을 피하기 위해서는 하나님의 자유로운 은총이 **예수 그리스도** 안에서 계시되고 그리고 그런 것으로서 선포되기를 원한다는 것을 매우 분명히 진지하게 하는 것이 중요하다. 한스 요아힘 크라우스(Hans-Joachim Kraus)는 언급된 1984년의

---

17) Barth, 139f.

문서에서 올바르게 강조했다. 논제 I.과 논제 VI. 앞의 성서 말씀들은 살아계신 그리고 고양되신 주님의 나-말씀들(Ich-Worte)이다: "나는 길이다, 진리다 그리고 생명이다. 참으로 누구도 나를 통하지 않고는 아버지께 올 수 없다." "내가 모든 날 세상 끝 날까지 너희 곁에 있을 것이다" (요 14:6, 마 28:20). 한스 요아힘 크라우스는 계속한다. "그는 말씀하신다. 그는 중심에 등장하신다. 그는 '나다'라고 말씀하신다. 그리고 그는 우리를 저주의 문장들이 인간의 자기 영광, 독단적으로 선택된 소원들, 목적들 그리고 계획들이라고 부르는 것으로부터 해방하신다."18) 크라우스는 강조하기를, 우리는 항상 거듭해서 현실성(Aktualität)을 간청했다. 그러나 현실성은 시간의 의미(Zeitdeutung)가 아니고 그리고 시대정신에 의해 강요된 그리고 강제된 현실성이 아니다. 그것과 달리 진정한 현재는, 만일 그가 말씀하신다면: "내가 너의 곁에 있다", 만일 그가 현재하신다면, 발생한다.

크라우스에 의해 거듭해서 대문자로 쓰인 그(ER), 그리스도의 나(das ICH), 그리스도의 통치의 강조를 위한 이 노력들, 그것들은 아무리 강조해도 지나칠 수 없다. 그럼에도 불구하고 나의 견고한 확신에 따르면 그리스도론적 집중의 이 방식은 충분하지 않다. 그리스도론적 조항은 이 방식으로 너무 쉽사리 미국의 여성신학자들이 비판적으로 '주론'(Kyriologie)이라고 불렀던 것으로 되어버릴 수 있다. 그들은 그의 특징들이 일반적으로 그리고 개별적으로 애매하고, 유동적이고 그리고 불명확하거나 혹은 그의 특성들이 한 원리, 한 통치자상 혹은 통치프로그램으로 환원될 수 있는 한 분 주님에 대한 신학적 감동을 비판한다. 또한 고귀한

---

18) Hans-Joachim Kraus, Die VI. These der Barmer Theologischen Erklärung, in: Moltmann, 249ff., 250.

그리스도론적 나(ICH) 그리고 고귀한 그(ER)에 대한 존경은 쉽게 그의 인격과 삶, 그의 특별한 주권과 그리고 종 됨이 대체로 알려지고 효과적인 것으로 전제된 한 주님의 선포로 될 수 있다. 그러나 실제로 그에게로, 그의 인격에로, 그의 삶에로 그리고 그의 명령에로 정향된 하나님의 자유로운 은총에 관한 소식 안에서 항상 거듭 새롭게 밝혀지게 되는 주님으로서는 아니다.

이 그리스도론적으로 창백하게 되는 하나님의 주권과 하나님의 통치에로의 방향 정립은 전적으로 바르트의 신학 그리고 바르트주의 신학의 부분들 가운데 있는 위험이다. 1984년의 "고백하는 교회가 되라" 선언은 이 위험을 감지했다. 그 선언은 선포의 사명의 강조를 구실로 불명확하고, 회개할 줄 모르고, 봉사할 준비가 안 된 하나님의 주권과 그리스도의 주권의 강조에 반대 행동을 하려 했다. 그것이 단지 쉽사리 미혹적인 신학자의 지배, 교회의 업적의 지배로 될 수 있는 불명확하고, 회개할 줄 모르고, 봉사할 준비가 안 된 오직 하나님의 주권과 그리스도의 주권의 강조에, 이 위험에 바르멘 1984는 반대하여 방향 전환 그리고 각성의 동요를 요청했다.

네 가지 중요하고 절박한 전 세계적인 과제들은 1984년에 언급되었다. 많은 다른 중요하고 절박한 전 세계적인 과제들은 매해마다 1984년의 바르멘 전통 속에 추가되었다.

교회와 이스라엘의 관계의 재구성의 과제 곁으로 지난 20년간 더 분명히 세계 종교들, 특히 이슬람과의 평화로운 대화를 위한 단초들의 요청이 등장한다. 동시에—더 낮은 소리로—아프리카, 인도, 중국에서의 그리스도교로의 개종 과정을 통한, 중부와 동부 유럽에서의 재 그리스도교화의 과정들을 통한 도전들, 또한 지구 도처에 있는 소수 민족 그리고 종족들의 종교들의 종교 생태학적 해체에 대한 염려 그리고 이 지역에서 방향 전환과 갱신을 위한 많은 다른 도전들이 다가선다.

지구(Ökumene)와 세계 경제 질서의 관계를 갱신하라는 요청 곁으로 지난 20년간 조직적이고 경제적인 보호무역주의 그리고 공적인 자각으로 나아가는 세계의 여러 부분들에서의 억압과 궁핍화의 과정들의 더 상세한 진단들, 많은 국가들에서의 전염병 같은 실업, 경제 정책의 생태학적 자기 위기(Selbstgefährdung)와의 많은 관련성들, 대량의 파괴들, 종의 다양성과 기후 관계들의 파괴적인 침해, 공산 동유럽 블록의 해체를 통한 경제 정책적 그리고 정치 이데올로기적 도전들 그리고 지구, 세계 정치 그리고 세계 경제 영역에서의 많은 다른 절박한 과제들이 다가선다.

대량 살상 수단들에 직면한 교회의 평화의 증언에 대한 요청 곁으로 지난 20년간 점점 더 명확하게 미국의 군사적 주도권 정책, 종종 속수무책인 전 세계적인 테러리즘에 대한 적절한 대응들에 대한 질문들과의 토론의 과제들, 세계 도처에서 피할 수 없는 분쟁 극복 전략들에서 복수와 보복의 파괴적인 논리와의 토론에 관한 질문들 그리고 세계 도처에서 무력 사용의 충동에 직면해서 분명한 평화의 증언에로의 많은 다른 도전들이 다가선다.

법적, 사회복지 국가적인 민주주의 안에서 그리스도인들의 주의 깊고 비판적인 참여에의 호소 곁으로 대중매체들 그리고 그것들의 폭력 예찬을 위한 그리고 최고 관철 능력(Durchsetzungsstärksten)의 예찬의 올림픽 사회 정신의 완만한 발전을 위한 기여들을 통한 도전에 대한, 기술적 진보의 윤리적 자기제한과 인간의 존엄의 보호를 고려할 때 학문들 그리고 그것의 난제들(Aporien)과의 비판적인 대화에 대한, 교육제도의 위기 그리고 교회의 안과 밖에서 문화적 지식과 전문성 상실을, 특히 청소년들 사이에서, 저지하는데 있어서 그것의 무능력함, 실로 종교와 문화의 증가하는 자기 통속화(Selbstbanalisierung)를 여전히 강화하는 그것의 위험에 대한 커지는 감수성이 다가선다.

만일 우리가 이 다양한 인간들에 의해 야기된 위험들과 자기위기들, 지역적이며 전 세계적인, 스스로 만들어낸, 동시에 깊이 고난당하는 완만하고 날카로운 재난들, 전염병 같은 부정의들, 잔혹함, 냉담함과 고독들을 알아냈다면, 또 우리가 단지 이 선택이 우리에게 영향을 미치게 한다면, 1984년의 바르멘 재해석의 불확실함이 매우 분명하게 될 것이다. 단지 아주 쉽게 전 세계적인 방향전환·갱신의 호소를 통해서 교회는 종교적, 정치적, 도덕적 그리고 다른 도전들에 의해 홍수 속으로, 실로 교회가 『고백하는 교회가 되라』의 저자들의 눈앞에 아른거리는 주의(Wachsamkeit) 그리고 실천적으로 정향된 방향 전환과 갱신으로 살아가는 것을 아무리 바랄지라도, 거의 불가능하게 만드는 소용돌이 속으로 끌려들어 가게 될 것이다. 예수 그리스도의 교회라고 그리고 그렇게 지속될 수 있다고 **여기기보다는 차라리**, 우선 이 수렁과 위기와 좌절, 폭력과 죄책, 속수무책과 간계로 싸우고자 하는 교회는 언제나 고백해야만 할 것이다: "우리의 힘으로 아무 것도 할 수 없습니다. 우리는 심지어 즉시로 패배했습니다." 항상 정치적 제도 혹은 명확히 반응할 능력이 있는 여론에 새로운 호소를 통하여 '상황들'(Geschicke)에 효과적으로 영향을 미칠 수 있다는 환상은 비눗방울 같이 터질 것이다. 확실히 교회는 전 세계적인 경제적, 정치적, 도덕적인 민감 주제들(Brandthemen)을 공적으로 기억하고, 정리하고 그리고 분류하는 것을 시도할 수 있고 해야 한다. 그러나 어떤 방법으로 교회가 종종 단지 신속히 위급을 묘사하지만 어쩔 수 없이 곧장 잊어버리는 대중매체의 지속 경보주의(Dauer-Alarmismus)에 지배당하는 것을 피할 것인가. 어떻게 교회가 마침내 가장 절박한 도덕적 그리고 교회 봉사적인(diakonisch) 도전들의 지속적인 교체에 단지 숨 가쁘게 헐떡이는 것을 피할 수 있는가.

IV. 부활하신 예수 그리스도의 현실성과 그의 추종의 창조성

만일 우리가 바르멘 1934의 소식을 또한 오늘날 그리고 미래에 진지하게 받아들이기 원한다면, 바르멘 1984의 민감성으로 경고하는 것이 매우 중요하다. 하나님의 자유로운 은총에 관한 소식은 자유 가운데 사랑하시는 신적 주권의 유신론으로 제한되어서는 안 된다! 또한 위대한 그리스도론적 나(ICH) 그리고 그(ER)에 관한 말은 항상 가현설적인 주론(Kyriologie)의 위험을 숙고해야 한다. 다른 한편으로 우리는 이 방법으로 예수 그리스도의 교회가 되고, 또 그의 주권 영역 안으로 들어가기 위해서 우리가 우선적으로 종교적, 정치적 그리고 도덕적인 용기로—그리스도와 떨어져서(remoto Christo)—자신의 힘과 능력으로 그것에 맞설 수 있고 그리고 맞서야만 하는 중대한 종교적, 정치적, 도덕적 그리고 다른 도전들, 위기들과 재난들이 있다는 바르멘 1984의 단초에 관한 오해를 경고해야만 한다. 우리는 이런 오해에서 비롯된 모든 시도가 단지 신학적으로 옆길로 빠진 것일 뿐만 아니라, 그것들은 마침내 수동적인 것과 호소적인 것의 집단적 도덕적 그리고 정치적인 무력함으로 이끈다는 것을 통찰해야 한다.

이러한 일방성들과 위험들에 반해서 우리는 한편으로 예수 그리스도 안에서 하나님의 자유로운 은총의 **권세**(*Macht*)를 진지하게 받아들여야만 한다. 다른 한편으로 그리스도교적 신앙의 판단에 따라 하나님의 자유로운 은총의 권세가 단지 살아계시고, 부활하시고, 고양되신 그리스도 안에서 인식되게, 증언되게 그리고 경험되게 하는 것을 강조해야만 한다. 오직 이러한 말씀과 영 안에서 살아계시고 현재하시는 예수 그리스도께로 항상 새로운 집중으로부터 우리는 체념과 회의에 빠지지 않고, 수동적인 탄식과 호소의 강 속으로 끌려들어가지 않고, 용감하고 구체적이고 실천적인 참여마저 집어삼키려고 위협하는 강 없이 이 세계의 권력들과 폭력들의 공연계획에 대한 예리한 판단의 능력을 획득한다. 영과 신앙 안에서 현재하시는 예수 그리스도께로 항상 새로운 집중 가운데서 우리는 언급된 전 세계적인 문제들의 각각에 집중적이며 구체적으로 일하는 개별적인 조직들—BUND, 세계를 위한 빵, 그린피스, 국제사면위원회, Oxfam, 정의와 평화, 위기의 어린이 구출 등등—의 지지를 위한 능력을, 지속적으로 고통스런 감정에 쫓기지 않으면서, 고양되신 주님의 절박하고, 현재적인 부름들을 건성으로 듣지 않고, 획득한다. 말씀과 영 가운데서 현재하시는 예수 그리스도께 항상 새로운 집중 가운데서 우리는 또한 단지 용기 있고, 성공적인 정치적, 생태학적, 교회봉사적 그리고 사회윤리적인 운동들, 행동들 그리고 기획들을 지지할 뿐만 아니라, 예수 그리스도의 교회의 중요한, 중심적인 그리고 배척된 과제들을 발견하게 하고 착수하게 하는 창조적인 추종의 능력을 얻는다.

살아계신 부활하시고 고양되신 예수 그리스도께 집중은 단순히, 이미 영과 신앙 안에 부활하신 분의 현재의 현실성의 강조가 확산되는 깊은 의혹과 마주친 것과는 전적으로 다르다. 계몽주의 이전의 근본주의도 또한 불트만과 뤼데만 같이 몸의 부활을 논박하는 계몽주의 이후의 근본주의도 부활이 단순한 신체적 소생이었다는 것을 전제했었다. 그러나 어떻게 단순히 소생한 예수가 이 세계의 무신적인 속박으로부터 우리를 해방할 수 있는가? 부활의 현실성을 증언하기 위해서는 우리는 그러므로 더 세심하게 성서적 증언들에 귀를 기울여야만 한다. 그것들은 바울에게서 부활과 단지 신체적 소생과의 혼동을 명백히 부정하는 빛의 현현들(Lichterscheinungen) 가운데서 부활하신 분과의 만남을 증언한다. 그것들은 그 자체로 생각해보면 물론 아직 부활신앙을 불러일으키지는 못하는 빈 무덤에 관한 보고들 가운데서 부활절 이전의 몸의 탈취를 증언한다. 그것들은 명백함의 특징들뿐만 아니라 또한 현현의 특징들을 제시하는, 신현 경험(Theophanieerfarung)과 의심의 고통스러운 혼합 가운데서 인지되어지는 부활하신 분과의 개인적인 만남들에 관해서 이야기한다. 부활의 증언들은 그러므로 부활절 이전의 삶의 연속 가운데 지상적인 삶 속으로 단순한 재등장(Wiedereintritt)에 관해 이야기하지 않는다. 그것들은 부활하시고 고양되신 분이 **그의 인격과 그의 생명의 전적인 충만으로 현재하신다**는 것, 그가 평화의 인사, 떡을 뗌, 말씀을 읽음, 메시야 비밀을 밝힘, 성령을 보냄 그리고 제자들의 파송을 통해서 그의 교회를 세우신다는 것에 관해서 말한다.

선포와 성례전의 잔치(Feier) 가운데서 우리는 이 풍성한 그리스도의 현재에 주의를 환기시킨다. 성만찬의 잔치 가운데서 우리는 정말 그 분에 의해서 둘러싸인다. 우리는 부활절 이전의 예수를 회상한다. 우리는 그의 죽음을 선포하고, 배신의 밤과 십자가의 경험의 파멸을 상기한다. 우리는 부활하신 분의 현재를 축하하고 그의 오심(Parusie)의 기대 가운데 살아간다. 우리는 이러한 그의 살아계신 현재(Gegenwart)의 다차원성을 우리가 부활하신 분과 성령을 서로에게서 분리하지 않는 것으로 증언한다. 부활하시고 그리고 고양되신 그리스도와 함께 성령의 능력 그리고 우리를 보존하고, 구원하고 그리고 들어 높이시는 하나님의 창조성이 현재한다. 이러한 부활하신 그리스도의 현재 그리고 삼위일체이신 하나님의 현재는 해방하는 권세와 능력이다. 우리가 바르멘의 큰 위기를 회상하기 이전에, 우리가 다양한 위기들과 우리 시대 그리고 우리 세계의 연루에 관심을 가지기 이전에 우리는 그것을 증언해야만 한다. 그것이 진지하게 받아들인 바르멘의 소식이다.

만일 우리가 그것에 응한다면, 우리는 도대체 다음과 같은 집요한 질문에 짓눌릴 필요는 없다: 이러한 부활하신 그리스도께로 집중은 결국은 하나님의 주권(Souveränität)의 단순한 간청(Beschwörung)의 결과가 되고 마는 것이 아닌가—끊임없이 하나님의 주권을 조롱하는 듯이 보이는 세상에서 자유 가운데서 사랑하시는 하나님의 주권의 간청? 만일 우리가 이제 계시의 **그리스도 현실성**(*Christuswirklichkeit*)을 진지하게 받아들이지 않는다면, 만일 우리가 '부활'이란 순전한 암호 가운데서 단지 유신론적 세계 조종자(Weltenlenker), 단지 위대한 만물의 운영자(Omniqantor), 단지 "모든 것을 규정하는 현실성", 단지 "절대적인 의존의 기원(Woher)", 단지 "존재의 근거" 혹은 다른 형이상학적, 실존론적 그리고 그 밖의 종교적인 기본사상들 혹은 또한 이상적 해결책들(Zauberformeln)을 최선의 것으로 보여준다면, 단순한 능가의 유신론(Übertrumpfungstheismus)을 신봉하는 위험은 실제로 생겨날 수 있다. 부활하시고 고양되신 그리스도의 현재는 그럼에도 불구하고 우리를 성과가 큰 방식으로 그의 부활의 현실성 가운데 집중된, **그의 충만 가운데**

현재하는 부활절 이전의 삶으로 도로 데려간다. 부활하시고 고양되신 그리스도의 현재는 우리를 동시에 성과가 큰 방식으로 영과 신앙 가운데 있는 이 삶에 우리들의 **참여**의 상이한 형식들 속으로 인도한다.

변증법적 신학의 주요 부분들은 역사적 예수 연구가 널리 촉진되는 그 만큼 역사적 예수 연구와 아주 단절된 관계를 가지고 있었다. 그것들은 물론 그것에 대한 모든 근거들을 가지고 있었다. "나는 창과 막대기를 가지고 역사적 예수를 탐색하려는 이들과 함께 나설 계획을 가지고 있지 않았다." 그렇게 혹은 비슷하게 칼 바르트는 사막 가운에서 돌을 발굴하듯이 실제 역사적 예수를 찾으려 노력했던 예수 생애 연구에 대하여 입장을 밝혔다. "돌들 아래에, 텍스트 뒤에 있는 예수를 발굴하기"―이러한 고고학적인, 엄밀히 말해서 **고고학적** 수단은 지난 수년간, 무엇보다도 앵글로색슨 영역에서, 다시 한번 진정한 출판물의 승리를 축하했다. 수백 권의 책들 그리고 천편대의 논문들이 "제3의 역사적 예수 탐색"이라고 불렸던 것을 기준으로 삼았다.

이러한 고고학적인 승리에 따르거나 반대해서, 내가 다른 곳에서 제시했듯이, 부활하신 그리스도와 역사적 예수의 관계를 더 이상은 공공연하게 잘못 놓지 않는 "제4의 역사적 예수 탐색"이라는 자기 생각을 주장했다.19) 역사적 예수에 대한 새로운 질문은 살아있는 부활절 이전의 예수는 성서적 증언들 또한 그렇게 하듯이 단지 **다중관점적**(*vielperspektivisch*)으로만 밝혀질 수 있다는데서 출발한다. 이것은 우리가 단순한 예수 상들(Jesus-Bilder)과 함께 살아야만 한다는 것을 의미하지는 않는

---

19) Who is Jesus Christ for us Today?, Harvard Theological Review 95, 2002, 129-146 = Wer ist Jesus Christ für uns heute? Lippische Landeskirche, Kleine Schriften 9, 2003, 1-23.

다. 슈바이처에 따라서 그리고 "두 번째 역사적 예수에 대한 질문"의 추세에서 누군가가 기꺼이 말했듯이, 단지 "전설적인 덧칠"(Übermahlung) 가운데 있는 예수-상들과 함께 사는 것은 아니다. 복합적인 증언들은 갈릴리의 예수가 예루살렘에서의 예수와 달리 활동한다는 것, 그가 식탁교제에서 귀신축출에서와는 달리 감동을 주었다는 것, 성서를 읽는 데서는 상징행위들 가운데서 와는 달랐다는 것으로부터 출발해야만 하는 역사적 연구의 길들을 보여준다. 게르트 타이센(Gerd Theißen)이 적절하게 표현했듯이, 전승된 종교성과 그것의 실천 그리고 세계 권력과 점령국 로마와의 그의 "상징정치적 논쟁들"(symbolpolitischen Auseinandersetzungen)의 상이한 반영들을 우리는 기대해야만 한다. 예수의 생애 연구를 위한 상이한 기여들은 다중관점(Vielperspektivität) 안에서 서로 다른 비중들을 반영한다. 그리고 재구성의 임의성에 여지를 주지 않고 진리에 관한 질문들에서 지속적인 작업을 권한다.

그것과 더불어 역사적 예수의 상이한 차원들이 특별히 중요한 것으로서 부활하시고 고양되신 그리스도에게로 집중 가운데서 드러난다. 첫째로는 예수의 식사 교제(Mahlgemeinschaft)가 특별히 두드러지게 한다. 존 도미닉 크로산(John Dominik Crossan)은 그의 베스트셀러『예수. 혁명적 전기(Biography)』[20]에서 식사 교제에서 사람들을, 정확히 소외된 사람들 그리고 주변부의 사람들을, 자비롭고 그리고 동시에 혁명적인 방식으로 받아들이는 예수를 강조했다. 현재의 교회일치적(ökumenisch) 대화에서 교회의 상징적인 성만찬의 올바른 형식들, 성만찬과 애찬의 구별과 통합, 성만찬과 유월절의 연속성과 불연속성 그리고 종교

---

20) San Francisco, 1994.

간의 그리고 선교적인 대화에서 "콘비벤츠"(Konvivenz)의 숭고한 의미에 집중은 그것에 상응한다(Theo Sundermeier). 많은 교회에서 소위 "살아 있는 교회생활"(lebendige Gemeindelebens)의 고독한 정점을 묘사하는 교회의 축제에서 식탁 교제의 의미에서부터 적합하고 성서에 따른 성만찬, 경우에 따라서는, 영성체의 형태에 대한 가장 어려운 교회일치적 질문들에 이르기까지 여기에 본질적으로 신중하게 주목받아야 할, 우리 앞에 형태화된 그리스도 추종의 넓은 스펙트럼이 놓여 있다. 최근에 뒤셀도르프에서 있는 성만찬과 교회 법규에 관한 대화에서 예수는 단지 성만찬의 주님 그리고 주인으로서만이 아니라, 죄인들과 세리들의 식탁에 손님으로서 함께 축하했다는 것이 우리에게 명백하게 되었다. 얼마나 효과가 큰 새로운 관점인가!

역사적 예수께로 복귀에서 더 많이 주목받아야 할 그 이상의 관점은 그의 어린이들에게로 향하심(Hinwendung)이다. 크로산과 다른 연구자들은 "어린이들이 내게로 오게 하라"가 정경적 그리고 정경외적으로 특별히 자주 증언된 예수-단편들에 속한다는 것을 보여주었다. 몇 해 전부터 신학에서 "그리스도교 사상 안의 어린이"(Marcia Bunge)란 주제에 대한 증가하는 연구 그리고 우리가 영적인 어린이 그리고 청소년교육을 우리 교회의 주요한 부분들 가운데서 등한시 하거나 혹은 비생산적인 틀에 박힌 일로 몰아내지는 않았는지 어떤지를 묻는 증가하는 자기비판적 질문이 거기에 상응한다. 자신의 아이들에게서 2년 동안 단 한 구절의 찬송시 그리고 한 구절의 성구도 전해주려 하지 않는 교회 유치원의 일을 체험한 사람, 자유 교회들(Freikirchen)을 제외하고 그의 주변에 있는 두 개 이상의 교구들에서 청소년 예배의 결손 현상을 체험해야만 하는 사람, 주기도문과 사도신경을 기억하기를 바라는 것 이상이 아닌 그의 아이들의 견신례 수업을 내내 지켜본 사람, 그리고 단지 사교 도덕주의(Geselligkeitsmoralismus)를 가장 오랜 시간 동안 보급하는 현금의 종교 수업 커리큘럼을 공부해야만 하는 사람은[21] 단지 그가 그의 사람들과 함께 청소년들에게서 특히나 황폐화 된 교회 교구에서의 선포에서 차단되어 있기를 희망할 수 있을 뿐이다. 유럽의 여러 나라들에서 관찰된 부단하고 일반화된 종교적 교육의 쇠퇴는 물론 오히려 신학과 교회에서 종교적, 정치적, 도덕적 그리고 그 외의 도전들의 절박성이 터무니없이 예수 그리스도의 교회의 특별히 당연하고 중요한 선포의 사명을 등한시 하게 한다고 말한다: 어린이들이 내게로 오게 하라!

주님 그리고 식탁 교제의 손님인 예수에 대한 관점들과 옥스퍼드에서 활동하는 유대학자 게자 베르메스(Geza Vermes)[22]에 의해서 특별히 귀신 축출들 그리고 오고 있는, 비로소 기획된 것이 아닌 하나님의 통치의 관점들이 비교된다. 예수의 귀신 축출, 우리가 오늘날 심리-사회적이라고 부르는 병자들의 치유는 예수 생애-연구에 의해서 지배적인 세계 권력 로마의 방향설정의 요구와의 긴장들에 직면한 전통과 종교의 위기와 연결되어 있었다. 전통과 현재적인 세계 권력, 종교 그리고 정치 사이의 고통스런 거대 정세들(Großkonstellationen)이 개별 인간들에게 효력을 나타낸다. 예수의 치유들과 귀신축출들은 단지 개별인간들 뿐만 아니라, 또한 공적인 삶의 상황 아래에서 고난당하는 사람들을 치유한

---

21) 참조하라. H. Schmidt/H. Rupp (Hg.), *Lebensorientierung oder Verharmlosung? Theologische Kritik der Lehrplanentwicklung im Religionsunterricht*, Stuttgart: Calwer, 2001; M. Welker, Selbst-Säkularisierung und Selbst-Banalisierung, Brennpunkt Gemeinde I/2001: *Gott-Ferne in und außerhalb der Gemeinde*, 15-21.

22) 비교하라. *Jesus der Jude. Ein Historiker liest die Evangelien*, Neukirchen-Vluyn, 1993; 동일 저자, *The Changing Faces Jesus*, New York, 2001.

다. 우리가 오늘날 인간에 관한 주도적이고 옹색한 상들('자아Ich'를 말하는 존재, 자유롭고 개별적인 자의식의 존재, 경제적 인간 등) 그리고 상응하는 이데올로기적인 면역결핍증을 저지하기를 원한다면, 억류된(verschüttet) 개념들, '영혼' 그리고 '정신'과 같이 신학과 철학 안에 억류된, 우리가 관념론적인 아닌 그리고 플라톤적이 아닌 방법으로 다시 얻고자 하는 개념들은 그것으로 판단력 안으로 들어오게 된다. '전체성' 그리고 '영성'에 관한 탐색하는 개념들을 넘어서 여기서 성서적 그리고 그리스도론적 방향정립 안에서 새로운 신학적 그리고 목회적인 창조성이 내부로부터 획득될 수 있다. 그러한 창조성은 또한 우리가 그것을 외부에서 야기된 것으로 간주하는 그리고 게다가 처음에 종속적으로 그것에 대응하는 많은 정치적 그리고 문화적인 위기상황들에서 효과가 큰 것으로 입증된다.

새로운 역사적 예수-연구에서 발굴된 그의 삶의 세 번째 차원을 나는 끝에서 몇몇 모범적인 관점들을 명명하는 것으로 거론하고 싶다. 게르트 타이센과 아네테 메르츠(Annette Merz)는 그들의 저서 『역사적 예수』23)에서 예수를 메시아의 역할 그리고 구원의 기대의 전 조직 체계와 대결시켰던 예수의 특별한 "영향력과 자극의 힘"(Ausstralungs- und Irritationsmacht)을 강조했다. 많은 출판물에서 타이센과 다른 사회역사적 연구자들은 우리에게 역사적 예수를 토라 해석과 성전 제의의 논쟁의 긴장의 장 안에서 지배적인 점령국과 세계 권력 그리고 그것과 결합된 곤경(Not) 그리고 위기 경험들과 함께 보도록 가르쳤다. 집광렌즈 안에서와 같이 그것으로 이스라엘이 그 전승들 속에서 다른 승리한 세계 권

---

23) Göttingen, 1996.

력들, 그들의 종교들, 그들의 질서들 그리고 그것과 연결된 순응의 강요의 억압 아래에서 그의 신앙을 선포하고 살려고 힘썼던 다른 성서 전승들이 명료하게 되었다. 그것은 결코 바르멘의 저자들이 파시즘의 억압 아래에서 그리고 우리의 시기는 시장, 대중매체 그리고 기술적인 진보의 해방의 억압 아래에서 실로 압도적인 방법으로 권력들과 폭력들에 의해 시달리고 있다고 여기는 신앙의 첫 번 경험들이 견디어 내야만 한다는 것과 같지 않다.

예수의 선포가 로마의 외래 지배권, 바리새인들의 성문주석(Torauslegung) 그리고 제사장들의 성전제의의 소위 보루를 공격함으로써 그는 우리가 자기비판적인 질문을 하게 한다. 우리들 또한 우리의 성서주석 그리고 우리의 중심적인 종교적인 책략들로 우리시대의 지배적인 권력들과의 논쟁에서 실패했었는지 그리고 실패하는지 어떤지를 그리고 어떤 방식으로 그러한지를. 나는 시장 그리고 인간적인 삶의 관계들의 금전가치화(Monetarisierung)에 대한 신학적 인식과 비판이 전적으로 부족하다는 것에 우리들의 눈이 열려야 한다고 생각한다. 마태복음 6:24 그리고 누가복음 16:13에서 두 번 입증된 말씀: "너희는 하나님과 맘몬을 겸하여 섬기지 못한다!"는 이것이냐 저것이냐, 예 혹은 아니요에 대한 바람직한 명확한 기초를 제공했거나 하는 것으로 보인다! 그러나 신학 경제적 마니교는 이미 누가복음에 있는 두 개의 계속되는 성서의 '맘몬-인용들'에 의해서 지지를 받지 못한다: "불의의 재물로 친구를 사귀라…"(누가 16:9). 그리고 "너희가 만일 불의한 재물에도 충성하지 아니하면…"(누가 16:11). 극단적인 경제 비판적인 것에서부터 고도로 구성적인 신학적 진술들에 이르기까지 돈의 은유의 도움으로 충분한 약 2,000개의 더 이상의 돈과 돈의 은유에 관한 성서 진술들은 우리

를 자극해서 시장에 대한 탁월하고 명민한 신학적 인지 그리고 그것과
의 이론적이고 실천적인 논쟁을 하게 한다. 나의 인상으로는 그것은 지
금까지 전 세계적으로 존재하고 있다.[24]

이러한 내부로부터의 방향 설정은 예수 그리스도, 성서에서 우리에게
증언되는 것처럼 하나님의 유일한 말씀에 대한 신뢰를 이 말씀과 그의
권세의 실질적인 규명의 능력(Erschließungskraft)에 대한 깊은 신뢰와
결합시킨다. 물론 집중적인 신학적 작업, 올바른 인식을 위한 노력이 필
요하다. 우리에게 위탁된 소식을 이해하기 위해서 진리와 정의를 구하
는 공동체가 필요하다. 우리가 이 소식을 명확하고 가능한 한 단순하게
다듬어 표현해야만 한다는 것은 그것이 항상 쉬워야 한다는 것을 의미
하지는 않는다. 종교적 그리고 도덕적인 단호함이 그것을 적절하게 밝
혔다는 표시는 아직 아니다.

"그 가운데 교회의 자유가 근거하고 있는 교회의 사명은, 그리스도 대
신에, 그리고 그러므로 그의 고유한 말씀과 사역의 봉사 가운데서, 설교
와 성례전 가운데서 하나님의 자유로운 은총에 관한 소식을 모든 민족
에게 전하는 데 있다." 바르멘 1984는 거기에다가 하나님의 자유로운
은총에 관한 소식은 또한 교회봉사적 그리고 정치-교회 봉사적(politi-
sch-diakonisch) 증언 속에서 형태를 얻어야만 한다는 것을 추가했다.
그것은 옳다. 『희망의 신학』은 종교개혁자들과 함께, 바르트, 본회퍼 그
리고 수준 높은 다른 신학자들과 함께 이 증언이 단지 예수 그리스도 안

---

24) 참조하라. Evangelium und Effizient. Zur Geldförmigkeit des Denkens in
Religion und Gesellschaft, BThZ 21 Jahrgang, Beiheft, 2004; M. Welker, *Ab
heute regiert Geld die Welt*... Die Einführung der Geldwirtschaft und ihre
Auswirkungen auf religiöes Denken und ethische Orientierung, edb. 52-66.

에 있는 하나님의 자유로운 은총의 소식 가운데서만 그의 근거와 발판을 발견할 수 있다는 것을 강조한다. 이 수준에서 바르멘 1934 그리고 바르멘 오늘 1984가 참된 화해를 하게 해야 한다. 이러한 화해에서 신학정치적인(theologiepolitisch) 기교가 중요한 것이 아니라, 하나님 앞에서 그리고 세계 속에서 예수 그리스도의 교회의 완전한 봉사—교회의 사명에 걸맞게 그리고 하나님의 자녀들의 영광스런 자유 가운데서—가 관건이다.

바르멘선언 제3 명제
: 그리스도 교회는 무엇을 기준으로 할 것인가?
사회적 격변기에 있는 교회의 모습

번역: 임 걸(연세대학교)

나는 오늘 여러분에게 1934년 5월 31일날 발표된 바르멘선언의 '제3 명제'에 대해서 말하려고 한다. 바르멘 '제3 명제'는 다음과 같이 선언하고 있다:

"그리스도 교회는 형제들의 공동체다. 그 속에서 그리스도는 주님으로서 성령으로서 말씀과 성례전을 통해서 활동하고 있다. 그리스도 교회는 오직 그리스도의 소유물이며, 용서함 받은 죄인들의 교회로서 죄된 세상의 한 복판에서 믿음과 순종, 그리고 교회의 직제와 복음을 통하여 그리스도의 재림을 소망하면서 그가 주시는 확신과 예언으로 살며, 살아가길 원한다고 증언해야 한다."

바르멘선언의 '제1 명제'는 요한복음 14장 6절에 근거하여 예수 그리스도를 강조한다. 곧 그리스도만이 "길이고 진리이고 생명"이다. 그리고 그분 이외에 그리스도 교회가 선포하는 다른 원천은 없다. 바르멘선언의 '제2 명제'는 고린도전서 1장 30절에 근거하여 다음과 같이 선언하고 있다: 우리는 "진리와 정의, 성화와 구원"이 오직 그리스도의 능력 안에서 그리고 그리스도의 능력에서 나오는 것으로 이해해야 한다. 이제 우리의 주제인 마지막 바르멘선언의 '제3 명제'는 구체적으로 교회에 대해서 말한다. 그런데 이 세 번째 명제가 오늘날 "바르멘선언의 정신을 새롭게 살리자"라는 구호를 내세우는 우리에게 진정으로 도움되는 방향을 지시하고 있을까? 또한 이 세 번째 명제가 "사회적 위기에서 교회가 가져야 할 모습"에 대한 참된 내용을 제시하고 있는 것일까? 나는 다음 글에서 바르멘선언의 '제3 명제'를 우리 현실에 다시 되살리고 접근하는 길에 대해서 뿐만 아니라 동시에 오늘날 우리가 이 '제3 명제'에 접근하기 어렵게 만드는 요인으로서 그 명제 속에 포함된 내용과 사고 방식의 문제점에 대해서도 말하려고 한다. 나는 오늘날 교회가 완전히 그리스도에, 다시 말하면 주님의 현존과 통치하심에 집중해야 한다는 바르멘선언의 가장 중요한 주제를 어떻게 받아들일 수 있겠는가에 대한 문제에 대해서 여러분과 깊이 생각하기 위해서 이 글을 발표하는 것이다. 나는 먼저 바르멘선언의 세 번째 명제가 말하는 "형제들의 공동체"와 성령의 교통하심에 대해서 말하겠다. 그 다음에 나는 바르멘선언의 '제3 명제'가 말하는 그리스도의 통치하심이란 어떤 뜻을 가지고 있는지에 대해서 생각해보고 그리고 성령의 능력 안에서 예수 그리스도의 실제적인 현존이란 무엇을 의미하는지 질문해보고자 한다.

I. 바르멘선언이 말하는 "형제들의 공동체" 그리고 성령의 교통하심에 대하여

바르멘선언에 대해서 잘 아는 전문가 또는 비판자들이 짧게 줄여서 말할 때 또는 기억하기 쉽게 하기 위해 보통 "바르멘 제3 명제"라고 말하는데 이 명제의 핵심 주제는 정확히 무엇인가? 위에서 적었듯이 바르멘선언의 제3 명제는 "그리스도 교회는 형제들의 공동체이다…"라는 문장으로 시작된다. 그런데 유감스럽게도 이 문장은 오늘 날 우리가 말하는 "바르멘선언의 정신을 새롭게 살리자"는 의도와 전혀 어울리지 않는 말이다! 오늘 날 매우 엄격한 가부장적인 교회 질서를 가장 중요시하는 교회들에서 조차, 곧 로마 가톨릭 교회와 모스크바 정교회에서 조차 공개적으로 자신들의 교회를 "형제들의 공동체"라고 부르지 않는다. 왜 교회를 그렇게 부르면 안 되는가?

이제 "형제들의 교회"란 표현은—적어도 수도원 밖에서, 그리고 어느 정도 이상한 '남성 집단'을 제외하고는—진부한 표현이 되었다. 그러면 세계의 여러 교회들과 교회의 사상들이 20세기 후반 사회적인 격변기에 왜 그렇게 본질적으로 변화되지 않을 수 없었을까?

우리가 이렇게 질문하면서 소위 말하는 나치 정권에 대한 '바르멘 제3 명제'의 "거부 선언"을 주목해서 살펴본다면, 오히려 그 거부 선언은 오늘날 우리 자신에게도 똑같이 경종을 울린다. 바르멘선언의 제3 명제의 거부 선언은 다음과 같다: "우리는 마치 교회가 자신의 복음과 규범의 형식을 한 시대를 지배하는 그 때 그 때의 세속적인 세계관과 정치에 따라 자기 마음대로 변화시켜도 된다고 주장하는 잘못된 가르침을 거부한다." 이 말은 오늘날 우리도 스스로에 대해서 철저하게 문제를 제기해야 한다는 것이다. 다시 말하면 바르멘선언이 75년이 지난 오늘 날 바르멘선언의 "형제들의 교회"라는 표현이 우리에게 문제가 되듯이 우리 스스로도 현대 세속적인 세계관과 정치관이 주장하는 잘못된 길로 빠져버린 것은 아닌가라고 스스로 물어보아야 한다는 의미이다.

나는 1934년 바르멘선언이 나온 지 지금의 반이 되는 해 곧 바르멘선언 32년째 되는 1966년에 신학 공부를 시작했다. 그 때 우리는 우리가 속한 개신교 안에서 제기된 "여성을 설교단에 세울 것인가: 찬성인가 반대인가?"라는 질문을 계속 들어야만 했다. 만약 교수들이 지금처럼 교실에서 "남성 신학생 그리고 여성 신학생 여러분"이라고 표현을 써서 말했다면, 적어도 한 교실에 90% 이상을 차지하고 있던 남성 신학생들은 몇 안 되는 여학생들에게 고개를 돌려 일제히 그들을 쳐다보았을 것이다. 오늘날 우리가 쓰고 있는 "남성 그리스도인들과 여성 그리스도인들"이란 표현은 그 당시에는 생각할 수도 없었다. 그렇다면 그 이후에 무엇이 변화된 것일까? 신학과 교회가 여성들을 서구 사회 전체 교육 시스템에 수용하였고 그리고 피임약 사용과 세계적인 여성 운동들에 곧 소위 말하는 시대정신에 굴복한 것인가? 우리는 바르멘선언의 정통성을 지키는 입장에서 교황 피우스(Pius)의 다양한 추종자들과 함께(여기서 '피우스'는 개신교 안의 매우 보수적인 교회 지도자와 교인들을 상징함. 역자) 바르멘선언의 '제3 명제'에 나오는 "형제들의 교회"라는 표현을 고수하기 위해서 그들과 무엇인가를 연대해야만 할까?

나는 이미 현재 많은 사람들이 위와 같은 질문을 어처구니없는 물음이라고 여기고 있다는 사실을 잘 알고 있다. 바르멘선언 40주년 되는 해인 1974년에 독일 개신교 연합 공의회는 "(바르멘선언의 제3 명제와 관련된) 교회의 선포 내용과 직제에 관한 표결"을 결의했다. 그 결과물로

1980년에 "(바르멘선언의 제3 명제와 관련된) 형제들의 교회"라는 제목을 달은 두 권의 책이 발간되었다.[1] 이 책의 대표 편집자인 알프레드 부룩스뮐러(A. Burgsmüller)는 첫 번째 책의 서문에서 다음과 같이 쓰고 있다: "이 과제를 다룬 몇 몇 위원들은 이 책의 제목을『자매들과 형제들의 교회』라고 지을 것을 제안 했었다. 그러나 결국 편집위원들은 바르멘선언의 제3 명제와 관련된 표현인『형제들의 교회』라는 제목을 수정하지 않고 그대로 붙이는 것으로 결정했다. 그러나 바르멘선언을 주도한 그 당시 공의회 참가자들은 오늘날 우리가 그 표현에 대해서 민감하게 느끼고 있는 결점을 그 때에는 인식하지 못했던 것이다. 또한 바르멘선언이 만들어지고 나오기 전 단계에서도 그러한 표현 문제가 그들 사이에서 논의되었다는 흔적도 찾을 수 없었다. 바르멘 공의회에 '남성들을 보내달라'고 요청한 초청장은 1934년 당시에는 모두에게 자연스럽고 당연한 일이었다. 1934년 바르멘선언을 위해 파송된 138명의 공의회 참가자들 중에 여성은 단 한 명뿐이었다. 그러나 이러한 상황에서 바르멘 공의회는 개교회의 현실과는 반대되는 것을 표현한 것이다. 왜냐하면 교회 현장에는 고백 교회를 지지하는 남성들과 여성들이 있었고, 남성과 여성으로 구성된 바로 그 고백교회의 교회 지도부가 바르멘 공의회 위원들을 지지하는 핵심 지지세력이었기 때문이었다."[2]

그렇다면 왜 '남성–형제' 지향적인 교회의 방향성이 우리에게 회의감을 들게 만드는 것일까? 그렇다! 왜 그런 교회의 그런 방향성이 우리에

---

1) Kirche als "Gemeinde von Brüdern" (Barmen III), Band 1 und 2. Vorträge aus dem Theologischen Ausschuss der Evangelischen Kirchen der Union, hg. Alfred Burgsmüller, Gütersloh, 1980 und 1981 (zit.: Burgsmüller).
2) Burgsmüller I, 7 아래.

게 거부감을 주는 것일까? 그것은 시대정신이 변화되었기 때문이기 보다 우리가 성서에서 근본적이고 신학적인 인식을 새롭게 발견했기 때문이다. 그 신학적 인식이란 성령의 부으심과 역사하심에 대한 성서적인 증언이다. 이 성서의 증언은 우리로 하여금 가부장적인 사고방식이나 제도의 관습에 대해서 급진적인 사고의 전환을 요구하고 있다. 우리는 성령의 역사를 목격한 최초의 증언자들을 예언서 요엘 2장 그리고 사도행전 2장에서 찾을 수 있다.[3]

그 증언에 따르면 예언자 요엘은 하나님이 자신의 영을 "모든 사람에게 부어준다는" 약속을 다양하게 강조하며 설명하고 있다: "너희 아들과 딸은 예언을 하고, 노인들은 꿈을 꾸고, 젊은이들은 환상을 볼 것이다. 그 때가 되면 남종과 여종에게도 성령을 부어줄 것이다"(욜 2:28). 성령의 역사에 대한 성서의 다른 구절에서처럼 여기서 성령을 부어준다는 하나님의 약속은 남성과 여성을 구별하지 않고 있다. 그 당시 절대 가부장 사회에서 이와 같은 선언은 정말 놀라운 파장을 일으키는 말씀이었고 현대에도 매우 놀라운 말씀이다. 또한 나이에 따른 고대의 절대 서열 사회에서 젊은 사람과 노인을 동등하게 여기는 이 평등적 성격의 선언 또한 매우 놀라운 선언이다. 하나님의 성령이 여성과 남성에게 똑같이 부어진다는 이와 같이 강조된 성령의 평등성 선언은 오직 나이든 사람들만이 발언권이 있다는 불평등 사회 구조를 더 이상 인정하지 않는다는 선언이다. 또한 그러한 성령의 부으심에 대한 평등성 선언은 아이들을 신격화하고 노인들을 혐오하는 현대 사회의 사조도 거부하고 있다. 성서의 증언은 하나님이 성령을 부어 주신다고 약속할 때 "여종이나 남

---

3) 여기에 대해서 Michchael Welker, *Gottes Geist. Theologisches des Heiligen Geistes*, Neukirchen-Vluyn, 3. Aufl. 2005, 특히 제5장을 참고할 것.

종" 에게도—성서 시대에 여성 노예와 남성 노예를 말한다—똑같이 성령이 임한다는 성령 역사의 평등성을 매우 강조하고 있다. 그러한 성령의 역사가 모든 고대 사회에서 보았던 그런 노예 사회에서도 놀랍게 일어났던 것이다.

오늘 날 우리가 겪는 것과 같은 수많은 부자유함과 갈등, 여성과 남성 간의 성적인 갈등, 노인과 젊은이 사이의 갈등 그리고 부자와 가난한 사람들, 그리고 지배자와 피지배자들 사이의 갈등이 성서에서도 똑같이 강조되며 드러나 있다는 것을 알 수 있다. 하나님의 성령이 임하면 각기 다른 사회 부류에 속한 모든 사람들을 하나님 앞에서 서로 새롭고 활기 있는 관계로 만들어 준다.

그런데 "만약 성령이 임하면 현대 철학과 정치학이 말하는 것처럼 모든 사람이 평등해 지는 것"이라고 이해한다면 우리는 예언자 요엘의 약속을 잘못 이해하는 것이다. 예언자 요엘이 말한 하나님의 약속은 하나님의 성령이 모든 사람에게 자아의식을 가지게 만들며, 모든 사람과 연대하는 주체적 의식을 가진 이성적 사람으로 만든다는 의미가 아니다. 오히려 요엘의 약속은 너희 아들들 그리고 너희 딸들은 예언을 하고, 너희 아들들 그리고 너희 딸들은 서로가 서로에게 하나님에 대해서 알려주게 되는 것을 말한다. 또한 노인들 그리고 젊은이들은 하나님에 대해서, 하나님의 현존하심에 대해서 증언할 것이라고 선언하는 것이다. 그리고 요엘의 약속은 사회에서 이미 발언권을 독점하고 있는 집단이 더 이상 하나님에 대한 생각을 확정짓거나 하나님에 대한 믿음을 정의내릴 수 없다는 것을 의미한다. 가부장적이며 권위적인 지배 체제나 현대 자유주의라는 엘리트 중심주의로 포장된 지배 체제는 하나님이 성령을 부어주신다는 약속 안에서는 발붙일 곳이 없다. 우리 모두는 하나님 창조의 다양성 속에서 하나님의 살아계심을 인식하고 진지하게 받아들이는 것이다. 그렇게 해서 진정되고 실제적인 평등이 약속된 것이다. 그 하나님의 평등은 하나님 창조 안에서 다양성을 받아들이고 부정의한 차별을 구별해내고 진정한 자유로 가는, 보다 높은 수준으로 도달하게 만든다. 추상적이고 진부한 현대 사회가 말하는 평등사상을 넘어서서, 다시 말하면 실적별 평등을 강조하는 거짓 평등주의를 넘어서서 진정한 평등 윤리로 넘어가는 과도기가 우리 앞에 놓여있다. 진정한 평등 윤리란 역동적이며 나와 다른 존재에 대해 매우 세심하게 대하는 것이며, 불의하고 분쟁을 야기할 수 있는 차이점들 속에서 오히려 창조적이며 새로운 차이점들을 구별해내며 공동의 삶을 새롭게 찾으려는 정신이다. 그런데 원초적인 통일성과 평등성을 말하는 성령과 성령의 부으심에 대한 성서의 증언은 소위 자유주의자들이 말하는 '자유로운' 공동체 형성 사상을 ―이들은 모든 사람들의 평등을 말한다. 그러나 그들이 말하는 자유로운 공동체란 아직도 단지 '남성 집단정신'이 충만한 특정한 부류의 자유 공동체일 수 있다―넘어서는 것이다.

사도행전의 오순절 사건은 예언서 요엘의 예언보다 더 분명하게 사람과 집단에 성령이 임할 때 그들에 내재된 원천적인 차이점들을 직시해야 될 것을 말한다. 오순절 사건이란 성령의 역사에 근거하면서 문화적, 민족적 그리고 언어적 다양성 안에서 원천적인 하나의 새로운 공동체를 형성하는 사건이다. 사도행전에 나오는 오순절 사건의 기사에 보면 성령의 역사를 체험한 민족적으로, 문화적으로 그리고 언어적으로 다양한 수많은 사람들의 출신 성분들이 나온다. 그 수많은 집단들은 서로가 서로를 도무지 **이해할 수 없는** 사람들이었다. 그 사람들은 사실 모든 민족을 대표하는 민족들인데, 다시 말하면 그 사람들은 그 당시 이스라엘 사람들의 세계관에서 지리적으로 파악된 최대한의 다양한 민족들이다. 그들이 바로 "바대 사람과 메대 사람과 엘람 사람이고, 메소포타미아와 유대와 갑바도기아와 본도와 아시아와 브루기아와 밤빌리아와 이집트와 구레네 근처 리비아의 여러 지역에 사는 사람이고, 또 나그네로 머물고 있는 로마 사람과 유대 사람과 유대교에 개종한 사람과 크레타 사람과 아라비아 사람"이다(행 2:9 아래). 이것이 바로 민족적으로, 문화적으로 그리고 언어적으로 다양한 사람들의 세계이다. 그런데 이 모든 사람들이 "하나님이 하신 놀라운 일"이 선포되는 것을 이해했다. 그러나 예언서 요엘에는 이렇게 길고 긴 민족들의 이름이 나열될 뿐만 아니라 남성과 여성, 노인과 젊은이 그리고 여종과 남종이라는 다양한 성적인 구별도 강조되어 표현되어 있다.

구조적으로 볼 때, 이러한 다양한 성령 공동체에 상응하는 말이 바로 "그리스도의 몸"이라는 표현이다. 이 표현은 다양한 출신 성분과 재능을 가진 구성원들의 공동체를 의미하며 이 말은 바르멘선언의 제3 명제가 말한 "형제들의 교회"라는 말과는 전혀 어울리지 않는 표현이다. 우리는 오늘 날 "그리스도 교회는 형제들의 교회다"라는 바르멘선언에 나오는 표현을 비판한다. 우리의 비판은 이 표현이 시대에 뒤떨어져서가 아니라 그 표현이 성령과 성령의 역사에 맞지 않고 또한 결코 어울리지도 않는 표현이기 때문이다.

그럼에도 불구하고 우리는 이 바르멘선언의 제3 명제의 전체 내용과 가치를 통째로 싸잡아서 격하시켜서는 안 되고 신학적으로 큰 문제가 있는 문서인 것처럼 문제시해서도 안 된다. 비록 거의 모든 교파 교회 또는 개 교회의 교회 지도부가 전부 남성 중심적으로 이루어져 있음에도 불구하고, 만약 우리가 "형제들의 교회"라는 표현을 "남성들의 교회"

라는 표현과 동일시하지 않는다면, 우리는 "형제들의 교회"를 "자매 형제들의 교회"라는 가족적인 표현으로 이해하고 표현할 수 있다. 그런 표현은 매우 가깝게 느껴지는 친근감을 나타내며 완전히 세상적인 관점에서 국민을 우롱하는 국가들과 그 지도자들과 악한 엘리트 패거리들과는 완전히 구별되는 표현이다.[4] 또한 그것을 넘어서서 이 가족적인 교회 구조를 나타내는 이 표현은 교회의 봉사하는 역할을 강조하는 의미를 가지고 있다. 그래서 이 표현은 "일반 세속적이며 정치적으로 강요된 표현"과는 완전히 구별되는 그리스도론적인 표현이다. 그러나 이러한 방향 역시 좀 더 정확한 표현의 관점에서 보자면 문제가 전혀 없는 것은 아니다.

II. 바르멘선언이 말하는 그리스도의 통치와 그리스도의 몸

우리가 잘 알듯이 1934년에 발표된 바르멘선언은 내용면에서 볼 때 완전히 그리스도론적이다. 바르멘선언의 '제1 명제'는 "예수 그리스도는 … 우리가 들어야 되며, 살아있을 때나 죽을 때나 믿고 순종해야 될 하나님 말씀이다"라고 말한다. 예수를 통해서 우리는 하나님 앞에서 의롭게 되었고 구원받았다. 바르멘선언의 '제2 명제'는 "그리스도를 통하여 기쁜 복음이 임하여 하나님 없는 이 세상의 압박에서 해방되어 그 분이 만든 창조물을 감사하고 자유롭게 섬기게 되었다"라고 고백한다. 바르멘선언

---

4) Wolfgang Huber, Die wirkliche Kirch. Das Verhältnis von Botschaft und Ordnung als Grundproblem evangelischen Kirchenverständnisses im Anschluss an die 3. Barmer These, in: Burgsmüller 1, 249 아래 그리고 266 아래를 참조.

의 '제4 명제'는 교회의 모든 다양한 직분은 다른 구성원들을 지배하는 근거가 되지 않는다는 것을 말하면서 암묵적으로 **예수 그리스도가 교회의 유일한 머리임**을 선언하고 있다. 교회의 직무는 모든 교회 구성원들에게 명령된 일이다. 왜냐하면 모든 공동체 구성원은 간접적으로 그리스도의 통치 아래 있으며, 모든 공동체 구성원은 자매이고 형제이기 때문이다. 여기서 우리는 "교회는 하나님 나라와 하나님의 명령, 그리고 정의를" 일깨워주는 것임을 명시한 바르멘선언의 '제4 명제'를 '제1 명제'가 가진 그리스도론적인 입장에서 이해해야 한다. 하나님 나라의 오심과 하나님 정의를 세우는 일은 모두 그리스도의 통치라는 빛 가운데서 일어나는 것이다. **그리스도 재림에 대한 기대 곧 부활하고 하늘에 올라가신 그리스도의 완전한 계시**는 "당신의 나라가 임하옵시며, 당신의 뜻이 하늘에서와 같이 땅에서 이루어 지이다"라는 기도와 함께 일어나는 사건이다. 또한 매우 그리스도론적인 입장이 강조된 바르멘선언의 '제4 명제'는 "자유가 보장된 교회의 의무는 그리스도를 대신하여 그리스도 자신의 말씀과 사역을 통하여 곧 설교와 성례전을 통하여 하나님이 해방시키는 은혜의 복음을 모든 민족에게 선포하는 것이다"라고 말한다. 교회의 가장 중요한 의무는 선포의 의무이다. 그리스도를 대신하여 그의 말씀과 사역을 통하여 교회는 기쁜 소식, 곧 복음을 선포해야 한다.

이렇게 전체적으로 완전히 그리스도론적으로 집중되고 또한 그 방향으로만 나아가고 있는 바르멘선언의 맥락에서 볼 때, 바르멘선언의 '제3 명제'는 "그리스도 교회는 오직 그리스도의 소유물이며, 용서함 받은 죄인들의 교회로서 죄된 세상의 한 복판에서 믿음과 순종, 그리고 교회의 직제와 복음을 통하여 그리스도의 재림을 소망하면서 그가 주시는 확신과 예언으로 살고 살아가길 원한다고 증언해야 한다"고 선언한 것이다.

여기서 우리는 당연히 바르멘선언의 제3 명제가 '제 일곱 번째 아우구스티누스 신앙고백'5)을 강하게 바탕에 깔고 있음을 강조해서 지적해야 한다. 제 일곱 번째 아우구스티누스 신앙 고백은 "우리는 모든 시대를 넘어선 거룩한 교회가 존재해야 하며, 그리고 존재한다는 것을 배웠다. 그 거룩한 교회는 모든 성도들의 모임이며 거기서 복음이 선포되고 거룩한 성례전이 복음에 따라서 열리는 것이다"6)라고 고백하고 있다. 헤닝 슈뢰어(H. Schröer) 또한 바르멘선언이 '아우구스티누스 신앙 고백'에 바탕하고 있다는 것을 지적하면서 "바르멘을 향한 교회의 *독특한 특징*"에 대해서 언급했다. 그는 "바르멘선언의 제3 명제를 지향하는 교회의 *독특한* 특징은 죄된 이 세상 속에서 본질적이며 시대사적인 권리를 가진 것이다"라고 정확하게 지적하고 있다. 그러나 그는 교회가 말씀과 성례전의 예배에 집중하는 일, 이 시대와 마지막 심판의 주인으로서 현존하여 역사하는 그리스도의 특별한 통치를 강조하는 일, 그리고 교회는 "오직 소유물임"을 강조하는 것은 교회의 방어적인 목표 설정이라고 말한다. 그러한 교회의 태도에 반대하여 슈뢰어는―몰트만의 생각을 받아들여서―바르멘선언의 제3 명제에서 교회의 사회봉사적인 측면과 찬양과 축제적인 면이 교회에서 무시되고 있음을 지적하고 있다.

슈뢰어에 의하면 가난한 사람들과 항상 함께 하겠다는 예수 그리스도의 약속, 즉 우리 중에서 "가장 보잘 것 없는 자매 형제"(마 25:31-46)와 함께 하는 예수 그리스도의 약속과 그에 따른 교회의 사회 봉사적인 차원이 바르멘선언에 결여되어 있다. 그러한 사실은 바르멘선언이 히틀러

---

5) Jürgen Moltmann, *Kirche in der Kraft des Geistes. Ein Beitrag zur messianischen Ekklesiologie*, München, 1975, 144.
6) BSLK, 6. Aufl. Göttingen, 1967, 61.

의 유대인 박해에 침묵했다는 사실에서 가장 분명하게 드러난다. 또한 구약의 율법 전승과 메시아 약속 그리고 전체 구약 성서에 항상 반복되어 예언된 눌린 자들, 차별받는 자들, 억압받는 자들을 위한 하나님의 나타나심과 하늘로 승천한 그리스도 통치의 분명한 연속성은 "말씀과 성례전"에만 집중된 교회의 차원에서는 충분히 드러나지 않는다.

슈뢰어는 비록 바르멘선언의 '제2 명제'가 "하나님 없는 이 세계의 속박으로부터 자유롭게 함"에 대해서 말하고 있지만, 바르멘선언의 제3 명제에서는 마지막 예수 재림을 목표로 삼고(거기서 교회는 "그의 다시 오심의 기대 속에" 살고 있다고 씌어있다) 그리고 "죄의 용서를 받은 죄인들의 교회"[7]라는 단지 소극적이며 묵시론적인 분위기가 지배적임을 지적하고 있다. 그리고 슈뢰어에 의하면 바르멘선언의 내용에는 하나님이 사람들을 불쌍히 여겨서 그들을 높이 올려주었다는 사실은 전혀 언급되어 있지 않다. 또한 바르멘선언에는 하나님의 성령은 특히 "고난 중에"(살전 1:6; 고후 7:4; 롬 14:17, 15:13; 갈 5:22) 하나님을 찬양하도록 만들고 기뻐하도록 역사한다는 바울의 놀라운 깨달음도 전혀 나오지 않는다.

만약 바르멘선언의 제3 명제가 어떻게 핵심 성서 구절을 배경으로 삼고 있는지 주의 깊게 관찰한다면—바르멘선언의 편집자는 이 성서 구절을 '제3 명제'와 이와 연관된 비판 내용을 전개하기 전에 제시하고 있다—우리는 바르멘선언의 결정적 약점을 인식할 수 있다. 바르멘의 제3 명제가 근거로 삼은 핵심 성서 구절은 에베소서 4장에 나오며, 제3 명제가 인용하는 내용은 다음과 같다:

---

7) Henning Schröer, Fünfzehn Fragen an Barmen III, in: Burgsmüller 1, 24 아래를 참조.

"우리는 사랑으로 진리를 말하고 살면서, 모든 면에서 자라나서, 머리가 되시는 그리스도에까지 다다라야 합니다. 온 몸은 머리이신 그리스도께 속해 있으며 몸에 갖추어져 있는 각 마디를 통하여 연결되고 결합됩니다"(엡 4:15-16).

이 성서 구절은 바르멘선언의 제3 명제가 뜻하는 것과는 달리 교회의 지체들이 "머리에 붙어서 성장하는 것"에서 대해서 말하는 것이 아니라 "머리를 향해서 성장하는 것"에 대해서 말하고 있다. 이 성서 구절에 대한 바르멘선언의 해석은―사실 머리와 지체와의 관계가 가지고 있는 역동적인 긴장 관계를 약화시키고 있는데― 예배소서 4장 16절의 부족한 요약문이라고 말할 수 있다.

"그 머리에서부터 몸 전체가 함께 성장합니다"라는 성서의 표현은 단지 번거롭다고 생각되는 예배소서 4장 16절을 매우 짧게 요약한 것이다. 예배소서 4장 16절을 정확하게 다시 풀면 다음과 같다:

"(그리스도에서부터) 몸 전체가 완성되며 몸을 지탱하도록 돕는 관절을 통해서 몸이 유지되고, 그리고 그 각각의 부분이 가지고 있는 힘에 따라 몸 전체가 성장하며 사랑 안에서 그의 몸 자체로 자라게 됩니다."[8]

에베소서에 그리스도의 몸을 이루는 다양한 지체 또는 관절들과 근육들의 오케스트라와 같이 다양한 소리를 내는 것이 분명하게 강조되고

---

8) Rudolf Schnackenburg, *Der Brief an die Epheser*, EKK X, Düsseldorf und Neukirchen-Vluyn, 1982, 173, 192 아래 또한 "Anmerkung des evangelischen Partners," Eduard Schweizer, 195 아래도 참조할 것.

있다. 몸의 각 지체는 그리스도 곧 머리로부터 그들이 성장할 수 있는 힘을 얻고 방향을 잡게 된다. 그러나 그 모든 종합적인 움직임 속에 성령을 통해서 공급되어지는 독특하고 놀라운 능력과 권위가 나타나게 된다. 우리가 그리스도의 통치하심을 강조할 때 특히 이 점을 덮어버리거나 경시해서는 안 된다.

2009년인 올해 우리는 위대한 종교 개혁자 칼빈(Calvin)의 500 주년 생일을 전 세계적으로 축하했는데, 그는 자신의 주저서인『기독교 강요』제2 권 15장에서 "만약 왜 그리스도는 하나님을 통해서 부르심을 받았는지 그리고 그가 우리에게 가지고 온 것은 무엇이었는지 알기를 원한다면, 우리는 무엇보다도 그의 삼중적인 직무 곧 예언자적인 직분, 왕적인 직분 그리고 제사장적인 직분을 반드시 살펴보아야 한다"9)라고 말한다. 프리드리히 슐라이허마허(F. Schleichermacher), 칼 바르트(K. Barth) 그리고 여러 다른 신학자들은 칼빈의 "그리스도의 삼직분론(*munus triplex Christi*)"을 받아들여 자신의 신학으로 전개하고 있다. 칼빈의 삼직분론은 신학자들에게 그리스도의 공적인 사역에 대해 보다 포괄적으로 인식하게 만들어 주었다. 만약 우리가 예수 그리스도를 왕과 사제 그리고 예언자 직분과의 연속성 가운데서 이해하길 원한다면, 칼빈의 그리스도 삼직분론은 예수 이해에 대한 분명한 인식을 우리에게도 제공한다. 칼빈은 그리스도가 기름으로 뿐만 아니라, 성령으로 부으심을 받았고 그렇게 해서 그리스도는 자신의 능력의 "한 부분을" 줄 수 있는 것이라고 강조한다. 성령이 충만한 그리스도는 자신의 여성 제자들과 남성 제자들에게 성령을 부어주었다. 칼빈은 "그것이 그의 모든 것이

---

9) Johannes Calvin, *Unterricht in der christlichen Religion, nach der letzten Ausgabe übersetzt und bearbeitet von Otto Weber*, Neukirchen-Vluyn, 3. Aufl. 1988, 307.

다… 그는 그것을 자신 혼자만 가지고 있던 것이 아니라, 자신의 충만함을 굶주리고 목말라하는 사람들에게 성령이 넘치도록 부어주었다. 왜냐하면 주님 스스로가 '아버지가 성령을 그에게 아낌없이 주었다고'(요 3:34) 고백했기 때문이다. 그리고 그가 그렇게 한 이유는 우리 모두가 그 분의 충만함으로부터 모든 것을 은혜에 은혜를 더하여 받아야 하기 때문이다"10)라고 증언한다.

만약 예수의 사역을 예수의 부활 전 삶, 십자가의 길 그리고 부활하심이라는 연속성 속에서—이런 관점에서 보면 직분의 역할이 분명히 드러났다—본다면, 우리가 그리스도를 따를 때, 사람을 삼중적으로 강하게 만드는 하나님의 역사가 분명히 드러난다. 그리스도의 왕으로서의 직분은—우리는 성령을 통하여 그러한 직분에 참여하게 되는데—사람의 지배 구조를 바꾸는 혁명을 일으켰다. 왜냐하면 왕으로서 예수는 동시에 우리에게 친구이며 형제이기 때문이다. 그렇다! 예수는 가난한 사람이고 박해받는 사람이며 내쫓김을 받은 사람이었다. 존 도미닉 크로산(J. D. Crossan)이 미국에서 가장 널리 읽힌 예수전들11)에서 말한 것처럼, 예수라는 왕은 사람의 가장 근본적인 필요, 곧 먹는 것과 병 고침 받는 것 그리고 함께 어울리는 것에 대해서 잘 알고 있었다. 왕으로서 그는 사회적 약자들과 가난한 사람들과 사회에서 내팽겨진 사람들과 함께하는 밥상 공동체를 만들었다. 왕으로서 그는 보잘 것 없이 여김을 받던 어린이들과 여성들과 이방인들에게 다가 갔다. 약자 보호 윤리, 사랑과

---

10) *Institutio*, 310, 308 참조.

11) John Dominik Crossan, *The Historical Jesus. The Life of a Mediterranean Jewish Peasant*, Müchen: Der historische Jesus, 1994); *Jesus. A Revolutionary Biography*, San Francisco 1994, (*Jesus. Ein revolutionäres Leben*, München, 1996).

포용과 용서의 윤리가 왕이었던 예수의 삶을 대변하고, 또한 그가 선포한 하나님 나라를 대표하는 특징이다. 예수는 수많은 진정한 사랑과 용서의 행동을 통하여 하나님 나라를 만들었다. 그는 이렇게 진정한, 그러나 놀라운 능력을 갖춘 왕권을 통하여 직접적으로 수많은 여성 증언자와 남성 증언자를 얻은 것이다. 예수의 행동에서 영향 받은 바로 "그리스도 인도주의"는 종교적이고 일반적으로 실천하는 사랑과 인도주의 정신에 큰 영향을 끼치고 있으며, 그들에게 매우 큰 자극이 되고 있다. 하나님 나라는 모든 시대에, 그리고 세계 모든 지역에 교회로 존재한다. 우리가 가장 보잘 것 없는 사람들 속에서 예수의 현존을 인식하든 안 하든지, 왕으로서 예수는 "당신들이 가장 보잘 것 없는 사람들에 한 것이 바로 나에게 한 것입니다"(마 25:40; 25:34 아래)라고 말한다.

다음에 예수 그리스도의 통치와 그의 나라의 제사장적인 직분의 차원은 히브리서에서 다루고 있는 가장 어려운 주제 곧 '십자가의 희생 제물'이다. 여기서 우리는 그런 어려운 점을 넘어서서 그의 제사장적인 직분과 관련하여 부활하신 예수의 대한 증언들을 집중적으로 다루려고 한다. 하버드 대학의 신학자인 프랜시스 피오렌자(F. Fiorenza)는 부활하여 제자들 앞에 나타난 예수의 '평화의 인사', '빵을 나눔', '성서를 펼침', 그리고 '세례 명령'과 '제자들의 파송'하는 모습은 정확하게 그리스도 교회 예배의 기본 틀과 그의 권위의 기본 골격을 형성하고 있다는 것을 정확하게 지적하고 있다.12) 평화의 인사, 성찬식, 세례, 성서 읽기, 파송,

---

12) Francis Fiorenza, The Resurrection of Jesus and Roman Catholic Fundamental Theology, in: S. T. Davis/D. Kendall/G. O'Collins (Hg.), *The Resurrection. An Interdisciplinary Symposion on the Resurrection of Jesus*, Oxford 1997, 213-248, 238 아래; 또한 Hans-Joachim Eckstein und Michael Welker (Hg.), *Die Wirklichkeit der Auferstehung*, Neukirchen-Vluyn, 3. Aufl. 2006, 특히 318 아래 참조.

바로 이 순서들이—이들이 그리스도교 예배 존재를 구성하는 여러 소리들인데—사제적인 직분과 직접적으로 연관되어 있으며, 또 우리 개신교에서 말하는 "만인 사제직"의 근거도 여기에 있다. 또한 우리는 바로 이 과정에서 그러한 사제의 직분이 그리스도에게서 구체적으로 드러났음을 안다.

마지막으로 예수에게 나타난 **예언자적인 직분**을 특히 그리스도의 십자가를 볼 때 분명한 윤곽을 찾을 수 있다. 만약 우리가 예수의 예언자적인 직분을 분명히 인식하기를 원한다면, 우리는 십자가의 복음을—물론 중요한 내용이지만(몰트만의 주장처럼—역주)—단지 고통 받는 하나님의 계시로만 축소시켜서는 안 된다. 십자가에 달린 분이 가난하고 약할 때 가까이 있는 하나님의 모습에 대한 강조가 이 세상의 권력과 폭력과 싸우는 하나님의 모습을 약화시켜서는 안 된다.

왜냐하면 예수 그리스도는 정치와 종교의 이름으로 처형되었기 때문이다. 그는 두 가지 법 곧 유대인의 법과 로마법에 의해서 십자가에 달렸다. 또한 대중 여론도 그에게 반대했다. 성서는 "그 때 모든 백성들이 그를 십자가에 못 박으시오!라고 소리쳤다"(막 15:1 아래)라고 증언하고 있다. 유대인들과 이방인들, 유대인들과 로마인들 그리고 원주민들과 외국인들 모두 한 목소리로 예수에 반대했다. 여기서 세상 모든 권력들은 하나님의 계시에 대항하여 싸우는데 하나가 되었다. 예수의 제자들조차도 예수를 배반하고 그를 떠나 도망쳤다.13) 예수 그리스도, 그는 이제

---

13) Michael Welker, *Was geht vor beim Abendmahl?*, Güteursloh, erweitert um ein Register und ein Nachwort zur päpstlichen Enzyklika Ecclesia de Eucharistia, 3. Aufl. 2005 참조(한국어판: 임 걸 옮김, 『성찬식에서 무엇이 일어나는가?』, 서울: 한들출판사, 2000).

시작된 하나님 나라에 대한 복음을 사람들에게 전해 준 분이며, 그는 놀라운 치유의 능력을, 그리고 사람 취급받지 못한 어린이에게로, 사회적 약자에게로, 추방당한 사람들에게로, 버려진 병자들에게로, 그리고 고통의 밑바닥에서 신음하고 있는 사람들에게 다가가는 놀라운 능력을 사람들에게 전해 주었던 분이다. 그가 바로 예수 그리스도다. 사도 바울이 말한 것처럼 바로 이 예수 그리스도가 세상의 "권력과 폭력"에 의해 만장일치로 처형당했다. "선한 권력"을 대표하는 종교, 법, 정치, 공공 도덕과 여론, 이 모든 것들이 예수 그리스도에게서 나타난 하나님의 현존에 반대하는데 오히려 하나가 되었다: "그를 십자가에 매달으시오!" 그렇다면 십자가는 무엇을 계시하고 있는가? 십자가는 세상의 타락을 보여주고 있다. 십자가는, 성서가 증언하는 것처럼, 우리가 사는 이 세계는 "죄의 권세 아래에" 있음을 보여주고 있다. 십자가는 예수 자신에게뿐만 아니라, 항상 존재하는 위협으로서 "하나님을 떠난 밤"을 우리 모두에게도 보여주고 있다. 그 위협이란 사회의 보호 장치라고 말할 수 있는 것들 곧 법, 정치, 종교와 여론 이 모두가 오히려 우리를 해칠 수 있다는 것이다.

그러나 부활은 이 하나님을 떠난 밤에서 자유롭다. 사람의 역사가 아니라, 하나님의 역사만이 오로지 구원을 가져온다. 권능과 구원하는 힘 그리고 부활의 필연성은 십자가를 배경으로 비로소 나타나는 것이다. 하나님과 오직 하나님만이 활동하며 그 분만이 사람을 구원한다는 사실은 회색빛 가능성과 실체 앞에서 사람은 자신이 가진 최상의 의도와 또 자신이 가진 사회 질서를 통해서 오히려 타락할 수 있다는 것을 보여준다.

교회의 영역과 학문의 영역에서 그리고 사법체계의 영역에서 그리스도교 선포를 가장 중요하게 여기는 일과 진리와 정의를 추구하는 공동체를 끝까지 포기하지 않고 추구하는 노력은 예언자적인 직분의 차원에서 분명해진다. 또한 현재 불의한 상황에 대한 통렬한 비판은—우리는 이것을 설교에서 그리고 썩은 정치와 언론, 경제 그리고 타락한 도덕과 종교에 대한 비폭력 저항으로 실행할 수 있는데—예언자적인 직분의 능력 안에서 완성되는 것이다. 또한 이 예언자적인 직분은 교회의 영역에서 넘어서서 확장된다. 그렇다! 예언자적인 직분은 자기 영광에, 자기 의로움에 도취되어 있는 교회 또는 이념적으로 전도된 교회와 교회주의에 저항하는 것이다.

바르멘선언의 증언은 이러한 의미에서 하나의 예언자적인 증언이다. 무엇보다도 그 증언은 나치에 동조한 "독일 그리스도인"라는 망가진 교회에 대항한 증언이다. 바르멘선언의 증언은 우리자신도 모르게 우리 자신의 시대적 한계에, 그리고 제한된 상황에 묶여 있다는 것을 인식해야 된다는 점에서 우리에게 도전적이고, 하나의 올바른 모범을 보여주며, 그리고 방향을 제시하는 증언이다. 예수 그리스도의 통치하심에 대한 보다 민감한 이해력, 무엇보다도 성령의 능력 안에서 예수 그리스도의 현존에 대한 이해는 시대에 뒤쳐진 '바르멘 정통주의'만을 고집하는 것에서 벗어나게 만들 것이다. 성령의 능력 안에서 예수 그리스도의 현존에 대한 기독론적인 실제적인 이해는 계속되는 사회 혼란기에 교회를 새롭게 편성하는 일과 또 다시 재편성하는 과정에서 다양한 도움을 제공할 것이다. 그리고 성령의 능력 안에서 예수 그리스도의 현존에 대한 기독론적이고 실제적인 이해는 바르멘선언이 주는 자극을 진심으로 받아들이게 된다. 그러한 이해력과 통찰력은 우리가 바르멘선언을, 특히 '바르멘 제3 명제'를 "군림하는 그리스도 모습 같은 형제 공동체"의 복음으로 경직되게 해석하고 이해하는 것을 막는다. 더 나아가 그러한 이해력은 '바르멘 제3 명제'를 그 명제가 나온 시대적 고통 상황에서, 그러나 그 속에 시대를 뛰어넘는 복음이 들어있다고 존중하고 평가하게 만들 것이다.

편 집 자 후 기

이 논문집의 저자 미하엘 벨커(Michael Welker, 1947-) 교수는 성경
의 증언에 기초하여 현(現)시대의 문화 속에서 생기는 문제들을 해석하
여, 오늘의 언어로 설명하려고 노력하는 신학자이자 철학자이다. 그는
튀빙엔(Tübingen) 대학교의 조직신학 교수인 위르겐 몰트만(Jürgen
Moltmann)에게서 신학박사(Dr.theol., 1973)를 취득하였으며, 팔츠 지
방 개신교회(Evangelische Kirche der Pfalz)에서 목사 안수를 받았고, 하
이델베르크(Heidelberg) 대학교에서 철학박사(Dr.phil., 1978) 학위를 취
득하였다. 그리고 튀빙엔 대학교에서 교수 자격을 얻었다(Dr.theol.
habil.).

그 후 1983-1987년 튀빙엔 대학교 조직신학 교수로 활동하였으며,
4년 동안(1987-1991) 뮌스터(Münster) 대학교 개혁신학(Reformed
Theology)부 주임교수로 봉직하였고, 1987년부터 2012년 은퇴하기까
지 하이델베르크 대학교 조직신학 교수로 봉직하였다. 그동안 그는
1985년 맥매스터 대학교(McMaster University), 2001년에는 하버드
(Harvard) 대학교, 2008년에는 영국 케임브리지(Cambridge, UK) 대학
에 초청되어 초빙교수로 활동하였다.

1993년부터 그는 미국 프린스턴(Princeton)의 과학과 종교에 관한 협
의회(Consultation on Science and Religion) 일원으로 활동하면서 1988,

1995 그리고 1999년 프린스턴 대학교의 초빙교수로 활동하였으며, 1996-2006년 하이델베르크 대학교 국제학문포럼 위원장을 역임하였고, 지금까지 하이델베르크 학문 아카데미의 정식회원, 2005-현재까지 국제적 및 학제간 신학연구소(FIIT) 소장, 핀란드 과학과 문학 아카데미(Finnish Academy of Science ans Letters) 협력회원으로 활동하고 있다.

그의 주저로는 그의 교수 자격 취득 논문 "*Universaltität Gottes und Relativität der Welt*," 1981을 비롯하여, "*Gottes Geist. Theologie der Heiligen Geistes*," 1992(신준호 역,『하나님의 영』, 1995), "*Schöpfung und Wirklichkeit*," 1995, "*Kirche im Pluralismus*," 1995, "*Was geht vor beim Abendmahl?*" 2.Aufl. 2004(임걸 역,『성찬식에서 무엇이 일어나는 가?』, 2000), "*Gottes Offenbarung. Christologie*," 2012(오성현 역,『하나님의 계시. 그리스도론』, 2015) 등이 있다. 그리고 신학과 자연과학 및 타학문과의 학제간 연구에 관한 많은 논문들이 있다.

벨커의 논문들이 한국에 소개된 것은 김재진(역편),『성서에 기초한 최근 신학의 핵심적 주제』(1998)을 통해서이다. 이 번역 논문집을 통하여, 벨커의 "창조: 우주 대폭발(Big Bang)인가, 아니면 7일간의 사역인가?", "하나님의 천사에 관하여", "성령", "율법과 영", "부활", "세계 정신(윤리)에 대한 신학적 추구", "하나님의 나라"에 대한 그의 가장 핵심적인 신학적 주제들에 대한 연구가 한국 신학계에 소개되었다. 따라서 이번에 번역 출판되는 논문집은 그의 두 번째 한국어 번역 논문집(제II집)이 되는 셈이다.

벨커는 현시대에 대두되는 조직신학적 주제들을 항상 성경의 증언에 기초하여 해석하는, 종교개혁 전통(Sola Scriptura)에 충실한 성서신학적 조직신학자이다. 따라서 그의 신학은 '말씀의 신학' 전통에 서 있다고 할 수 있다. 온갖 잡다한 신학적 전망이 난무하는 오늘의 시대에 철저히 하나님의 말씀에 기초하여 조직신학을 전개하는 것은 한편으로는 종교개혁 신학을 계승 발전시키는 것이며, 다른 한편으로는 신학의 장을 여러 학문 분야와 사회로 확대 및 확장시키는 '창발적 조직신학'이라고 특징지어 말할 수 있을 것이다.

이러한 성서신학적 전망에서 접근한 벨커 교수의 귀한 논문들을 '논문집'을 통하여 한국에서 접할 수 있도록 번역에 동참해 주신, 벨커 교수님의 여러 제자 박사님들에게 진심으로 감사를 드린다. 앞으로 계속해서 논문집 제III집이 번역 출판되기를 간절히 소망한다. 아울러 출판업계의 어려움에도 불구하고 전문 학술서적을 흔쾌히 출판해 주신 도서출판 동연 김영호 대표께 진심으로 감사드립니다.

2015. 4.
편집자 김재진

역 자 소 개

강태영 박사(장로회신학대학교)

학위논문: Geist und Schöpfung. Eine Untersuchung zu Jürgen Moltmanns
    pneumatologischer Schöpfungslehre

논문: "양자물리학과 자연 안에서의 하나님의 활동"외 다수

김장섭 박사(장로회신학대학교)

학위논문: Karl Barths Lehre von der Sünde in seinem dogmatischen Früh-
    und Spätwerk

김재진 박사(케리그마신학연구원)

학위논문: Die Universalitaet der Versoehnung im Gottesbund.

주저: 『성경의 인간학』외 다수

논문: "'함께 있음'으로서의 '하나님의 형상'"외 다수

신준호 박사(인천제일교회)

학위논문: 칼 바르트 교회교의학 안의 성령론

주저: 아픔의 신학(한들 2005)

논문: "기독교신학과 과학과의 대화"(기독교서회) 외

오성현 박사(서울신학대학교)

학위논문: Karl Barth und Friedrich Schleiermacher 1909-1930

주저: 『바르트와 슐라이어마허』(서울: 아카넷, 2008) 외 다수

논문: "순교의 영성과 윤리" 외 다수

이상은 박사(서울장신대학교)

학위논문: Karl Barth und Isaak August Dorner

주저: 『계몽주의 이후 독일 개신교 신학 개관』 외

논문: "하이델베르크 요리문답의 성령론" 외 다수

이정환 박사(한세대학교)

학위논문: "칼 바르트와 디트리히 본회퍼의 신학적 윤리 연구"(독일 하이델베르크
　　　대학교, 2011)

논문: "청년 바르트와 헤르만 코엔: 초기 바르트 신학에 나타난 신칸트학파의 사상
　　　적 영향과 그 신학적 수용"외 다수

임 걸 박사(연세대학교)

학위논문: "하나님 말씀, 선포와 교회 ―에두아르트 투르나이젠의 조직 신학적
　　　기초―"(Gottes Wort, Verkuendigung und Kirche. Die Systematisch-
　　　theologischen Grundlagen der Theologie Eduard Thurneysen,
　　　Heidelberg 1996)

주저: 『한국 교회 신학사상 1』, 서울: 연세대학교 출판부 2008.

논문: "예술가로서 목사: 교회문화 갱신을 위한 목회자 정체성." 한국기독교신학
　　　논총 31 (2004)외 다수

전철 박사(한신대학교)

학위논문: Kreativität und Relativität der Welt beim frühen Whitehead: Alfred North Whiteheads frühe Naturphilosophie (1915-1922) - eine Rekonstruktion (Heidelberg University, 2008)

주저: *Kreativität und Relativität der Welt beim frühen Whitehead: Alfred North Whiteheads frühe Naturphilosophie (1915-1922) - eine Rekonstruktion* (Neukirchen-Vluyn: Neukirchener Verlag, 2010) 외 다수 공저

논문: "Zum Verhältnis vom Geist und Natur beim frühen Alfred North Whitehead", Gregor Etzelmueller/Heike Springhart (Hrsg.), Gottes Geist und menschlicher Geist (Leipzig: Evangelische Verlagsanstalt, 2013) 외 다수